马克思主义哲学原理的基础理论构建

李金锴　著

内 容 提 要

本书具有语言通俗、形式简明等特点。在研究哲学以及马克思主义哲学的基本问题的基础上，分别对马克思主义物质论、马克思主义辩证法、马克思主义认识论、马克思主义历史论和马克思主义中国化做了系统的阐述，为建设中国特色社会主义事业提供了理论借鉴。

图书在版编目（CIP）数据

马克思主义哲学原理的基础理论构建 / 李金锴著. — 北京 : 中国水利水电出版社, 2015.1（2022.9重印）
ISBN 978-7-5170-2916-8

Ⅰ. ①马… Ⅱ. ①李… Ⅲ. ①马克思主义哲学—研究 Ⅳ. ①B0-0

中国版本图书馆CIP数据核字(2015)第023272号

策划编辑:杨庆川　责任编辑:陈　洁　封面设计:崔　蕾

书　　名	马克思主义哲学原理的基础理论构建
作　　者	李金锴　著
出版发行	中国水利水电出版社
	(北京市海淀区玉渊潭南路1号D座 100038)
	网址:www.waterpub.com.cn
	E-mail:mchannel@263.net(万水)
	sales@mwr.gov.cn
	电话:(010)68545888(营销中心)、82562819(万水)
经　　售	北京科水图书销售有限公司
	电话:(010)63202643、68545874
	全国各地新华书店和相关出版物销售网点
排　　版	北京鑫海胜蓝数码科技有限公司
印　　刷	天津光之彩印刷有限公司
规　　格	170mm×240mm　16开本　16印张　207千字
版　　次	2015年6月第1版　2022年9月第2次印刷
印　　数	2001-3001册
定　　价	48.00元

前 言

哲学是时代精神的精华，是人类文明的灵魂，对于提高人们的理论思维水平和人文素养具有不可替代的作用。马克思主义哲学是由马克思和恩格斯创立的，是马克思主义的重要组成部分，是马克思主义的重要理论基础。它从诞生到现在的一百六十多年中，在世界文明大道上不断地总结、概括和吸收实践、科学和人类文化的一切积极成果，丰富和发展自己，因而是当代最富于生命力的哲学。它是工人阶级和一切进步人类为实现崇高理想而认识世界和改造世界的精神武器。学习马克思主义哲学，对于树立正确的世界观、人生观和价值观，自觉为中国特色社会主义伟大事业而奋斗，具有重大的指导意义。

马克思主义哲学是时代精神的精华，是科学的世界观和方法论。无论是社会主义革命时期，还是社会主义建设和改革时期，马克思主义哲学都是指导我们取得胜利和成功的强大理论武器。今天，在全面实现中华民族伟大复兴的中国梦的伟大实践中，更离不开马克思主义科学世界观和方法论的指导，正如习近平同志所讲，要“在错综复杂的形势变化面前保持头脑清醒，坚定理想信念，科学分析我国发展面临的机遇和挑战，全面看待前进道路上的主流和支流、出现的矛盾和问题，都离不开马克思主义哲学的指导，离不开辩证唯物主义和历史唯物主义的思想方法”。实现中华民族的伟大复兴，是每一个中国人的梦想和责任。作为当代青年，必须自觉学习马克思主义哲学，不断提高自身的理论思维水平和人文素养，确立科学的世界观、人生观和价值观，努力在实现中华民族伟大复兴的中国梦的生动实践中作出自己应有的贡献。

本书在研究哲学以及马克思主义哲学的基本问题的基础

上，分别对马克思主义物质论、马克思主义辩证法、马克思主义认识论、马克思主义历史论和马克思主义中国化做了系统的阐述，为建设中国特色社会主义事业提供了理论借鉴。马克思主义最重要的特征就在于它的实践性，必须同广大人民群众的实践相结合，才能焕发出强大的生命力。遵循一切从实际出发的原则，从唯物辩证法变化发展的观点出发，密切结合变化发展的客观实际，立足于当前新的思想理论，对马克思主义中国化做了详细的论述，这是本书的创新之处。马克思主义中国化是一个由普遍性真理向具体性实践转化的实践化过程，本书以通俗的语言、简明的形式、大众化的风格，将马克思主义中国化转化为人民群众自己的思想观念，实现了时代精神精华向民众群体意识的转化。

本书是作者在参考了多种相关理论文献的基础上，结合自己多年丰富的实践经验撰写而成的，书中如有疏漏、不妥之处，敬请读者批评指正。

作者

2014 年 11 月

目　录

第一章　马克思主义哲学概观

马克思主义是科学的世界观和方法论，是关于资本主义发展和转变为社会主义的一般规律的学说，是关于人类的彻底解放和人的自由全面发展的学说；马克思主义是与时俱进的理论、是共产主义运动的思想指导和行动指南。

第一节　哲学和哲学的基本问题

哲学是智慧之学，是人类文明的灵魂。哲学是人类文明发展到一定阶段的产物，从产生到现在已经有大约3000多年的历史。在漫长的历史发展过程中，不仅形成了众多的哲学派别，演绎出一幅幅艳丽多姿的历史发展画卷，而且不同派别哲学的对立和斗争激励着人们朝着更加美好的未来发展。

一、哲学

(一)哲学的产生

哲学是智慧之学。“哲”，聪明、智慧之意，在中国古代一般指聪明而又具有智慧之人。中国古代历史文献中就是这样讲的，《尔雅》解释说：“哲，智也。”《孔氏传》中说：“哲，智也。无所不知，故能官人，惠爱也。爱则民归之。”在古希腊，哲学的原词就是由Philein和Sophia两个词演化而来。Philein是“爱”的意思，Sophia的意思是“智慧”，两个词结合起来就是“爱智慧”。智慧就在于说出真理，并且按自然行事，听自然的话。古希腊著名哲学家亚里士多德认为,哲学不是一门具体的知识,而是一门高贵、神圣的求知之学,其目的就是帮助人们求知和解惑。

作为一种智慧之学,哲学是伴随着人类的产生而产生的,但作为一门科学,哲学是在人类思维能力有了相当程度的提高和人类文明有了相当程度的发展以后才产生的。因为哲学的产生需要四个基本条件:一是人类实践水平的提高,最重要一点是生产力的发展导致体力劳动和脑力劳动分工的出现,使得一部分脑力劳动者有可能进行专门的哲学理论研究;二是具体科学的初步形成,只有在人类对自然现象和社会现象有了一定认识的基础上,才有可能对整个世界的本质作出一般性的概括;三是人类抽象思维有了明显进步,只有人类抽象思维提高到一定程度,才有可能形成完整的自我意识和对象意识,才有可能透过万事万物呈现给我们的现象去把握世界的共同本质;四是社会集团利益的需要,任何一种知识的形成和发展都要取决于它是否满足于一定社会集团利益的需要以及满足的程度,这是哲学形成和发展的重要的社会历史根源。

由此应当说哲学萌生于原始社会,形成于奴隶制社会。古代的埃及、巴比伦,特别是印度和中国以及稍后的希腊是哲学最早的发源地。因为当时这些国家和地区有过繁荣的经济发展的历史,农业、水利灌溉业、建筑业、航海业的发展,造就了高度的古代物质文明,同时也促进了精神文明的发展,数学、天文学等自然知识有了相当程度的发展,逻辑学、语言学和某些社会知识也取得了一定的成果。古代的自然知识和社会知识,还有同它相交织的宗教神话、占卜巫术体现了古代人对世界的认识,它们为哲学的产生提供了可能性。进入奴隶制社会以后,经济的进一步发展,阶级统治的需要和从事脑力劳动的专门家的出现,使哲学的产生由可能变成了现实。

(二)哲学是世界观和方法论的统一

哲学是一种系统化、理论化的世界观,或者说是世界观的理论体系。人们在认识世界和改造世界的活动中，必然会产生对世界上各种事物和现象的看法，这些看法经过积累和提升，就会逐渐形成关于世界的总的看法或总的观点，也就是形成一定的世界观。所谓世界观，就是对于包括人在内的整个世界、特别是对于人与世界关系的总的看法。哲学就是一种世界观，是人们对于整个世界、特别是对于人与外部世界的相互关系的总的看法或根本观点。例如，世界的本质是物质的还是精神的、世界上的事物是运动变化的还是静止不变的、各种事物和现象之间是相互联系还是彼此孤立的、事物的运动变化和相互联系有没有内在的规律、人的本质和价值是什么、人能否认识世界和改造世界以及如何认识世界和改造世界，等等，都是作为世界观的哲学所要探讨和回答的问题。不过，哲学是一种系统化的世界观，它不同于人们在日常活动中形成的世界观。人们在日常的认识世界和改造世界的活动中也会形成对于周围世界的某种看法即形成某种世界观，但这种世界观一般带有自发的性质，往往显得比较零散。与此不同，哲学探索是一种高度自觉的思维活动，它总是将关于人、世界及其相互关系的各种观点建构为完整的系统。同时，哲学还是一种理论化的世界观，它与宗教世界观有着根本的区别。宗教也是一种系统化的世界观，世界上的一些主要宗教都有自己的完整教义，它们对于整个世界有着相当系统的看法。但是，宗教世界观并不采取理论的形式，即不是靠事实根据和逻辑论证使人们信服它，而是通过虚伪的说教使人们盲目地信仰它。作为理论化的世界观，哲学是对人们认识世界和改造世界的活动及其成果、特别是对科学认识及其成果的总结和概括，表现为由一系列的概念、范畴、命题按照一定的逻辑规则构成的理论体系。

哲学既是世界观又是方法论，是世界观和方法论的统一。人们认识世界和改造世界的活动，总要自觉不自觉地采用一定的方法，而关于方法的理论就是方法论。世界观和方法论是紧密联系的，世界观决定着方法论。人们关于世界的总的看法或根本观点，就是世界观；用这样的看法、观点分析问题，就是方法论。一般来说，世界观和方法论是统一的，有什么样的世界观，就有什么样的方法论。世界观与方法论的统一在哲学中得到了集中体现，哲学既是世界观又是方法论。作为世界观，哲学是人们在认识世界和改造世界的活动中表现出来的智慧的理论集中和升华，是对科学认识及其成果的总结和概括；作为方法论，哲学为人们认识世界和改造世界的一切活动提供总的普遍的方法，或者说是提供一般的指导原则，并由此教导人们善于认识世界和改造世界。当然，世界观与方法论的统一的具体表现形式是极其复杂的。例如，在现实生活中，有的人在理论上大讲辩证唯物主义的世界观，在实际工作中却大搞唯心主义和形而上学。但是，这并不意味着世界观与方法论是不统一的，而只是表明有这种倾向的人或者是并没有真正树立辩证唯物主义的世界观，或者是背离了其本应遵循的方法论。从本质上讲，哲学作为世界观与作为方法论是内在统一的。

（三）哲学的性质

哲学在不同的历史时代，哲学的理论旨趣、所关注的核心问题及其主导形态都是很不相同的。但是，都有其共同的基本性质，它们构成了哲学作为一门人文学科的特殊本质。哲学所特有的这种基本性质主要表现在以下几个方面：

第一，哲学具有思想性质，哲学本身就是一种特殊的思想体系。哲学是理论思维的意识形式，是人类理性对于包括人在内的整个世界、特别是对人与外部世界的关系的独立、自由的思考及其结果。虽然哲学所思考的人与世界的关系总是为人类已有的确切的知识所不能肯定，但它们对人类的生存和发展却具有根本的重要性。可以说，没有对人与世界关系的哲学思考和理性自觉，人类的生存就会难以为继，人类的发展就会寸步难行。

第二，哲学具有知识性质，哲学本身就是一种特殊的知识体系。作为智慧之学，作为系统化、理论化的世界观，哲学总是包含着关于人与世界及其相互关系的普遍性的知识。哲学对人与世界及其相互关系的反映是以科学为中介的，哲学知识是对各门具体科学知识的概括和总结；同时，哲学知识总是一定哲学思维的结果，而哲学思维总是既立足于现实又超越于直接的现实，它不满足于对现实的经验直观和一步一步的求证，而是既要穷根究底，又要瞻前窥远。因此，哲学知识又具有高度的思辨性。

第三，哲学具有意识形态性质，哲学本身就是一种特殊的社会意识形态。哲学属于建立在一定社会经济基础之上的上层建筑的组成部分，是一定社会观念上层建筑即社会意识形态诸形式之一。同其他意识形态一样，哲学理论也反映着并服务于一定社会的经济基础，体现着特定社会集团的意志、愿望和要求。在阶级社会中，哲学属于一定阶级的思想体系，总是为一定阶级的利益服务的，因而具有强烈的阶级性。

（四）哲学的特点

哲学的基本性质决定了哲学的主要特点。既然哲学具有思想性质，哲学思考是哲学家们的高度个性化的创造性思维活动，那么，不同哲学家的哲学思想就必然是各具特点的。而从总体上看，与人类的其他思想体系和其他意识形式相比较，哲学具有以下主要特点。

第一，哲学具有反思性。哲学是人类理性对于包括人在内的整个世界、特别是对人与外部世界的关系的思考，这种思考具有反思的特点。正如黑格尔所说："哲学的认识方式只是一种反思，——意指跟随在事实后面的反复思考。"[①]哲学思维是一种反思思维，而哲学反思具有多方面的本质规定。首先，哲学反思是一种"后思"即事后思维。哲学是时代精神的精华，而时代精神是一定时代的本质特征，哲学就是对时代及其本质特征的反思。只有时代条件成熟了，时代的本质特征得到了充分的表现，

① ［德］黑格尔．小逻辑．北京：商务印书馆，1980，第7页

作为该时代之时代精神的精华的哲学才会出现。其次，哲学反思是一种本质性思维。反思要逾越间接性，诉诸事物的本质和根据。再次，哲学反思是一种反身思维即人对自身的反观。人的活动既是各个时代的基本内容，也是人与世界关系的基本表现形式。因此，哲学对时代的反思、对人与世界关系的反思，说到底是对人的活动的反思，其实质是要从人与世界的关系、特别是从人的活动及其结果来反观人自身，包括人这种特殊存在物的性质、地位、作用、能力、生存方式、生存状态等，以便求得人的生存自觉和人的价值的充分实现。这是因为，人的性质、地位、作用、能力、生存方式、生存状态等总是投射或表现于一定的人与世界的关系之中，特别是投射或表现于人的对象性活动及其结果之中；只有从反映着、表现着人的性质、地位、作用、能力、生存方式、生存状态等的人与世界的关系，特别是人的对象性活动及其结果来反观人自身，才能实现对人的哲学把握。从这种意义上说，哲学是人类自我意识的最高形式。

第二，哲学具有批判性。哲学思维是一种反思性的思维，而反思一词内含有反省、内省之意，是一种批判性思考。作为人类理性的运用和表现，哲学具有突出的批判精神。马克思认为，哲学的活动就是一种理论批判，而哲学参与现实的方式也是理论批判的。他说："哲学的实践本身是理论的。正是批判从本质上衡量个别存在，而从观念上衡量特殊的现实。"[①]哲学的批判本性，集中地体现在辩证法的批判本质上。正如马克思所指出的，辩证法"在对现存事物的肯定的理解中同时包含对现存事物的否定的理解，即对现存事物的必然灭亡的理解；辩证法对每一种既成的形式都是从不断的运动中，因而也是从它的暂时性方面去理解；辩证法不崇拜任何东西，按其本质来说，它是批判的和革命的"[②]。

---

① 马克思恩格斯全集(第40卷). 北京：人民出版社，1982，第258页

② 马克思恩格斯选集(第2卷). 北京：人民出版社，1995，第112页

第三，哲学具有民族性。各民族的生存状况、文化背景、理想信念等都凝聚在哲学的内容和形式中。哲学的这种民族性，集中地表现为各民族的哲学所探索的哲学问题、所形成的哲学范畴和哲学理论的民族特色。不同民族的哲学往往会关注不同性质和类型的哲学问题，它们表现出对于世界和生命的不同认知和感受；而对各种不同的哲学问题的理解和概括，又会凝练出不同的哲学范畴，并由此构成各具民族特色的哲学理论体系。这些民族特色体现出哲学的个性，而民族性的哲学中所必然包含的普遍性的内容如本体论、认识论、历史观、价值观、人生观等则体现出哲学的共性。一个民族的哲学越是具有个性，就越能为人类哲学思想宝库作出独到的贡献，从而也越能在世界范围内产生广泛的影响。因此，哲学越是民族的，也就越是世界的。

第四，哲学具有时代性和历史性。哲学虽然都表现为哲学家的作品，具有哲学家个人的风格和特性，但是真正的哲学又都是反映一定的时代精神的。马克思说："任何真正的哲学都是自己时代精神的精华。"[①]哲学以高度抽象的形式反映着一定时代人们普遍关注的问题，并凝结着一定时代人们最精致、最珍贵和看不见的思想精髓，因而具有鲜明的时代性。离开了时代的特征和要求就不能理解哲学。同样，与时代的特征和要求背道而驰的哲学也不是马克思所说的"真正的哲学"。但是，任何真正的哲学又不是过眼烟云，它必定包含着作为人类认识史的积极成果的内容，这些内容可以超越自己产生的时代而成为人类永恒的精神财富。古代希腊罗马的哲学和春秋战国时期的中国传统哲学是反映那个时代的哲学，离现在两千多年了，但他们的思想精华仍然活在现代人的精神世界里。

① 马克思恩格斯全集(第 1 卷). 北京：人民出版社，1956，第 121 页

二、哲学的基本问题

哲学的基本问题，就是思维和存在的关系问题。思维和存在的关系问题也可以表述为精神和物质的关系问题、意识和物质的关系问题、精神和自然界的关系问题。这都是同一个意思。

哲学的基本问题包括两个重要方面：第一个方面，也是最重要方面，是思维和存在、精神和物质何者为第一性、何者为第二性的问题，即思维和存在、精神和物质谁先谁后、谁产生谁、谁决定谁的问题，也就是世界本原是物质的还是精神的问题。对哲学基本问题的第一个方面的不同回答，形成了哲学中唯物主义和唯心主义两大对立的派别。凡是主张物质第一性，意识、精神第二性，物质在先，意识、精神在后，物质产生意识、精神并决定意识、精神的，属于唯物主义派别。凡是主张意识、精神第一性，物质第二性，意识、精神在先，物质在后，意识、精神产生物质并决定物质的，属于唯心主义派别。唯物主义是以“物”为根本的哲学，这个“物”就是物质；唯心主义是以“心”为根本的哲学，这个“心”就是思维、意识、精神。

哲学史上，一切哲学派别，不是属于唯物主义，就是属于唯心主义，任何自称“独立”的第三派别，实际上都是不存在的。当然，哲学史上，也有少数哲学家（如18世纪法国哲学家笛卡尔等人）称世界有物质和意识两个本原，二者并行不悖。这种哲学称为二元论。但是，二元论是一种不彻底的折中主义哲学，最后它会倒向唯心主义。所以，就基本哲学派别来说，只有唯物主义和唯心主义两个基本派别。

哲学基本问题的第二个方面：就是思维能不能反映存在、世界是否可以认识的问题，也就是思维和存在有没有同一性的问题。对这个问题的不同回答，是划分可知论和不可知论的标准。凡是肯定思维和存在具有同一性，主张世界是可以认识的，就是可知论。哲学史上，绝大多数哲学家，不仅所有的唯物主义哲学家，而且彻底的唯心主义哲学家，都主张世界是可知的，因此，都是属于可知论者。但也有少数唯心主义哲学家否认思维和存在具有同一性，否认认识世界的可能性，或者否认彻底认识世界的可能性，这是不可知论。近代英国哲学家休谟(1711—1776)就是一个典型的不可知论者，近代德国哲学家康德(1724—1804)则是一个不彻底的不可知论者。

哲学的基本问题的两个方面是不可分割的，但两个方面在地位和作用上是不一样的。其中，第一个方面较之第二个方面更为根本，是全部哲学的最高问题，也是回答第二个方面问题的出发点。但是，第二个方面也不可忽视，因为第二个方面的问题的如何解决，会影响到对第一个方面问题的解决。因此，哲学基本问题的两个方面是相互联系和相互制约的。特别是到了近现代，在社会生产力巨大发展和科学技术进步的推动下，哲学研究更多的是以认识论的形态出现的。从这个意义上说，第二个方面也必须引起我们足够的重视。

思维和存在的关系问题之所以是哲学的基本问题是由哲学这门科学本身的性质和特点所决定的。具体说，主要有以下四点。

第一，这是任何哲学派别都不能回避的问题。世界上的事物尽管纷繁复杂、千差万别，但是，归结起来，无非是两大类：一类是物质现象，一类是精神现象。这两大类现象及其相互关系是任何哲学体系、任何哲学家都必须研究和首先要回答的问题。

第二，这是划分唯物主义和唯心主义的唯一标准。这就是说，对思维和存在、物质和意识的关系的不同回答，就决定一种哲学的性质。凡是承认物质第一性、意识第二性，必然是唯物主义；凡是承认意识第一性、物质第二性，必然是唯心主义。所以，我们只要从思维和存在、物质和意识的关系着手，就能区分一种哲学是什么性质。

第三，这是研究和解决其他一切哲学问题的前提和基础。任何哲学体系都包括许多方面的问题。但是，总的说来，一般包括四个方面：自然观（本体论）、认识论、历史观和方法论。从哲学的发展历史来看，历史上各派哲学所阐述的这些方面的问题，都是围绕着思维和存在的关系展开的，都是以对于这一问题的解决作为自己哲学的基本前提和出发点的。

第四，这也是人们实际工作中的根本问题。人类一切社会活动，说到底包括两个方面：一是认识世界，二是改造世界。认识世界是人的主观思维同客观事物之间反映与被反映的关系，即主观反映客观；改造世界是人们按照主观的意图和认识去变革客观对象，即主观见之于客观。这两个方面实质上都是思维和存在的关系问题。人们在实践活动中，能不能正确认识世界和有效地改造世界，关键在于能否处理好思维和存在（主观和客观）的关系问题。人们只有在实际工作中，从实际出发，主观符合客观，才能达到预期的目的；反之，将一事无成。

第二节 马克思主义哲学及其本质

马克思主义哲学是当代最科学的哲学，这不仅表现在它是适应时代的需要而诞生的哲学，是时代精神的精华，不仅表现在它科学地解决了哲学的研究对象，建立起一个真正的科学体系，而且还在于它把实践的观点引入哲学，解放思想、实事求是、与时俱进、开拓创新，在实践的基础上，不断向前发展，这就使得马克思主义哲学永远站在时代的前列，永葆青春活力，成为时代的最强音。

一、马克思主义哲学的创立

（一）马克思主义哲学创立的基础

1. 社会根源和阶级基础

19 世纪的欧洲，许多国家已经进入到资本主义高度发展的阶段，创立无产阶级世界观已经成为必要和可能，这是马克思主义及其哲学产生的具有决定意义的原因。

1640年和1789年，英国和法国先后完成了资产阶级革命，建立起资本主义制度。从18世纪末到19世纪初，由英国开始的产业革命迅速传播，欧洲各国普遍建立起机器大工业，资本主义经济得到一定程度的发展。随着资本主义经济的发展，资本主义所固有的生产社会化和生产资料私人占有之间的矛盾加深了。1825年英国爆发了资本主义社会的第一次经济危机，表明了资本主义私人占有制不能适应社会生产力进一步发展的要求，预示着社会制度要进行新的变革。

由于资本主义经济的发展，无产阶级的队伍很快成长壮大，为反对资产阶级的剥削和压迫，1831年和1834年，法国里昂纺织工人先后两次举行了大规模的武装起义；1836年，英国工人开展了声势浩大的“宪章运动”；1844年，德国西里西亚纺织工人举行武装起义，提出了反对私有制社会的口号。这些情况表明，从19世纪30年代起，西欧各国无产阶级的斗争已经发展到了一个新的阶段：由自发的、分散的反抗活动，发展到自觉的、有组织的联合行动；由经济斗争发展到政治斗争，无产阶级作为独立的政治力量登上了历史舞台，显示了自己是解决资本主义矛盾和变革社会的现实力量，并且已经开始肩负起历史赋予的推翻资本主义制度，创建社会主义、共产主义制度的伟大使命。为完成这一历史使命，无产阶级迫切需要真正反映自己利益和正确指导自己行动的新哲学。马克思主义哲学产生的必要性，就是由历史的这种要求和无产阶级斗争的需要而提出来的。

资本主义经济的发展，也使社会历史的本质和规律日益显露出来。较之以往的奴隶制社会和封建制社会，资本主义社会的阶级对立更加简单化，社会发展的经济原因和经济状况决定阶级地位以及阶级斗争在社会发展中的作用等，已明显地表现出来。同时，由于机器大工业生产的发展，交通、贸易事业的发达，形成了世界统一市场，这就打破了封建时代那种地区的和民族的闭关自守状态，扩大了人们的眼界，人们有可能把各个国家、各个民族、各个地区的情况联系起来，加以比较、研究，发现其共同性和重复性，揭示社会发展的真正原因，达到社会历史的科学认识，这使得马克思主义哲学的产生具备了现实的可能性。

2. 科学前提

哲学是自然知识和社会知识的概括和总结，随着自然科学领域中的每一个划时代的发现唯物主义都必然要改变自己的形式。从 18 世纪下半叶开始，自然科学的研究发生了一个质的飞跃，即从经历长达 4 个世纪之久的搜集资料的阶段逐步转变到系统地整理资料和上升到理论概括的阶段。这种转变带来的最重要的成果是揭示了自然界各种运动形式的许多重要规律。特别是细胞学说、能量守恒和转化定律、达尔文进化论“三大发现”，不仅揭示了自然界各个领域内的过程之间的联系，而且揭示了各个领域之间的联系，使得哲学可以依靠事实材料描绘出一幅自然界联系的清晰画面，这就为马克思主义哲学的产生打下了牢固的自然科学基础。

在社会领域，欧洲各主要国家的发展与变革，不仅在现实中明显地表露出历史发展的脉络，而且可以称为社会科学的学科也已经开始形成或有了重大发现，由亚当·斯密和大卫·李嘉图为代表的资产阶级古典经济学家对资本主义生产关系的内部联系和资本主义社会发展规律进行了初步探讨，特别是提出了劳动价值论；由基佐和米涅为代表的历史学家则提出用阶级斗争的观念来考察社会历史，这些社会领域中的科学成果，对马克思主义哲学，特别是历史唯物主义的创立是有价值的。

3. 直接理论来源

任何一种新的思想的产生，都不能离开人类文明的大道。马克思主义哲学是在吸取和继承人类文明优秀思想成果基础上产生的。18 世纪末 19 世纪初的德国古典哲学是马克思主义哲学的直接理论来源。

德国古典哲学是指从康德开始，经过黑格尔再到费尔巴哈的德国哲学，它是处于革命前夜的德国资产阶级哲学。黑格尔是这种哲学的集大成者，他是第一个全面地有意识地叙述了辩证法的一般运动形式的哲学家。他对形而上学进行了系统的批判，恢复了辩证法这一最高的思维形式。但是，黑格尔的辩证法是头脚倒置的，它的表现形式是唯心主义、神秘主义的。费尔巴哈一反德国哲学思辨的传统，力求为哲学寻找一个新的立足点，使哲学从空谈自由回到争取现实的幸福中来，从抽象的思辨回到实在的自然，终于在唯心主义长期占统治地位的德国建立起唯物主义的哲学。但是费尔巴哈在批判黑格尔的唯心主义时，未能充分吸取其中的辩证法因素，这就使得他的这种唯物主义哲学带有较浓厚的形而上学性，并且在历史观上仍然是唯心主义，是一种不彻底的“半截子”唯物主义。尽管如此，它毕竟恢复了唯物主义的权威，预示着彻底的、科学的唯物主义哲学的诞生。

4. 个人因素

马克思、恩格斯之所以成为新哲学的创始人，是由历史和时代决定的，但他们个人因素的作用也非常重要。其一，他们具有彻底的民主主义并进而转向无产阶级的立场。他们始终面向实际，面向真理，不迷信任何权威；其二，他们具有渊博的学识，有丰富的自然知识和经济、哲学、历史知识，尤其对德国古典哲学有着精湛的研究和透彻的了解；其三，他们积极投身于无产阶级反对资产阶级的革命实践活动。由于这样三个因素，使马克思、恩格斯能够在总结工人运动经验和科学发展成果的基础上，冲破旧思想体系的束缚，揭示了社会历史发展的客观规律；抛弃黑格尔哲学的唯心主义体系，批判地吸取了他的辩证法的“合理内核”；抛弃费尔巴哈哲学中宗教、伦理的唯心主义杂质，批判地吸取了它的唯物主义的“基本内核”，把唯物主义和辩证法、辩证唯物主义和历史唯物主义有机地结合起来，创立了崭新的马克思主义哲学。

（二）马克思主义哲学创立的三个阶段

1. 第一阶段——以马克思的《1844年经济学哲学手稿》(以下简称《手稿》)为标志

马克思1842年参加《莱茵报》活动，从此便开始了从唯心主义向唯物主义、从革命民主主义向共产主义的转变，《手稿》是这一阶段的总结。《手稿》虽然具有内容庞杂、思想叙述不尽严密等不成熟之处，甚至还借用了费尔巴哈的“类”“类生活”“类本质”等术语，但它是马克思思想演变的转折点，是马克思主义哲学的诞生地，在马克思主义哲学发展史上处于继往开来的地位。

《手稿》的基本内容包括相互关联的三个方面：一是以异化劳动为核心的资本主义批判。马克思概括了资本主义条件下人的异化劳动的四种形式，即劳动者的劳动同其劳动产品的异化、劳动者同其劳动活动的异化、劳动者同其类本质的异化、人与人关系的异化，由此揭示了异化劳动和资本主义私有制相互利用、互为表里的关系。从创立新哲学的思想积累来看，马克思批判异化劳动的一个重大突破就是明确把“异化”和“对象化”区别开来。在马克思看来，对象化是劳动的肯定方面，是一切劳动的共性；异化则是劳动的否定方面，是特殊条件下的表现。这样一种认识，表明马克思已经切中现实生活世界的要害。二是以扬弃异化为目标的共产主义思想。如果说异化劳动是资本主义社会的现实，那么，扬弃异化就是共产主义的目标。马克思厘清了原有的种种共产主义学说与“市民社会”的抽象对立，认为作为“人类社会”原则的共产主义不是凭空产生的，而是有其坚实的现实基础的。马克思阐发了关于共产主义的基本理解：“共产主义是私有财产即人的自我异化的积极的扬弃，因而是通过人并且为了人而对人的本质的真正占有；因此，它是人向自身、向社会的即合乎人性的人的复归，这种复归是完全的、自觉的和在以往发展的全部财富的范围内生成的。”[①]三是以对象性的活动为原则对以往哲学的批判。以“对象性的活动”为原则，是马克思在批判异化劳动时所提出的劳动是人的“生命活动”、人的“类特性”的思想的延伸。一方面，这一原则的提出，的确受到了费尔巴哈所阐发的“感性—对象性”原理的启发，但却超越了费尔巴哈，因为马克思没有像费尔巴哈那样仅仅停留于单纯的直观，而是在论述对象性关系时始终把“活动”作为原则一以贯之。另一方面，“活动”原则又从由黑格尔推向极致的能动性学说中获得灵感，但与黑格尔迥然有别，因为黑格尔唯一知道并承认的是“抽象的精神的”活动，而马克思抓住的则是“现实的活生生的”人的活动。这样一来，马克思不仅在原则上超越了以往的哲学，而且还发现了以往哲学的积极成果，特别是黑格尔哲学的辩证法。

2. 第二阶段——以1844年11月底马克思、恩格斯合著的《神圣家族》为标志

《神圣家族》把批判的矛头直接指向《文学总汇报》精神领袖鲍威尔兄弟的自我意识哲学，由此追根溯源，揭示了黑格尔思辨哲学结构的因素，点明了“现实的人和现实的人类”是黑格尔哲学的巨大秘密。它表明，马克思、恩格斯更加深入地疏离于以往哲学，并进一步清算了自己过去的哲学信仰。除此之外，《神圣家族》在“新世界观”形成中的重要性还表现在：其一，把“历史的发源地”确定为“尘世的粗糙的物质生产”，与唯心主义用精神或观念解释历史的做法明确区别开来。马克思认为，只有用“世俗人的眼睛”而不是“神学家的眼睛”，并且只有在“工商业的实践”中，才能看透“犹太精神”的产生和发展。这里所说的“物质生产”“工商业的实践”，也就是《手稿》中“对象性的活动”的具体化。其二，提出“历史活动是群众的事业”，思想的实现需要“使用实践力量的人”，进而肯定无产阶级“具有世界历史意义的作

① 马克思．1844年经济学哲学手稿．北京：人民出版社，2000，第81页

用”,初步论证了无产阶级的历史使命。其三,强调物质利益在历史发展中的作用,从两个方面揭示了社会生活的秘密:一是把思想与利益相勾连,指出思想一旦离开利益就会出丑;二是肯定正是利益才让市民社会成员彼此联系起来,正是市民生活才使每个人作为“利己主义的人”而存在。可以说,经过《神圣家族》这一思想环节,马克思主义哲学形成的理论准备工作已经完成,以马克思的名字命名的哲学即将诞生。

3. 第三阶段——以1845年春马克思的《关于费尔巴哈的提纲》和1845年11月至1846年8月马克思、恩格斯合著的《德意志意识形态》为标志

其中,《关于费尔巴哈的提纲》是“新世界观”的理论总纲,《德意志意识形态》则全面阐述了“新世界观”的基本内容。马克思、恩格斯这时的思想宏大深邃,我们简要归纳如下:其一,用“感性活动”来表述实践,明确把实践作为“新世界观”的存在论(本体论)原则。其二,系统阐述了马克思主义哲学特别是唯物史观的基本原理,如关于社会存在决定社会意识的理论、关于历史的前提和动力的理论、关于现实的人的理论、关于精神生产的理论、关于交往和世界历史的理论等。其三,从生产力和交往形式(亦即生产关系)的矛盾运动中论证了共产主义的历史必然性,指出无产阶级是资本主义的掘墓人,是实现共产主义的物质力量。总之,《关于费尔巴哈的提纲》和《德意志意识形态》标志着马克思主义哲学的形成。

不过,由于种种原因,《关于费尔巴哈的提纲》和《德意志意识形态》写成后并没有公开出版,马克思、恩格斯在其中系统阐述的“新世界观”仍然不为世人所知。在1847年出版的《哲学的贫困》中,马克思通过与蒲鲁东论战的形式,第一次公开了“新世界观”中具有决定意义的论点。1848年年初,马克思、恩格斯合著并出版了国际共产主义运动的第一个纲领性文献《共产党宣言》,通过运用“新世界观”总结历史、分析现状和预见未来,使马克思主义哲学开始与无产阶级革命的实践相结合，标志着马克思主义哲学已经成为一种成熟的世界观和方法论而公开问世。

（三）马克思主义哲学的创立是哲学思想发展史上的伟大变革

马克思主义哲学既是物质世界发展的普遍规律的科学反映，又是无产阶级根本利益和历史地位的理论表现。马克思主义哲学的创立是哲学思想发展史上的伟大变革，具体表现为以下几个方面。

第一，在研究对象上，马克思主义哲学结束了包罗万象的旧哲学体系，成为关于自然、社会和思维发展的普遍本质与普遍规律的科学。它第一次正确地解决了哲学和具体科学、哲学意识和其他社会意识的关系问题。

第二，在理论内容上，马克思主义哲学把唯物主义和辩证法有机统一起来，并将唯物辩证法的基本观点贯彻到认识论、逻辑学、历史观、自然观、人生观等各个方面。特别是历史唯物主义的创立，把唯物辩证的世界观和唯物辩证的历史观有机统一起来，二者在理论上互为前提、不可分割，如同“由一整块钢铁铸成的”，使马克思主义哲学成为彻底的唯物主义一元论哲学。

第三，在社会作用上，马克思主义哲学是无产阶级的哲学，为无产阶级、劳动群众和人类进步提供了认识世界和改造世界的强大理论武器，马克思主义哲学是科学社会主义、共产主义的世界观，它是在社会主义、共产主义实践基础上将科学性和革命性高度结合的哲学。

第四，在理论趋向上，马克思主义哲学结束了旧哲学理论脱离实践的封闭体系，自觉地坚持理论和实践的统一，创立了随实践与科学的发展而不断发展的开放体系，使它成为永葆青春的充满生命力的哲学。

二、马克思主义哲学的本质及特点

马克思主义哲学适应时代发展的要求，始终把人类解放事业作为奋斗的目标。在理论内容上，马克思主义哲学在理解和阐发人与世界关系时，形成了以实践为基本原则的辩证唯物主义与历史唯物主义相统一的理论形态，成为以彻底的批判性为基本品格的、科学性与革命性相统一的思想体系。

（一）马克思主义哲学的理论主题

立志为“人类的幸福和我们自身的完美”而工作，这是马克思、恩格斯的共同心愿。马克思创办《德法年鉴》时，为杂志确定的办刊方针就是“对当代的斗争和愿望作出当代的自我阐明”。这样一个方针，其实正是马克思主义哲学创始人为即将诞生的“新世界观”制定的行动纲领，它不仅贯穿于马克思主义哲学创始人毕生的理论活动，而且始终规范着马克思主义哲学的发展过程。简言之，实现人类解放和人的全面发展，是马克思主义哲学的永恒主题。

概括地说，马克思主义哲学为之奋斗的人类解放，就是使人类摆脱奴役和束缚，克服片面性，获得自由，达到人的全面发展。我们可以从以下几个方面来把握马克思主义哲学的这一理论主题。

1. 从天国的批判转向尘世的批判

在马丁·路德的改革之后，宗教日益走向世俗化，渗透到人们日常生活中，成为人们的精神寄托，以至于人们遗忘了自身，也遗忘了宗教的本质。在这种情况下，费尔巴哈高呼：“人认为的上帝，其实就是他自己的精神、灵魂，而人的精神、灵魂、心，其实就是他的上帝：上帝是人之公开的内心，是人之坦白的自我；宗教是人的隐秘的宝藏的庄严揭幕，是人最内在的思想的自白，是对自己的爱情秘密的公开供认。""属神的本质之一切规定,都是属人的本质之规定。"①费尔巴哈明确指出"宗教是人的本质的异化",把宗教归结为人本身的选择,有助于暴露宗教实施精神控制的本来面目。可是,人是在现实生活中形成自己的宗教信仰的,因而就需要从"世俗基础的自我分裂和自我矛盾"中透析人的现实生成。费尔巴哈没有走到这一步,因为在费尔巴哈的哲学境域中这是不可能做到的。

在马克思看来,在费尔巴哈揭穿了"人的自我异化的神圣形象"之后,需要进一步揭露"具有非神圣形象的自我异化"。宗教的存在固然是一个"缺陷的存在",但宗教不过是世俗狭隘性的表现。马克思指出:"政治国家的成员之所以信奉宗教,是由于个人生活和类生活、市民社会生活和政治生活的二元性;他们信教是由于人把处于自己的现实个性彼岸的国家生活当做他的真实生活;他们信教是由于宗教在这里是市民社会的精神,是人们相互脱节和分离的表现。"②既然如此,只有用人们的"世俗桎梏"来说明他们的"宗教桎梏",并进而消灭人们的"世俗桎梏",才能帮助人们克服他们的宗教狭隘性,摆脱宗教的精神控制。于是,对宗教的批判,就需要转变为对政治国家的批判。

2. 阐明人类解放高于政治解放

政治国家成员的二元化生活,是指人们在"市民社会"和"政治国家"中的不同境遇。在"政治国家"中,每个人不管属于什么等级,都因为是国家成员而拥有同样平等的权利,不会因为财产、地位、信仰等方面的差异而有所不同,每个人都是作为"人"亦即国家公民而存在。而在"市民社会"中,每个人都以"私人"的面目出现,都变成了有着自己利益考虑的独立的"原子",都必定把"利己主义"当做行为准则。而且,每个人都把别人看做工具,也把自己降为工具,劳动只是一种生存的手段。由此看来,

---

① 费尔巴哈哲学著作选集(下卷). 北京:商务印书馆,1984,第38、39页

② 马克思恩格斯全集(第1卷). 北京:人民出版社,1956,第434页

人们的世俗生活处于分裂之中，现实的市民社会生活中的人，实际上生活在政治国家作为“彼岸存在”的政治异化之中。因此，要砸碎人们的宗教桎梏，必须首先打破人们的世俗桎梏。就是说，“政治解放和宗教的关系”问题已经成了“政治解放和人类解放的关系”问题。

所谓“政治解放”，实际上就是资产阶级革命。英、法资产阶级革命的实际情况表明，作为“市民社会的革命”的政治解放，没有也并不谋求消灭人们的宗教观念，不仅不能让人们从宗教桎梏中解放出来，反而加重了现实生活的二重化，强化了宗教桎梏。资产阶级革命打着全人类利益的旗号，解放的却是他们自己，如此“毫不触犯大厦支柱”的政治解放恰是“乌托邦式的空想”。与此不同，“人类解放”则要彻底消灭人类自我异化及其所有根源。政治解放只有深入并扩展到对市民社会的改造，废除私有制，才能转变为人类解放，才有望克服现实生活的二重化。当然，人类解放的完成绝不是一蹴而就的，而是一个复杂艰难的过程，其基本的要求或目标，正如马克思所说，就是“把人的世界和人的关系还给人自己”①。

3. 探索人类解放的实现力量

既然人类解放具有毋庸置疑的必然性，那么，究竟如何实现人类解放？通过什么社会力量来实现人类解放？马克思的解答是：关键就在于形成一个“并非市民社会阶级的市民社会阶级”，也就是无产阶级。作为“市民社会阶级”，无产阶级是在资本主义社会胎胞中产生的，是处于资本主义社会底层的一个阶级，是除了自身便一无所有的赤贫阶级。就此说来，无产阶级代表着资本主义社会人的完全丧失，最具有大公无私的品质，并且知道自己的实际生存状况就是资本主义社会的致命之处。作为“非市民社会阶级”，无产阶级是被资本主义社会戴上“彻底的锁链”的阶级，是与资本主义私有财产制度全面对立的阶级。无产阶

① 马克思恩格斯全集(第1卷)．北京：人民出版社，1956，第434页

级存在的秘密就是现存制度的实际解体，并且只有通过人的完全恢复才能恢复自身。这就是说，无产阶级“若不从其他一切社会领域解放出来从而解放其他一切社会领域就不能解放自己的领域”，无产阶级的解放与人类的解放是一致的。[①] 因此，无产阶级解放这个“19 世纪的秘密”透露出的信息，就是只有无产阶级才是人类解放的中流砥柱，无产阶级的解放就是人类的彻底解放。

4. 解构“物的依赖性”的束缚

按照列宁的理解，“马克思学说中的主要的一点，就是阐明了无产阶级作为社会主义社会创造者的世界历史作用”[②]。这一判断切中了马克思思想演变的实际。正是无产阶级的历史作用和发展前途这个“主要之点”的提出和初步论证，使马克思的哲学致思开始了具有决定意义的转向——马克思把理论视线对准了资本主义社会的经济事实。通过这一转向，马克思越来越深入地认识到无产阶级作为“现实的人”的生存状况，越来越全面地洞察到劳动异化与资本主义社会的相互作用关系，越来越明确地把握到资本主义社会“物的依赖性”的必然性，越来越强烈地感受到物对人的奴役在资本主义社会的普遍性。

资产阶级推行的商品经济，消解了“人的依赖关系”以及人的“原始的”丰富性，发展了“人的独立性”。商品经济的日益发达，必然要求并实际引导整个社会按照商品经济的规律发展。于是，伴随商品经济而来的，则是“物的依赖性”的不可遏制地生成及其向社会生活各个向度的扩张。所谓“物的依赖性”，就是指整个社会生活受着物的力量的役使，人际交往以物为媒介，人的发展水平以人占有物的多少为标准。其最极端的症候，就是马克思所说的“物的世界的增值同人的世界的贬值成正比”，使用体现人的本质的话语竟是“对人类尊严的侮辱”，“物的价值的

① 马克思恩格斯选集(第 1 卷). 北京：人民出版社，1995，第 14—15 页

② 列宁选集(第 2 卷). 北京：人民出版社，1995，第 305 页

异化语言倒成了完全符合于理所当然的、自信的和自我认可的人类尊严的东西”[①]。更为严重的是，由于商品经济实际需要并建构着“人的独立性”，因而社会生活就以形式上合法的方式不断地把“物的依赖性”再造出来。

“物的依赖性”是在资本主义社会中产生的，它依靠资产阶级巩固起来，同时又被为资产阶级意识形态的合法性的辩护掩盖起来。“物的依赖性”将在一定时期内存在，也许会延续很长时间，但绝不是人类社会的永恒现象。“物的依赖性”所造成的人的片面而畸形的发展，其实正是对人的宰割，绝不是人的生存常态和归宿，必须也能够予以消除。这是资本主义发展到发达阶段人类解放面临的新课题，也是当代人生存和发展必须解决的新问题。

马克思指出:“物的依赖关系无非是与外表上独立的个人相对立的独立的社会关系，也就是与这些个人本身相对立而独立化的、他们互相间的生产关系”[②]。显然，破除“物的依赖性”，最终还是有赖于人们社会关系的彻底变革，有赖于人的全面发展的真正实现。

5. 探寻人的全面发展

马克思在1844年论述共产主义时曾经说过:“自我异化的扬弃同自我异化走的是一条道路”[③]。由此可见，“物的依赖性”越是加剧了人的片面发展，就越能为人的全面发展提供现实的条件。人的全面发展不是自然的产物，而是历史的产物。马克思指出:“要使这种个性成为可能，能力的发展就要达到一定的程度和全面性，这正是以建立在交换价值基础上的生产为前提的，这种生产在产生出个人同自己和同别人的普遍异化的同时，

① 马克思．1844年经济学哲学手稿．北京:人民出版社，2000，第51、183页

② 马克思恩格斯全集(第46卷，上)．北京:人民出版社，1979，第108—109页

③ 马克思恩格斯全集(第3卷)．北京:人民出版社，2002，第294页

也产生出个人关系和个人能力的普遍性和全面性。”[①]因此，人的全面发展才是人类的真正解放，亦即人类解放的实现。

在马克思看来，人的全面发展的基本内涵表现为：其一，人的“生命力”的最大限度的发挥。人直接地是一个“有生命的自然存在物”，蕴藏着丰富的肉体和精神两个向度的潜能。这是人与生俱来的“自然力”。人的全面发展的首要标志就是要把沉睡在每个人身上的这些素质充分地展示出来。其二，人的对象性关系的全面生成。人还是一个“对象性的存在物”，是需要对象来确证自己的“生命力”的存在物。人通过自己的感性活动即实践，与外部世界形成了多种多样的关系，就能够全面地表现和证明自己的本受力量。人的全面发展意味着人创设了丰富多彩的对象世界，人与对象世界和谐相处，以至于对象世界就是另一个“感性地存在着的人”。其三，人的社会关系的高度丰富展开。每个人的现实生存活动总是处于与别人生存活动的关联之中，通过交往，每个人传输自己活动的信息，同时吸取来自他人的对己有用的信息，就可以及时地调整自己的行为，并能够利用其他人的成就来弥补自身活动的欠缺，共创一个合乎人的意愿的生活世界。人的全面发展无疑包括人的生活世界的现实运行，人的社会关系的协调发展。上述三个方面相互交织，共生于人的实践中，体现了人的实践的全面性。由于人是通过自己的感性活动即实践而自我创生的，实践是人的生命活动，因此，人的实践的全面性就表征着人具有了“丰富的个性”，意味着人成了“有个性的人”，意味着人类解放的真正实现。

（二）马克思主义哲学的根本性质和特点

马克思主义哲学的产生实现了哲学史上的一场空前的革命。马克思主义哲学是以实践为基础的科学性和革命性相统一的无产阶级哲学。实践性是马克思主义哲学的根本特征。具体

① 马克思恩格斯全集（第46卷，上）．北京：人民出版社，1979，第108—109页

来说，马克思主义哲学的特点主要表现在以下几个方面。

1. 科学性与革命性的统一

马克思主义哲学以前的哲学都是代表剥削阶级利益的哲学。剥削阶级处在上升阶段时，它们的利益与人民群众的利益和社会发展的客观要求有某种程度的一致性，它们还需要在一定程度上揭示世界的本来面貌，并与维护腐朽阶级利益的理论作斗争。这时它们的哲学还能有相当的科学性和革命性。但是，即使在这种情况下，它们的科学性和革命性也受到其狭隘的阶级利益的限制。至于它们发展到腐朽阶段时，就更加害怕揭示世界的真相、害怕触动代表它们利益的制度，它们的哲学就更谈不上科学性和革命性了。马克思主义哲学是无产阶级的世界观，是无产阶级根本利益的哲学表现，是无产阶级解放斗争的精神武器。无产阶级不仅是被剥削的阶级，而且是有史以来代表最先进的生产方式的阶级，它的历史地位决定了它只有彻底解放全人类才能最终解放自己。它的根本利益与社会发展的客观要求和人类彻底解放的前景完全一致。它不需要隐瞒任何真相，不需要维护任何失去了存在理由的事物。恰恰相反，越是揭示世界的本来面貌，越是改变不符合社会发展要求和人民利益的事物，就越对无产阶级有利。因此，作为无产阶级世界观的马克思主义哲学必然是完全科学和彻底革命的哲学。

2. 理论与实践的统一

马克思主义哲学以前的哲学虽然也从实践中概括出某些原理原则，但都不能做到理论与实践的高度统一。以往的哲学都没有正确的实践观，也不了解实践对社会生活的意义。旧唯物主义者心目中的“物”虽然是意识之外的客观存在，但他们只是把“物”看做人们直观的对象，而没有看做改造的对象；而且也不懂得人们改造世界的活动本身就是物质性的活动，更不懂得正是这种物质性的活动改变着社会的面貌和人本身。唯心主义哲学中有些派别（例如黑格尔的哲学）也论述过实践的重要性，但是它们理解的实践又只是精神的活动，并不是真正的实践活动。因此，以往的哲学虽然讲了许多理论，但归根到底都无非是以各式各样的方式解释世界，而改造世界（作为物质活动的实践）却被忽视了。这就决定了它们不可能彻底实现理论与实践的统一。马克思主义哲学与此根本不同。它第一次把实践理解为人们改造世界的物质的感性的活动，并且揭示了正是人们的实践活动改变着人们的生存环境，改变着人本身。“全部社会生活在本质上是实践的。凡是把理论引向神秘主义的神秘东西，都能在人的实践中以及对这个实践的理解中得到合理的解决。”①这就为正确地认识世界的奥秘提供了一把钥匙。不仅如此，马克思主义哲学还指出理论必须从实践中来，又回到实践中去，同群众相结合，发挥改造世界的作用，并在实践中接受检验，得到丰富和发展。这样，哲学就不再只是哲学家在书斋里的精神产品，而是广大群众改造世界的思想武器。这是哲学性质的革命性的转变。

3. 自然观与社会历史观的统一

马克思主义哲学以前的哲学对社会历史的理解全都在唯心主义的迷雾中徘徊，没有科学的理论。旧唯物主义在理解自然界的时候还能坚持物质第一性、意识第二性的正确观点（虽然它们的具体解释未必科学），但是一踏进社会历史领域就陷入了唯心主义的泥沼。它们都把“意见”“动机”等看成社会历史存在和变化的最终原因，而看不到“意见”“动机”等背后起最终决定作用的物质原因。它们只是“半截”的唯物主义，无法科学地解释社会历史，也无法科学地解释人本身。马克思主义哲学第一次把唯物主义贯彻到社会历史领域，创立了历史唯物主义即唯物史观。它指出，不是人们的意识决定人们的存在，而是人们的社会存在决定人们的意识。社会存在就是由人们以自然界为舞台、通过实践活动造成的社会物质生活条件，首先是生产力的状

① 马克思恩格斯选集（第 1 卷）. 北京：人民出版社，1995，第 56 页

况和生产关系的状况。从此,对社会历史的研究才成为像自然科学一样严格的科学。这是石破天惊的伟大发现,是人类认识史上的突破性的变革。唯物主义从此踏进了人类认识的千年"死角",成为可以合理地解释整个世界的科学的世界观了。

4. 唯物主义与辩证法的统一

唯物主义是对世界本原的唯一正确的说明,辩证法则是对世界存在状况的唯一正确的说明。要按照世界的本来面貌来认识世界和改造世界,而不给以任何的附加,就必须坚持唯物主义和辩证法,并使两者在实践的基础上统一为一个有机整体。但是,在马克思主义哲学以前,从来没有一种哲学实现过这种统一。古代哲学中有丰富的唯物主义和辩证法思想,两者也有一定程度的结合,但那时的唯物主义和辩证法都是在近代实验科学出现以前的产物,世界万物的真实联系还远未揭示出来,它们还不可能从确凿的科学成果中概括出严密的理论,它们的许多合理思想还只能是笼统的猜测(虽然有不少天才的猜测),还只能是朴素形态的东西,还谈不上唯物主义与辩证法的科学的统一。近代以后,唯物主义和辩证法则基本上是分离的,唯物主义基本上是形而上学的唯物主义,辩证法则基本上是唯心主义的辩证法。它们虽然都有片面的真理性,但在总体上都不能全面正确地反映世界的本来面貌,不能成为完全科学的哲学。同时,它们又总是把自己的理论说成是终极真理,总想把自己设想的世界状态说成是终极状态,否认世界的无限发展,这就使它们不可能是彻底革命的哲学。马克思主义哲学第一次在实践的基础上把唯物主义与辩证法贯彻到底并且融为一体,赋予了崭新的内容和形态。在马克思主义哲学看来,世界是无限发展着的物质统一体,世界的万事万物都有发生、发展和灭亡的过程。它除了承认事物相对于它赖以存在的条件而言具有存在的合理性之外,不承认有永恒不变的事物,也不承认有终极真理。这样的哲学从根本上反映了世界的本来面貌,具有批判的革命的本质。这种统一也是哲学史上的一次革命。

第三节　马克思主义哲学在实践中不断发展

马克思主义哲学的创立,绝不意味着人类哲学思想发展的终结。马克思主义哲学作为一个开放的体系,不断从社会实践和科学发展中吸取营养以丰富和发展自身,从而显示出强大的生命力。马克思主义哲学创立一百多年来,一代又一代的马克思主义者运用马克思主义的世界观和方法论,不断根据自己所处时代的实际特点,对社会发展的现实问题进行理论研究和理论思考,提出了许多富有创造性的理论和观点,使马克思主义哲学的理论宝库不断得到丰富和完善。

一、马克思主义哲学的不断发展

(一)马克思和恩格斯对马克思主义哲学的完善和发展

马克思主义哲学创立之后,马克思、恩格斯始终致力于完善、丰富和发展这一科学的世界观和方法论,并使之与无产阶级和人类解放的实践活动紧密结合起来。

在写于1859年的《〈政治经济学批判〉序言》中,马克思对历史唯物主义的基本原理作出了经典论述,深刻地阐明了生产力与生产关系、经济基础和上层建筑之间的辩证关系,对极其复杂的人类社会经济形态作了科学的解释,从而揭示了人类社会历史发展的规律。马克思强调,“不是人们的意识决定人们的存在,相反,是人们的社会存在决定人们的意识”①。这是马克思对历史唯物主义基本原理所作的最概括、最精辟的阐述。这一简明的论述,把历史唯物主义和历史唯心主义根本区别开来。

① 马克恩恩格斯文集(第2卷). 北京:人民出版社,2009,第591页

马克思阐述,“社会的物质生产力发展到一定阶段,便同它们一直在其中运动的现存生产关系或财产关系(这只是生产关系的法律用语)发生矛盾。于是这些生产关系便由生产力的发展形式变成生产力的桎梏。那时社会革命的时代就到来了。随着经济基础的变更,全部庞大的上层建筑也或慢或快地发生变革”①。马克思的这段论述深刻地阐明了生产力和生产关系、经济基础和上层建筑的矛盾运动对人类社会发展的重要意义。马克思指出,“无论哪一个社会形态,在它所能容纳的全部生产力发挥出来以前,是决不会灭亡的;而新的更高的生产关系,在它的物质存在条件在旧社会的胎胞里成熟以前,是决不会出现的。所以,人类始终只提出自己能够解决的任务,因为只要仔细考察就可以发现,任务本身,只有在解决它的物质条件已经存在或者至少是在生成过程中的时候,才会发生”②。马克思的这段论述,阐明了并不是生产力和生产关系发生了矛盾,就会爆发革命。实际上,任何一种社会生产关系在它所能容纳的全部生产力发挥出来以前,它就还有一定的生命力,就不会很快地灭亡。同样一种新的生产关系必须在物质条件成熟时,才能产生。人类只能依据客观条件提供的可能,提出革命的任务。在这部著作中,马克思还根据不同的生产方式把社会主义社会以前的人类社会划分为四个时期:亚细亚的、古希腊罗马的、封建的和现代资产阶级的生产方式,并指出资产阶级的生产关系是社会生产过程的最后一个对抗形式。因为“在资产阶级社会的胎胞里发展的生产力,同时又创造着解决这种对抗的物质条件”③。这就是说,资产阶级一方面创造着社会化的生产力,它为资本主义私有制转变为社会主义公有制创造了物质条件;另一方面,随着资本主义的发展,无产阶级在斗争中发展和壮大起来,这就是为

① 马克思恩格斯文集(第2卷). 北京:人民出版社,2009,第591—592页

② 马克思恩格斯文集(第2卷). 北京:人民出版社,2009,第592页

③ 马克思恩格斯文集(第2卷). 北京:人民出版社,2009,第592页

资本主义的灭亡准备好了掘墓人。

1867 年,马克思倾注 40 年心血撰写的划时代巨著《资本论》第 1 卷出版。《资本论》运用唯物史观的观点和方法,将社会关系归结为生产关系,将生产关系归结于生产力,从而证明了社会形态的发展是一个不以人的意志为转移的自然历史过程,进一步阐述了马克思主义的辩证法和唯物史观思想。《资本论》还通过对资本的生产过程、流通过程和总过程的层层分析,揭示了资本主义社会的生产社会化与生产资料私人占有之间的基本矛盾,指出了资本主义剥削的实质和经济危机的根源,阐述了资本主义必然灭亡,社会主义、共产主义必然胜利的历史规律。

在 1876—1881 年期间,马克思研究了许多论述史前社会状况的著作和材料,其中主要有:马·柯瓦列夫斯基的《公社土地占有制、其解体的原因、过程和结果》、路易斯·亨利·摩尔根的《古代社会》、亨利·萨姆纳·梅恩的《古代法制史讲演录》、约·拉伯克的《文明的起源和人的原始状态》、约翰·菲尔的《印度和锡兰的雅利安人村社》。马克思对这些著作和材料作了详细的摘录并进行了评论,形成了《人类学笔记》。《人类学笔记》通过对人类古代社会形态的历史考察,进一步完善了马克思关于五种社会形态的理论。马克思晚年提出的跨越资本主义"卡夫丁峡谷"的思想,阐述了落后国家实现社会主义的问题,丰富和发展了他们关于社会主义革命的道路的理论。

在长期的革命斗争实践和理论研究中,恩格斯敏锐地把握住时代发展的脉搏,在不断总结新的实践经验的基础上,在不断与各种错误思想进行斗争的过程中,写出了许多不朽的著作,提出了一系列新思想、新观点,极大地丰富和发展了马克思主义哲学的理论宝库。在 1876—1878 年,恩格斯花了两年多的时间,写下了经典名著《反杜林论》。《反杜林论》总结了《共产党宣言》发表之后 30 多年来无产阶级革命的经验和自然科学的成就,系统地阐述了马克思主义哲学、政治经济学和科学社会主义三个组成部分的主要内容及其内在联系,集中概述了马克思主义在当时所达到的成果。该著作在彻底清算杜林的哲学唯心主义和形而上学的同时，粉碎了杜林对马克思主义的猖狂进攻，对于捍卫马克思主义世界观，维护科学社会主义纲领，推动德国工人运动和整个共产主义运动的发展，起了十分重要的作用。

《自然辩证法》是恩格斯的一部重要哲学著作，这部著作是由恩格斯从 1873—1886 年陆续写成的一系列论文组成的。在这部著作中，恩格斯阐明了哲学与自然科学的关系，解析了辩证唯物主义的自然观代替形而上学自然观的历史必然性；阐明了唯物辩证法的总特征和一般性质，批判了唯心辩证法，论述了辩证法的三大规律，论证了逻辑学和认识论的基本原理；阐明了劳动在从猿到人转变过程中的决定作用，丰富和发展了马克思主义的唯物史观原理，批判了唯心主义和宗教神学在人的起源问题上的错误观点。这部著作对于无产阶级确立科学的世界观，正确认识和把握社会历史起了重要作用。

1884 年恩格斯撰写了《家庭、私有制和国家的起源》，他利用美国学者摩尔根《古代社会》一书提供的研究成果，充分吸收并发挥了马克思研读有关古代社会史著作时所表述的思想，以历史唯物主义观点作指导，对人类社会的历史进行了科学考察，系统地阐述了家庭形态、氏族制度和国家政权的产生、特点及其演化，深刻揭示了家庭、私有制、阶级、国家的本质，科学阐明了人类从蒙昧、野蛮到文明的发展过程，预见了人类社会走向共产主义的历史必然性。列宁称赞“这是现代社会主义的基本著作之一，其中每一句话都是可以相信的，每一句话都不是凭空说的，而是根据大量的史料和政治材料写成的”[①]。

恩格斯撰写于 1886 年的《路德维希·费尔巴哈和德国古典哲学的终结》一书，在马克思主义哲学史上占据重要的地位，它系统论述了马克思主义哲学与德国古典哲学的关系，特别是与黑格尔、费尔巴哈哲学的关系，全面总结了马克思、恩格斯 40 多

① 列宁.论辩证唯物主义和历史唯物主义.北京：人民出版社，2009，第 284 页

年哲学研究的硕果和哲学斗争的经验，在哲学史上第一次对哲学基本问题的内容进行了概括和论述，深刻阐明了马克思主义哲学在哲学史上实现的伟大变革的实质。

（二）列宁、斯大林对马克思主义哲学的发展

19 世纪末 20 世纪初，世界进入帝国主义时代。伴随着世界大战而发生的世界范围的社会主义革命，马克思主义哲学开始在世界范围内传播和实践。列宁在概括俄国和国际无产阶级革命经验、俄国社会主义革命和建设的经验以及自然科学新成果基础上，坚持马克思主义哲学基本理论与俄国革命实际相结合的原则，批判了第二国际机会主义、孟什维克主义、经验批判主义等各种错误思潮，提出了一系列新观点、新命题和新结论，对辩证唯物主义和历史唯物主义作出了多方面的、创造性的发展，把马克思主义哲学推进到一个新的发展阶段。

1908 年，列宁写作了《唯物主义和经验批判主义》一书。在这部著作中，列宁坚持哲学的党性原则，坚持实践论和反映论、辩证法和认识论的统一，对马赫主义的主观唯心主义进行了系统的批判，提出了“生活、实践的观点，应该是认识论的首要的和基本的观点”[①]，并在此基础上提出了客观真理以及绝对真理和相对真理的辩证关系的思想，强调了实践是检验真理标准的原理。这部著作在粉碎俄国马赫主义的斗争中起了决定性作用，对辩证唯物主义认识论的发展作出了特殊贡献。

《哲学笔记》汇集了列宁 1895—1916 年所写的有关哲学的读书摘要、评注、札记和短文等，主要包括 1895 年对马克思、恩格斯的《神圣家族》和 1909 年对费尔巴哈的《宗教本质讲演录》两书的摘要，对黑格尔的《逻辑学》《哲学史讲演录》等著作的摘要以及列宁的《黑格尔辩证法（逻辑学）纲要》《辩证法的要素》、《谈谈辩证法问题》等提纲和短文。这部著作对于唯物辩证法等

① 列宁.论辩证唯物主义和历史唯物主义．北京：人民出版社，2009，第 49 页

问题作了深刻的研究，特别是《谈谈辩证法问题》作为总结性著作，其内容十分丰富，首次明确提出对立统一规律是辩证法的实质和核心，首次提出辩证法和形而上学是两种根本对立的发展观；首次得出了同一是相对的，斗争是绝对的结论，并指出一切事物都是在其内部对立面的统一和斗争的推动下运动、变化和发展的。这是列宁对马克思主义辩证法的重大贡献。

1916 年列宁写作完成了《帝国主义是资本主义的最高阶段》一书。在这部著作中，列宁对帝国主义的本质、特征和基本矛盾进行了全面而系统的科学分析，揭示了帝国主义产生、发展和必然灭亡的客观规律，批判了卡尔·考茨基（1854—1938）的"超帝国主义论"等错误思想，创立了关于帝国主义的系统理论，提出了帝国主义是资本主义最高阶段的新论点，作出了帝国主义是垄断的、腐朽的、垂死的资本主义的科学论断。

1917 年在十月革命前夕，列宁写作了《国家与革命》一书。在这部著作中，列宁全面系统地阐述了马克思主义的国家学说，批判了第二国际机会主义的反动国家观，总结了马克思主义关于打碎资产阶级国家机器、建立无产阶级专政的学说，充分论证了无产阶级专政的必要性，揭示了无产阶级专政与社会主义新型民主的一致性。《国家与革命》是列宁关于国家和法方面最重要的著作，是马克思主义关于国家与法的学说发展中的一个重要里程碑，不仅清除了机会主义对马克思主义国家学说的歪曲，而且进一步发展了这个学说，并且用俄国革命的经验加以丰富，使它成为指导无产阶级革命斗争和政权建设的强大思想武器。

十月革命后，围绕着如何巩固无产阶级专政、如何建设社会主义等问题，列宁进一步论述了理论与实践、普遍与特殊的辩证法思想；提出了"马克思主义的精髓，马克思主义的活的灵魂：对具体情况做具体分析"①；捍卫和发展了马克思主义社会意识形态学说，提出了研究和学习马克思主义哲学以及创造社会主义

① 列宁.论马克思主义.北京：人民出版社，2009，第 293 页

新文化的战略任务;还对俄国革命和建设走过的道路进行了深入反思等等。

斯大林对马克思主义哲学的贡献集中体现在他于1938年出版的《论辩证唯物主义和历史唯物主义》一书中。在这部著作中,斯大林指出辩证唯物主义是马克思列宁主义政党的世界观,是用辩证的方法和唯物主义的理论来认识、研究、解释自然现象,并给马克思主义哲学奠定了一套由"两个名称(辩证唯物主义和历史唯物主义)、三大块(唯物论、辩证法、历史观)"构成的基本模式。《论辩证唯物主义和历史唯物主义》以简明、通俗的形式阐述了马克思主义哲学的许多原理,这在当时人们对马克思主义哲学还了解不多,马克思主义哲学水平还普遍不高的情况下,起到了宣传普及马克思主义哲学基本理论的积极作用,也成为当时学习马克思主义哲学的必读书。

(三)马克思主义哲学在中国的发展

十月革命的胜利,开辟了世界历史的新纪元。作为世界社会主义革命的一部分,中国革命是在马克思主义哲学指导下取得成功的。以毛泽东为代表的中国共产党人,致力于马克思主义的中国化,形成了毛泽东思想。1930年,毛泽东撰写了《反对本本主义》,第一次提出了"从斗争中创造新局面"的思想路线。1937年,毛泽东在《实践论》和《矛盾论》中,结合中国革命的实际,分别阐述了以实践为基础的革命的能动的反映论和唯物辩证法的基本思想,把马克思主义哲学从高深的理论原理转化为实际工作中的工作方法和行为准则,为马克思主义哲学在中国的实际运用和通俗化开辟了道路,"两论"由此被称为马克思主义哲学中国化的典范著作。此后,毛泽东撰写了一系列重要文章,系统论述了从实际出发、理论联系实际、调查研究、实事求是和依靠群众等马克思主义哲学的基本原则,总结了一整套行之有效的易于为广大干部群众掌握的领导方法和工作方法,不仅丰富了马克思主义哲学的内容,而且开辟了一条把一般哲学理论与具体实践相结合的新路。在中国社会主义建设新时期，以邓小平为代表的中国共产党人，紧紧抓住什么是社会主义、怎样建设社会主义这个关系到当代中国前途的根本问题，深刻揭示了社会主义的本质，把对社会主义的认识提到新的科学水平，形成了包含着丰富哲学思想的邓小平理论，并由此开创了中国特色社会主义理论体系。进入新世纪后，以江泽民为核心的第三代中央领导集体根据国际国内形势的新变化，提出了“三个代表”重要思想。“三个代表”重要思想最鲜明的特点和最突出的贡献，在于运用一系列紧密联系、相互贯通的新思想、新观点、新论断，着重回答了在中国共产党长期执政的历史条件下建设什么样的党、怎样建设党这一重大问题，并进一步回答了什么是社会主义、怎样建设社会主义的问题，深化了我们对建设中国特色社会主义规律的认识，把中国特色社会主义理论体系的发展推进到了一个新的阶段。党的十六大以来，党中央继续推进理论创新，形成了科学发展观和“中国梦”战略思想，提出了以人为本的执政理念和构建社会主义和谐社会的奋斗目标，创造性地回答了什么是发展、为什么发展、怎样发展的重大问题，进一步丰富了中国特色社会主义理论体系的内容。毛泽东思想和包括邓小平理论、“三个代表”重要思想、科学发展观、“中国梦”在内的中国特色社会主义理论体系，都是马克思主义（包括马克思主义哲学）中国化的标志性成果，都为丰富和发展马克思主义哲学作出了重大贡献。

二、马克思主义哲学发展的实质

马克思主义哲学一个多世纪以来的发展并不是一帆风顺的。随着社会主义国家的建立，马克思主义哲学的命运与整个国际共产主义运动的走势紧紧地联系在一起。每当国际共产主义运动陷入低潮，马克思主义哲学的发展就会遭遇挫折。20 世纪 80 年代末 90 年代初苏联解体和东欧社会主义国家的剧变，是迄今为止国际共产主义运动遭受的最为严重的挫折。在这种情况下，马克思主义哲学所面对的挑战就可想而知了。西方国家某些理论家竭力鼓噪马克思主义大失败、社会主义大崩溃等耸人听闻之论，就是明证。然而，中国特色社会主义的强劲发展势头，无可争辩地确证了马克思主义及其哲学的现实意义。基于上述正反两方面的经验，我们可以从以下几个方面来理解马克思主义哲学发展的实质。

（一）坚持马克思主义哲学的基本原则和基本立场，是马克思主义哲学发展的出发点和落脚点

在发展马克思主义哲学的过程中，我们必须始终坚持马克思主义哲学的基本原则和基本立场。道理很简单，丢掉了马克思主义哲学的基本原则和基本立场，也就不再是马克思主义哲学。马克思曾经说过："任何一个存在物只有当它用自己的双脚站立的时候才认为自己是独立的，而且只有当它依靠自己而存在的时候，它才是用自己的双脚站立的。靠别人恩典为生的人，把自己看成一个从属的存在物。"[①]马克思这段论述虽然不是用来阐发自己思想原则的，但它有助于我们深入理解坚持马克思主义哲学的基本原则和基本立场的重要性。一方面，马克思主义哲学的实践原则，要求我们始终面对活生生的现实生活世界；另一方面，人类解放和人的全面发展是马克思主义哲学的理论主题。从当代社会的生活境遇来看，如此主题正是当代人的现实追求。既然如此，马克思主义哲学就仍然是我们这个时代的哲学，是当代人筹划现实生存的精神动力和文化向导。总之，要推动马克思主义哲学的发展，就必须坚定不移地坚持马克思主义哲学的基本原则和基本立场。

---

① 马克思．1844年经济学哲学手稿．北京：人民出版社，2000，第91页

（二）把马克思主义哲学的普遍原理与各个国家的具体实践相结合，是马克思主义哲学发展的基本方针

无产阶级取得国家政权以后，马克思主义便成为社会主义国家意识形态领域的主导思想，马克思主义哲学存在状态发生了根本性转变。这既是马克思主义哲学蓬勃发展的标志，同时也使得新的问题十分突出地呈现出来。马克思主义哲学只有扎根于每一个国家、每一个民族，才能发挥思想导向和教育人民的巨大作用。那么，如何才能实现这样的要求？马克思在青年时代就明确意识到，“理论在一个国家实现的程度，总是决定于理论满足这个国家的需要的程度”[①]。因此，要实现上述要求，就不能拘泥于马克思主义经典作家的个别命题和已有论断，而要努力运用马克思主义哲学的立场、观点和方法来分析各国社会发展中的现实问题，把马克思主义哲学与各国具体实际相结合。从马克思主义哲学发展的历史进程来看，这样的结合不是自发发生的，更不是轻而易举就能实现的。在把马克思主义哲学与中国具体实际相结合的过程中，中国共产党人曾与教条主义进行了复杂而艰苦的斗争，并由此开创了马克思主义哲学中国化的伟大事业。从中国革命的历史发展进程来看，教条主义以熟谙马克思主义经典文本自居，把马克思主义的经典文本幻化为解决现实问题的灵丹妙药，动辄拿马克思主义经典作家的个别词句或个别结论来吓唬人。在这方面，王明的教条主义最为典型。从表面上看，教条主义似乎是最忠于马克思主义的。其实，教条主义者本来就不是马克思主义者。恩格斯曾辛辣地讽刺德国社会民主党内的教条主义者“青年派”说：“所有这些先生们都在搞马克思主义，……关于这种马克思主义者，马克思曾经说过：‘我只知道我自己不是马克思主义者。’马克思大概会把海涅对自己的模仿者说的话转送给这些先生们：‘我播下的是龙种，

---

① 马克思恩格斯选集（第1卷）．北京：人民出版社，1995，第11页

而收获的却是跳蚤。'"[①]毛泽东指出:"马克思主义的'本本'是要学习的,但是必须同我国的实际情况相结合。我们需要'本本',但是一定要纠正脱离实际情况的本本主义。"[②]

（三）自我更新和自我完善是马克思主义哲学发展的内在动力

从一定意义上说,马克思主义哲学的发展也就是其思想伟力不断现实化、从而更加具有旺盛的理论生命力的过程。马克思主义哲学之所以能够不断地得到创造性的发展,决定性的因素还在于马克思主义哲学自身的品质。马克思主义哲学的实践原则和以彻底的批判性为基本品格的科学性与革命性相一致的特点,决定了它本身具有无限发展的内在机制。因此,牢固坚持马克思主义哲学的实践原则,始终保持马克思主义哲学的品格和特点,从而不断地实现马克思主义哲学的自我更新和自我完善,就能够推进马克思主义哲学的不断发展。

① 马克思恩格斯选集(第 4 卷).北京:人民出版社,1995,第 695 页
② 毛泽东选集(第 1 卷).北京:人民出版社,1991,第 111—112 页

第二章 马克思主义哲学的物质论

哲学的基本任务是追寻世界的本质，探索人类的生存方式，阐明人与世界的关系。马克思主义哲学关于物质的基本观点认为，世界追本溯源是客观的物质存在，无论是自然还是社会，或者具体到人类及其实践活动，都是物质世界的不同表现形态。人是自然的人，也是社会的人，也是客观存在，同时，人的意识是物质世界长期发展的最高产物，对物质世界既有依赖性，又有相对的独立性和能动的创造性。马克思主义哲学是在物质观和实践观相统一的基础上阐明世界与人、世界的物质统一性与人的活动的能动性之相互关系的，它是一种以物质世界的先在性为前提、以人的实践为理论的逻辑起点的崭新的哲学世界观。

第一节 物质及其存在的形式

承认世界的物质性，承认世界是在时间、空间中按照其固有的规律运动，变化和发展着的物质世界，这是坚持马克思主义哲学的前提。一切实践活动都是客观的物质活动，要以物质世界及其运动规律作为前提和出发点，遵循客观规律，这是马克思主义哲学的根本要求。

一、辩证唯物主义的物质范畴

人类对物质的认识理解，是一个一个漫长的历史过程，经过不断认识、不断完善，终于形成了正确的认识。马克思主义以前的唯物主义者早就提出了物质概念，但是，由于自然科学水平和社会历史条件以及他们认识水平的限制，他们对物质都做出了错误的不科学的规定，往往将物质具体化，将其归结为某种或几种具体的物质形态。在我国古代，曾有人提出万物都是由金、木、水、火、土这五种实物构成的。在西方，古希腊的唯物主义者对物质的本源早有探索，他们有的将水奉为万物的本原，有的将空气奉为万物的本源，还有的认为火是万物的本源，诸如此类有好多。他们试图从物质世界本身去寻找它的本原，坚持了唯物主义的根本原则，但是他们对物质的认识带有直观和猜测的性质，因而不能建立科学的物质观。当时自然科学不断发展，人类对物质结构有了更深入的了解，能够认识到原子，于是，近代机械唯物主义提出原子是组成万物的最小的物质单位。将世界统一于物质解释为世界统一于原子，自然而然也就把原子的特性（如广延性、不可分离性等）等同于物质的特性。这种从物质世界本身所具有的某种状态和属性来解释世界的本原，继承和发扬了古代朴素唯物主义的优良传统，克服了它的直观、猜测的性质。但它同样也没有摆脱把物质归结为物质的特殊结构、属性和形态的局限性，也不是科学的物质观。

世界的本质是物质的，也就是说，整个世界是一个联系发展的物质统一体。万事万物之所以能够存在，就是有物质做支撑。在这个哲学领域，物质是标志客观实在的哲学范畴。无论是哪个学派，对于物质的理解都经历了一个长期艰辛的探索过程，唯物主义学派也不例外。唯物主义哲学的发展，经历了古代朴素唯物主义、近代形而上学唯物主义和现代辩证唯物主义三种形态，它们对应着对“物质”的哲学认识由低级到高级、由片面到全面的三个发展阶段。其中，古代朴素唯物主义者认为世界万物都是由一种或几种具体的物质性本原产生的。唯物主义物质观发展的第二个阶段是形而上学唯物主义物质观，因为当时科学的发展程度以及人类自身的限制，他们认为世界的本源是原子。到了唯物主义物质观发展的第三个阶段，也就是出现了辩证唯物主义物质观，它是由马克思、恩格斯等人创立的，马克思主义继承和发扬了唯物主义传统，在以前唯物主义理论的基础上创立了辩证唯物主义物质观，实现了哲学物质理论发展史上的飞跃。

二、物质范畴的科学含义

马克思主义哲学总结了19世纪中叶以来的自然科学重大成果的基础上，对以往唯物主义物质范畴的思想做了一定的扬弃，发扬了其中的合理思想，创立了辩证唯物主义的物质观。实现了哲学物质理论发展史上的重大飞跃。

恩格斯早就对哲学物质观作过唯物辩证的说明："实物、物质无非是各种实物的总和，而这个概念就是从这一总和中抽象出来的。"[①]列宁进一步发挥了恩格斯的思想，他总结了19世纪末到20世纪初自然科学的新成就，提出了科学严谨的物质概念："物质是标志客观实在的哲学范畴。这种客观实在是人通过感觉感知的，它不依赖于我们的感觉而存在，为我们的感觉所复写、摄影、反映。"[②]从恩格斯和列宁对物质概念的阐述上，可以看出，物质是客观存在的，它不依赖于人的意识，并且能够为人的意识所反映，它是一种客观实在。物质的客观实在性，是物质在哲学基本问题层面上区分于意识的唯一特性。由于物质是客观实在，所以物质是自然事物和实践活动的统一。

三、物质范畴的重大意义

（一）体现了唯物论和辩证法的统一

形而上学认为世界的本源是原子，马克思主义辩证主义物质观体现了唯物论与辩证法的统一，与形而上学的物质论观点

① 马克思恩格斯全集(第27卷). 北京：人民出版社，1972，第285页

② 马克思恩格斯全集(第27卷). 北京：人民出版社，1972，第286页

划清了界限。辩证唯物主义物质观在自然科学进一步发展的基础上否定了原子是世界的本源，揭示了一切物质形态的共性，正确解决了自然科学的物质结构理论与哲学的物质范畴的辩证关系，指出物质的具体形态和物质结构是个性，是可变的、相对的；而哲学的物质范畴是在自然科学物质结构理论的基础上，对物质具体形态和结构的高度概括，是共性，是不变的、绝对的。但是，总体而言，无论物质具体形态和结构多么复杂，或者多么可变，它都具有着“客观实在性”这一共性。

（二）体现了本体论和认识论的统一

近代唯物主义强调感觉论、经验论，将物质定义为一切可以以任何形式作用于人体感官的东西，这虽合理地抓住了物质的可感觉性，但以主体的感觉经验为中介去规定客观实在——物质，这往往要滑向不可知论。因此，旧唯物主义的本体论和认识论往往不一致。

由于实践是一种客观实在，又是人的有意识活动，因而它能合理地沟通主体和客体，使主体超越内部状态而达到客观实在，成为人的思维之客观真理性的证明。马克思主义哲学把实践这一客观实在包括到对物质概念的理解中，否定了世界的不可知论，认为世界是可知的，这将有助于克服不可知论倾向。

（三）体现了自然观和历史观的统一

人类实践也是一种客观实在，马克思主义哲学把人类实践，包括到对物质概念的理解中，承认物质的客观性，并将这一原则贯彻到整个历史领域，确立了唯物主义原则，将自然过程和历史过程统一起来，实现了唯物主义自然观和历史观的统一，从而完善和发展了唯物主义，创立了辩证唯物主义，使唯物主义成为彻底的、完备的理论。正如恩格斯所说：“而自从历史也被唯物主义地解释的时候起，一条新的发展道路也在这里开辟出来了。”①

四、物质属性的复杂多样性

（一）物质的结构性和系统性

事物是普遍联系的，物质的结构就体现了联系的普遍性。物质的结构是指事物内部各个要素相互联系和相互作用的方式，包括构成物质系统的各种要素的数量和比例、排列次序和结合方式。任何物质系统都有相对稳定的结构。物质结构是世界普遍联系的重要体现，它实际上是物质系统中各种联系和关系的总和。若干有特定属性的要素以特定结构而形成的具有特定功能的整体即系统。系统方式是事物间普遍联系的一种方式。用系统观点看自然界，所有自然物都自成系统或处于系统之中，它们之间都存在着普遍联系、相互制约、相互作用的对立统一关系。这种关系是系统结构得以形成的主要杠杆。

（二）物质的层次性

物质结构都有它的层次性。所谓层次，是指若干要素经相干性关系构成的系统（低层系统），再经过新的相干性关系而构成新系统（高层系统）的逐级构成的结构关系。相干性是指一种调和关系。各方经过物质、能量、信息的交换而彼此约束和选择、协同和放大。层次实际上就是纵向结构。层次关系的规律是：随着层次由低向高推进，结合的紧密程度由大到小而递减。物质的不同层次既有质的差异，又存在内在的联系。

① 马克思恩格斯全集（第27卷）．北京：人民出版社，1972，第286页

(三)物质系统的功能性

任何物质系统都是一个有特定功能的整体。功能是物质系统内部结构和外部关系中所表现出来的特性和能力。功能不是某个部分的属性,而是物质系统整体才有的属性。功能之所以为整体所具有,是因为功能需以结构为载体。从这个意义上说,功能是由结构决定的。合理的结构,能增强系统整体的功能,不合理的结构则削弱系统整体的功能。因此,优化整体结构,可以实现物质系统的最佳功能。但是,结构对功能的决定并不是单值决定,而是或然决定:一定结构可以表现为多种功能,一种功能也可能映射多种结构。

(四)物质系统的稳定性和变动性

物质系统内部的具体要素并不严格精确地处于平均状态,而有或多或少、或大或小的偏离,这种偏离或偏差叫涨落。涨落是偶然的、杂乱的、随机的。如果一种物质系统经受不住涨落,那么,它将随时可能解体。只有在涨落出现后能恢复自身结构的物质系统,才有存在下来的可能。这种对涨落的相对不变性,就是物质结构系统的稳定性。而在临界点附近,涨落可能被放大,形成巨涨落,从而会推动物质结构系统发生质变,跃迁到新的分支上去,形成新的有序结构,这是物质结构系统的变动性。

五、物质的存在形式

辩证唯物主义认为,物质同意识相比,它的唯一特性是它的客观实在性。从现实上看,不论人们所面对的无垠的自然界,还是人类所处的社会领域,都是复杂多样的。自然界的物质形态是千姿百态、无限多样的,自然界中的物质形态可以划分为非生命世界和生命世界两大类;也可以划分为固态、液态、气态、等离子态和超密态等聚集状态；还可以划分为实物和场，但无论哪种划分方式，最终归于动态和静态两类。

（一）运动是物质的根本属性

形而上学与辩证唯物主义不同，它强调静止不变的世界观，与形而上学相反的是，马克思主义哲学认为，物质是绝对运动和相对静止的统一，二者有着对立统一的关系。所谓运动，正如恩格斯所说："运动，就最一般的意义来说，就它被理解为存在的方式、被理解为物质的固有属性来说，它包括宇宙中发生的一切变化和过程"。[①] 这就是说，运动是标志一切事物、现象的一切变化的哲学范畴，这里既有向前、向上的变化—发展，也有向后、向下的变化——衰退。整个世界就是物质的运动或运动着的物质。

物质和运动不可分割表现在两方面：

(1)没有不运动的物质。一切形态的物质都依其固有的规律在永恒地运动着、发展着、变化着。从宇观星系到宏观物体到微观粒子都在不停地运动着。生物体内部不断地进行着新陈代谢、自我更新的运动，现存的上百万种物种是由少数单细胞生物发展而来的，在这一过程中有新物种的产生和旧物种的淘汰。人是由类人推进化而来的，社会生活的发展、变化尤其显著。

(2)运动的载体是物质，它的承担者是宏观物体，再比如说人的思想，思想运动的载体就是人脑。

综上所述，物质和运动是相互联系相辅相成的，二者不可分割，在广大浩淼的宇宙中，虽然人类只是沧海一粟，但这也改变不了物质和运动的客观关系，既没有无物质的运动，也没有无运动的物质。物质是运动的承担者，物质是运动的载体，是运动的基础，离开了物质，运动就不复存在，谈论运动也就没有任何实质意义。没有物质的运动将导致唯心主义。大千世界是永不停

① 马克思恩格斯全集(第27卷). 北京：人民出版社，1972，第290页

息的运动变化发展着的，一旦离开了运动，物质也就不复存在，同时，物质往往是以运动的方式存在着的，无运动的物质将导致形而上学唯物主义。狭义相对论中著名的质量—速度关系已为许多实验所证实。从这个关系中可以了解到，物质的质量和运动之间有着必然的联系，物体的质量随其运动速度的变化而变化。这充分说明，物质与运动的不可分割的内在联系，已为现代自然科学所充分证明。

运动是物质的根本属性，运动既不能被创造也不能被消灭，它是永恒的，无条件的，因而是绝对的，但马克思主义哲学并不否认静止，认为事物也有相对静止的一面。

（二）静止是运动的特殊形式

1. 静止的内涵

所谓静止，就是指事物处于暂时平衡的状态，它是相对于显著变动的状态而言的，是运动的一种特殊状态，表现在：

(1)事物尚处于量变阶段，仍然保持着自身质的稳定性。也就是说，这个事物还是它原来的样子，它的基本性质没有发生变化，因此，呈现出相对静止的状态。例如，当资本主义社会还没有爆发无产阶级革命，建立无产阶级专政之前，它还是处于资本主义社会。但是，这决不意味着它们没有发生任何变化，只是指它们没有发生根本性质的变化，处于量的变化过程罢了。

(2)某一物体和其他物体在空间上相对的位置没有发生变化，因而也呈现出相对静止的状态。例如，地面上的建筑物，对地面没有发生机械运动，它在空间位置没有移动，它对地面来说是静止的，没有发生变化。但是，地球不停地在自转并围绕太阳公转，因而地面上的建筑物，实际上也随着地球的自转和公转在不停地运动，并且还随着太阳系一起参加银河系的运动。同时，组成它的各种分子、原子和基本粒子也每时每刻都在不停的运动中。所以，一切静止总是相对静止。

2. 相对静止存在的意义

(1)相对静止是事物存在的前提和区别事物的基础。正因为事物存在相对静止的一面,事物才可能有确定的性质和形态,才可能存在和发展,人们也才可能将各种不同事物区别开来,事物才可能被认识和利用。在微观领域,有的基本粒子的寿命只有几万亿分之一秒,真可以说是瞬息万变,极为短促,但它毕竟在这几万亿分之一秒的短促时间里还有相对静止,它并没有衰变为其他粒子。这样,人们才能知道它的存在,才能认识它。所以,事物相对静止的可能性,暂时平衡的可能性,是物质分化的根本条件,因而也是生命的根本条件。如果只承认运动的绝对性,否认相对静止,那么,一切事物就都成为不可捉摸的东西,就会走向诡辩论和不可知论。

(2)事物由低级向高级的发展是一个必然过程,这个过程中相对静止是必不可少的条件。正由于事物有相对静止的一面,才可能为自己的存在和发展积累必要的条件,才能实现由一种形态向另一种形态的转化。任何事物的发展变化,都必须以量的积累为基础,如果没有表现为相对静止的量变作准备,质变就不能实现。

(3)无论是运动还是静止,它们都不是单独存在的,二者是相互依赖的,离开静止就不能谈运动,离开运动也不能谈静止,相对静止是测量运动的尺度。恩格斯说:"从辩证的观点看来,运动表现于它的反面,即表现在静止中,运动应当从它的反面即从静止找到它的量度。"①事物正因为有其相对静止的一面,才有尺度,测量运动才有可能。

(三)时间和空间是物质运动的存在形式

时间和空间是运动着的物质的存在形式。列宁指出:"世界

① 马克思恩格斯全集(第27卷). 北京:人民出版社,1972,第295页

上除了运动着的物质，什么也没有，而运动着的物质只有在空间和时间之内才有运动。”[①]物质的运动过程总是持续发展的，这个持续性具体表现在：一种事物存在以及一种运动过程进行的持久还是短暂；一种事物和另一事物、一种运动过程和另一种运动过程依次出现的先后顺序，以及它们之间出现间隔的长短。时间具有一维性，这个特性指的是，事物的发展是一个经历了从过去到现在再到将来的运动过程，它具有不可逆转性。俗语说，“世界上没有两片完全相同的树叶”，同样，事物的发展过程也绝不会完全重复，正是由于这种性质决定了时间的不可逆性，也就是时间的一维性。

空间是运动着的物质的伸张性和广延性，它表示事物的规模、体积、形状、位置等特性。存在着的物质，都有一定的体积，占有一定的位置，具有一定的形状，也就是占有一定的空间。现实空间是三维的。任何一个物体都有一定的长、宽、高，它同其他物体的位置关系只能是上下、左右、前后。广义相对论发现了时间和空间的相互联系并称之为四维时空。

1. 时间和空间与物质运动的关系

时间和空间同物质运动是不可分割的。具体表现在：

(1)时间和空间的存在往往不是单独的孤立的，它的存在离不开物质运动。时间和空间不是单独存在的，离开物质运动的时间和空间是不存在的。无论是时间还是空间，它们存在的现实基础就是物质运动。例如，在常见的时间单位中，我们比较熟悉的有年、月、日等，这些时间单位都是以物质在空间中的运动来测量的。如果离开了物质在空间中的运动，这些时间单位就显得非常抽象，缥缈不定，难以琢磨，因而也就无法度量。同样，空间也是以物质运动为实在基础，离开了物质运动，空间的概念就空洞无比，所以，空间需要时间来做辅助，它是以物质在时间中的运动来测量和认识的。

---

① 列宁选集(第4卷). 北京：人民出版社，1995，第165页

(2)物质运动的存在也离不开时间和空间,一旦没有了时间和空间,那么,物质运动将不复存在。具体说来,凡是物体的存在,必将涉及运动,这两种形态都要经历一定的时间和占有一定的空间。离开时间和空间的物质运动是不存在的。

2. 时间和空间的绝对性和相对性

(1)绝对性

时间和空间的绝对性就是指,时间和空间作为运动着的物质的存在形式,它们的客观实在性是不变的,无条件的,因而是绝对的。物质运动是客观的,同运动着的物质不可分离的时间、空间也必然是客观的,是不依赖于人们的意识而客观存在着的。列宁说:"唯物主义既然承认客观实在即运动着的物质不依赖于我们的意识而存在,也就必然要承认时间和空间的客观实在性。"①唯心主义否认物质的客观实在性,因而也否认时间、空间的客观实在性,把时间、空间看做依赖于意识的东西。唯心主义的代表人物在关于物质、时间、空间的联系上也有一定的论述。其中康德认为,时间、空间在头脑中是固有的,它是先天存在的,这种先天存在的功能或特性使人在感觉外界事物的过程中,赋予了事物空间性和时间性。另一位唯心主义代表人物马赫则断言,时间、空间是人的一种感觉,而这种感觉的作用就是像指向标一样指定方向。科学的不断发展证明了这些唯心主义的看法是违背科学的。自然科学证明,自然界在人类出现以前早已存在,并且是在时间、空间之中运动和发展的。

(2)相对性

物质形态影响着空间形态,物质形态的多种多样影响着空间。世界上没有两片相同的树叶,因此,每个具体的事物都有着各自特定的时间和空间,而时间和空间又会随着物质整体的变化发生改变。爱因斯坦创立的狭义相对论指出,当两物体发生相对运动时,对相对静止的观察者而言,物体的内部变化过程的

① 列宁选集(第4卷). 北京:人民出版社,1995,第169页

时间持续性也会发生变化。

时间、空间的绝对性与相对性是统一的,二者不能割裂。否则将产生两种错误倾向:一种是形而上学唯物主义的不变时空观念。牛顿的“绝对时空”,就是这种倾向的代表。另一种是以时间、空间的相对性为借口,宣称时间是由人的“心理”、空间是为了满足人们的方便才创造出来的。这种唯心主义的时空观念是错误的。

3. 时间和空间的无限性和有限性

(1)有限性

物质运动是无限的,决定了时间、空间也是无限的。时间、空间的无限性是运动着的物质无限性的表现。

(2)无限性

时间和空间的无限性,是物质世界本身无限性表现。时间的无限性是时间的一维性是无限的,即物质世界在时间上无始无终,从物质世界运动过程的某一时刻出发。空间具有无限性,空间的三维性是无限的。从任何物体的任何一点出发,都不会达到尽头,即其大无限,其小也无限。

时间、空间是无限性和有限性的辩证统一。首先,无限包含着有限。无限的时间和空间包含着无穷的有限的时间和空间,离开一个有限的时间和空间,也就无所谓无限的时间空间了。其次,有限包含着无限,体现着无限。任何具体事物在时间和空间上都有自己的界限,然而由于事物运动转化的本性,有限的界限又不断地被打破、被否定而趋向无限。有限是局部,是无限的必要环节,无限是全体,是有限的必然趋势。有限和无限既是相互区别的,又是相互贯通的。要真正把握时间、空间的无限性,必须运用辩证思维方法,在经验事实的基础上,从有限的时间、空间中,发现和掌握时间、空间的无限性。时间、空间无限性原理是辩证唯物主义世界观的重要组成部分,对批判唯心主义,破除宗教迷信有重要意义。

第二节 人类意识的本质及作用

随着人类的产生,世界上有了意识现象。在弄清意识与物质的这种密切关系之前,我们只有先弄清意识的起源、本质和作用以及它对物质的依赖性,才能从根本上把握世界的物质统一性原理,彻底坚持物质第一性、意识第二性的唯物主义观点,才能正确理解意识的能动作用,把发挥主观能动性和尊重客观规律性科学地结合起来。

一、意识的起源

意识的起源问题,曾经是科学和哲学的最高难题之一。唯心主义长期宣扬"神秘论",认为意识等同于神灵的意志,是神灵的创造,或者是与物质世界无关的其他独立本原。旧唯物主义则主张"物活论",认为一切事物都有意识,意识是一切物质都具有的属性。由于当时各种条件的限制,使唯心主义和旧唯物主义都有一定的片面性。近现代科学理论成果的不断出现和成熟,为马克思主义哲学的出现和发展奠定了基础。

意识决非神来之物,但也不是一切物质共有的属性。意识是物质世界长期发展的产物,其间经历了三个决定性的环节。

第一个环节,无机世界经过长期的发展,逐渐产生了原始的生命物质以及与之相适应的刺激感应的反映形式。

第二个环节,由低等生物的刺激感应性到高等动物的感觉、心理。

第三个环节,由动物的感觉心理到人类的意识的产生。意识是自然界长期发展的产物,意识不是从来就有的,而是物质世界发展到一定阶段的产物。意识的产生不仅有其自然史基础和生理机制,同时也有其社会生活基础和文化机制。

(一)意识是物质世界长期发展的产物

意识是人特有的精神活动,是自然界长期发展的产物。在很长时间内,地球上没有生命和生物运动,自然没有意识现象。意识是随着人类的出现而产生的。由此可知,物质是先于意识而存在的。自然科学证明,意识的产生经历了一个漫长的辩证历史过程,表现为三个不同的阶段:

(1)从物质的反应特性到原始生物的刺激感应性。地球已有50亿年的历史。在原始的地球上,只存在着无生命的物质。但宇宙间的一切物质都是相互联系,相互作用的。它们相互作用并留下痕迹的过程,也是它们相互反应的过程。所以,地球上最早存在的无机物尽管还没有感觉和意识,但都具有简单的反应形式。

(2)从原始生物的刺激感应性到动物的感觉和心理。随着生物的进化,低等动物发展为高等动物。为了适应复杂多变的环境,产生了专门反映外界刺激的感觉器官和神经系统。这样,生物的反应形式就由刺激感应性发展到感觉,这种反应形式的产生进一步提高了动物适应环境的能力。随着生物的不断进化,动物的神经系统逐步发展和日趋完善,便形成了以大脑为调节中心的中枢神经系统。这样,动物就可以通过大脑把各种感觉联系起来,形成对外界环境的综合而协调的反应,这样的反应形式就是高等动物的心理,高等动物对外界对象的反应是以反射的形式出现的,条件反射的产生,极大地提高了动物适应环境的能力,同时也为人类意识的产生准备了条件。

(3)从动物的感觉和心理到人类意识的产生。随着由动物界向人类的发展,产生了完善而更加复杂的人脑,较之神经系统的出现,这是具有更大意义的质的飞跃。与此相适应,物质的反应特性也是由动物的心理过渡到人的意识,人脑是由猿脑发育而来的,并同猿脑有许多相似之处,但二者又有着本质的区别,特别是在脑机能的结构分工上,人脑产生了根本性的变化,形成了为人脑所特有的语言中枢。只有语言的产生,人类抽象思维能力才能形成,人类意识这一全新的反应形式也才会产生。

(二)意识是社会劳动的产物

意识是同人类社会一起产生的,劳动创造了人和人类社会。劳动一开始就是一种社会活动,人的意识在其原始产生中。劳动起了决定性作用。

(1)劳动提出了意识产生的客观需要和可能。哲学上讲的劳动是指人类特有的生产实践活动,是人与自然界所进行的物质、能量和信息的变换过程。劳动是人类生存和发展的前提和基础,人不仅要适应自然,而且需要制造和利用工具去改造自然,这就要求人不但要反映事物的外部现象,而且需要以抽象思维能力去把握事物的本质和规律,正是在劳动这一客观需要的推动下,产生出人类意识这种高级的反映形式。

(2)劳动推动了作为思维外壳和交流工具的语言的产生和发展。劳动过程中的协同工作,需要人们彼此交流思想,推动了语言的产生和发展。语言是思维的工具和物质外壳,语言的产生使大脑能够用词对感性事物进行概括,形成抽象思维活动,从而推动了意识产生。

(3)在劳动和语言的推动下,猿脑进化成人脑,为意识的产生提供了物质的生理基础。

二、意识的本质

(一)意识是人脑的机能

意识是物质高度发展的产物,是人脑这种物质特殊的机能。人脑是一种高度发展起来的特殊的物质器官,其结构的复杂、组织的严密程度是任何动物大脑所不能相比的。

人脑约由1000亿个神经细胞组成，这些神经细胞有着非常细致、严密的分工。它们组成神经元的本体部分，然后由大量的神经元组成极其复杂的神经网络系统，这个网络系统就是人脑进行思维和意识活动的物质基础，人脑有第一信号系统和第二信号系统，意识正是在这两个系统的基础上进行的精神活动。通常，将那些接受外部的具体刺激而引起的条件反射，叫做第一信号系统，它是人以外其他动物的唯一信号系统。第二信号系统则是那些信号的信号，即语言和文字系统。显然，第一信号系统产生的是具体形象的感性反映，而第二信号系统产生的则是抽象概括的理性反映。人脑是意识的器官，但不是意识的源泉，人脑具有意识的功能，但没有被反映者，就没有反映本身。

人脑的意识活动是由动物的神经反射活动发展而来的。神经反射过程是指当外界刺激作用于人的感觉器官时，这种刺激就会沿着传入神经传达到大脑皮层的特定部位。经过大脑皮层的分析和综合作用。然后沿着传出神经传达到相应的效应器官，引起人对于外部刺激的应答性行为。

（二）意识是对客观事物的反映

意识是人脑对外部信息加工处理才形成的，不管它正确与否，都能在客观世界中找到它的原型，这是由其客观性决定的。意识不仅是对客观事物的反映，而且是主观和客观的统一。具体表现在：

第一，意识是主观形式和客观内容的统一。意识是通过人脑反映的，所以说意识的反映形式是主观的，而意识所反映的是客观的物质世界，所以反映的对象是客观的。意识是由各种反映形式共同组成的完整体系，它包括理性形式和感性形式两种，前者包括感觉、知觉、表象等，后者包括概念、判断、推理等。除此之外，还有情感、意志、灵感、直觉等非理性的反映形式。这些都属于人的主观世界。但是，无论感性认识所反映的现象、表现的特征，还是理性认识所反映的本质和规律，都是对客观事物的反映,都是客观事物本身所固有的。因而意识的内容都是客观的。

第二,意识是主观差别和客观根源的统一。也就是说,意识的创造性是主观的,但任何的主观创造都是以客观对象为基础的。不同的主体对于同一对象或同一客观过程都会有不同的反映,在反应速度上、数量上、程度上存在着一定的区别,在反映时还存在对客体、信息的选择和理解不同的区别,“仁者见仁,智者见智”,“情人眼里出西施”。这表现了意识的主观性。但是,从根源上看,这些情况或者是先天素质引起的,或者是后天的社会实践造成的。但无论哪一种原因,归根到底都是物质的、实践的原因。

第三,意识的主观特征和客观基础的统一。意识的主观性不仅表现为不同主体反映时有量上的差别,而且还会有质上的不同。主体不仅会正确的反映客体,而且还可能歪曲、颠倒地反映客体,甚至有可能在头脑中制造出与客体似乎毫不相干的荒诞的观念。但是,不论是正确的反映,还是歪曲甚至荒诞的反映,归根到底都是对客观事物的反映,都有其客观“原型”。如宗教观念也不是凭空产生的,正如费尔巴哈所指出的,上帝的本质就是人,上帝的“原型”就是人,不过是对人的异化。

三、意识的结构

意识一经产生、形成,它自身又有着相对独立的结构,并能动地反作用于物质。意识是人类特有的精神活动,这一精神活动是多方面、多层次的,这些诸多方面和层次的有机统一使意识本身具有一定结构的复杂体系。

从意识的范围来看,概括来说,意识是知、情、意三方面的统一,综合了人类的各种精神因素。具体说来:所谓“知”就是人类对客观世界规律及其本质的反映;“情”所表达的是人类对客观事物的情感和态度,表现为人的喜怒哀乐。“意”更多地反映的是人类在改造客观世界过程中的精神意志，表现为自信、自立或自强。可见，意识是产生在实践基础上的，是建立在人类对客观世界的正确认识基础上，反映出的对改造客观世界的精神体验，这是与动物的心理有着本质的区别的。

从意识的自觉程度而言，不同客观主体对意识的支配总有自觉和不自觉的程度。由此，可以将意识归为潜意识与显意识两种形态。潜意识又叫无意识或下意识，可以说是一种没有意识的意识。它是未被主体自觉意识到的心理活动、思维活动的总和，是一种不知不觉的意识活动，或者说，它是潜藏于深处，未被唤起的意识。显意识是人们自觉意识到的、有一定目的支配和控制的意识。显意识既可以表现为理性意识，也可以表现为非理性意识。人类意识总是潜意识与显意识的统一。在显意识控制下的那些反映，只是与有意行为有关的那些部分，而大量的随意行为则是由潜意识自发控制的。

从意识的指向性看，意识可以区分为对象意识与自我意识。对象意识指向的是除了人类自我以外的客观世界的各种事物，现象，是对除了自我以外的客观事物的认识。自我意识与对象意识不同，它指向的是人类自身内部的各种关系、体验以及人在世界中的地位，是人对内部世界的认识。对象意识与自我意识的指向性和功能是不同的，自我意识与对象意识的分化，是人类意识发展的结果，早期人类的自我意识处于朦胧状态，“认识你自己”是对人的高度要求。自我意识愈强，人的意识的程度就越高。但它们在人类意识活动中又相互制约、互相渗透、相互转化，二者在意识活动中不能截然分开。

意识是客观存在，凡是客观存在总会涉及一个变化发展的过程。从这个角度看，意识可区分为传统意识、现实意识和未来意识。传统意识往往是历史文化，历史经验的积淀。它是在人类长期进化发展的过程中形成的。由于其长期性的积淀，它能深厚的影响到人们的行为方式、生活方式、情感方式，使人们形成固有的习惯，以至于在参加实践活动时，往往形成很强的惯性，难以改正。现实意识是人们在当前的现实条件下，在当下的实践和交往中所形成的意识。未来意识则是人们通过对过去和当前规律和经验的总结，依据社会和实践的发展趋势而形成的关于未来的意识。传统意识、现实意识、未来意识是每一代人在生活中必然遇到的三种意识，每一个人的意识中也必然都存在着三种意识，只是比例不同而已。正确处理这三种意识的关系，做到在现实意识中既吸收传统意识的积极因素，又合乎规律地导出未来意识，对于指导人们的实践活动具有重要意义。

四、意识的作用

（一）物质对意识的决定作用

形而上学唯物主义对物质对意识的决定作用没有否认，但它对这一原则作了机械、片面的理解，马克思主义哲学克服了这种观点的片面性，坚持物质决定论，认为物质对意识的作用不仅表现在意识的起源和本质上，而且也表现在意识的作用上。离开了物质的决定作用这个基本前提来谈论意识的能动性，就成了“无本之木”“无源之水”，就会夸大意识的能动作用，导致唯心主义。

（二）意识的能动反作用

辩证唯物主义不仅肯定物质对意识的决定作用，也承认意识对物质具有能动的反作用。它是在一定条件下对物质世界的发展进程有着巨大的反作用。只有坚持物质决定意识、意识反作用于物质这两方面的辩证统一，才能同唯心主义和形而上学唯物主义划清界限。

意识的能动性是指人能够能动地反映客观世界，意识能够通过指导人们的实践活动而能动地改造客观世界。辩证唯物主义坚持物质第一性、意识第二性，承认物质对意识的决定作用；与此同时，又承认意识对物质的反作用。具体而言，意识的能动作用表现在以下四个方面：

1. 意识活动的目的性和计划性

人的活动是有意识的活动，人在活动前，总是要根据客观所提供的条件和自己的主观愿望，来确立一定的目的，并围绕目的制定出一步步的行动计划，有目的、有步骤地开始行动。这就是人的意识的目的性和计划性。意识活动的目的主要有两个方面：一方面是在感性认识的基础上形成理性认识，以达到认识事物的目的，另一方面是将形成的理性认识用于实践，以满足自身的某种需要。

2. 意识活动的主动创造性

人的意识活动不仅能够反映客观世界，而且能够创造客观世界。客观世界是丰富多彩的，意识对客观世界的反映具有主动性和选择性，能够主动地根据实践的需要对客观世界作出反映。人具有动物等其他生物所没有的理性认识能力，不仅能够反映事物的外部现象，而且能够由感性认识上升到理性认识，反映事物的本质和规律；它对眼前的世界不仅仅是简单的“复制”，而且能够沿着各种蛛丝马迹，总结客观规律，追溯过去、推测未来，创造一个理想或幻想的世界。这就说明，人的感性意识也与动物不同，人的感性意识是在一定的理性基础上进行的，它为理性所渗透，受理性的指导。

3. 意识对人自身的改造作用

意识具有通过实践活动对人本身的改造作用。人们在认识和改造客观世界的同时，也运用自己的“知”“情”“意”等将自我与外部世界区分开来，在实践的过程中，不断地认识自我本身，并在自我意识的指导下，不断地从生理、精神、能力、品格等方面评价自我、完善自我、发展自我，向着个性自由全面发展的理想目标逐步迈进。

4. 对客观世界的改造

意识的能动性突出表现在对客观世界的改造上。意识的能动性不仅在于能动地反映客观现实,更重要的在于能够有效指导实践活动,合理地将意识转化为物质。因而自从有了人类以来,自在的自然便开始不断地转变为人化的自然,自然界中人的意识的印记将随着科学技术的进一步发展越来越广、越来越深,即意识的能动性无论从范围上还是从程度上都将日益扩大和加深。

五、正确发挥主观能动性

要达到认识世界和改造世界的目的,就必须正确处理好发挥意识能动性与尊重客观规律性的关系。意识的能动性即我们常说的主观能动性,它是人们认识世界和改造世界中有目的、有计划、积极主动的能动性活动,因此也被称作人的自觉的能动性,它是其他动物所没有的,是人类特有的行为特征。规律是客观存在的,不以人的意志为转移,它是客观事物和现象之间内在的、本质的、必然的联系,具有客观性、重复性和普遍性的特点。

(一)尊重客观规律

实践和规律的特点要求我们必须尊重客观规律,因为,规律是客观的,它既不能被创造,也不能被消灭,而只能在实践中去认识、把握并充分利用规律。而实践也是客观的,其目的是变自在之物为为我之物,那么,如何才能完成我们预期的目的?首要的就是要正确地认识规律,即要想充分发挥人的主观能动性,就必须尊重客观规律,按客观规律办事,否则,必然会事与愿违,受到客观规律的惩罚。

（二）充分发挥人的主观能动性

认识和利用规律来开展实践活动，这个活动的必要前提离不开人的参与，因而就有主观能动性的发挥。尊重客观规律是发挥主观能动性的前提，规律是客观存在的，它的存在以及作用的发挥不以人的主观意志为转移，人们要认识世界，必须使自己的思想和行动符合客观规律，否则就会受到客观规律的惩罚；而要认识和掌握客观规律，又必须正确发挥人的作用，也就是充分发挥人的主观能动性。主观能动性与客观规律性是既对立又统一的，其统一的基础是人类的实践活动。在实践活动中，主观能动性与客观规律性得以相互转化，因而也得以统一。

第三节 世界的物质统一性原理

承认世界的物质性，承认世界是时间、空间中依其固有的规律运动、变化和发展着的物质世界，这是正确解决哲学基本问题、坚持唯物主义一元论的基本前提。马克思主义哲学理论的基础就是坚持物质统一性。因此，学习马克思主义哲学的首要前提是把握辩证唯物主义的物质观、运动观、时空观，坚持世界物质统一性原理。

一、世界物质统一性的证明

辩证唯物主义指出，世界是物质的，“世界的真正的统一性是在于它的物质性，而这种物质性不是魔术师的三两句话所能证明的，而是由哲学和自然科学的长期的和持续的发展来证明的”①。马克思主义关于世界物质统一性的原理建立在科学和

① 马克思恩格斯选集（第 3 卷）. 北京：人民出版社，1972，第 83 页

哲学的发展基础上。

现实世界是多样的，又是统一的，统一的基础是物质。简言之，物质世界是多样性的统一，世界的统一性在于它的物质性。这是彻底的科学的唯物主义一元论的物质观。

世界统一性所回答的是，世界的本原归根到底是一个还是多个的问题。在这一问题上，马克思主义唯物主义一元论同二元论是根本对立的。二元论主张世界有两个本源的哲学思想体系。二元论认为世界有两个本源，即物质的本源和精神的本源，各自独立，谁也不能决定谁，并且分别决定世界上一部分事物和现象。法国笛卡儿是著名的二元论哲学家，他否认世界的统一性，把物质和意识绝对对立起来。

二元论的观点是根本错误的，因为：

第一，二元论属于唯心主义观点，它将精神和物质完全分离，肯定精神不依赖于物质而独立存在。

第二，二元论承认物质是独立的本原，但在物质和精神的相互关系问题上，只认识到精神的能动作用，用神灵解释了物质和精神之间的联系，并用神（上帝）把物质和精神两个独立“本原”结合起来。

所以，坚持二元论的观点，否认世界的统一性，不仅在逻辑上自相矛盾，而是必然倒向唯心主义。因此，二元论的主张是错误的。

对世界统一性问题作出肯定回答的哲学称为一元论，它又可分为唯物主义的一元论和唯心主义的一元论。前者主张世界统一于物质，后者主张世界统一于精神。二元论认为世界没有一个统一基础，否认了世界的统一性，把物质和意识绝对对立起来，认为它们是两个相互并行的实体，相互平行地发展着，谁也不能决定谁，它们各是自己一类现象的本原。二元论不是一个哲学派别，它是企图调和唯物主义一元论和唯心主义一元论的过渡性理论，二元论最终往往倒向神学或唯心主义一元论。

总之，当代科学所提供的各种类型的经验材料和事实无不证明，世界的统一性在于它的物质性，无不验证恩格斯早就提出的观点："我们所面对着的整个自然界形成一个体系，即各种物体相互联系的总体，而我们在这里所说的物体，是指所有的物质存在。"[①]马克思主义哲学关于世界物质统一性的原理，是对宇宙万物的一个总概括。而宇宙是无限广大又永恒发展的，因此对这个原理只能依靠科学和哲学的长期的持续的发展来证明，永远不会完结。过去科学和哲学提供的材料，已为这个原理进行了充分的证明。但是马克思主义哲学并没有结束真理，只是为认识真理开辟了道路。将来随着科学和哲学的发展，世界物质统一性原理会不断得到证明，并在证明中得到丰富和发展。

（一）世界的统一性在于它的物质性

马克思主义哲学在世界统一性问题上坚持唯物主义一元论。时间和空间是物质运动的存在形式，世界的物质统一性原理就指的是，世界是在时间的无限持续、空间的无限延伸中按照固有的规律运动着的物质世界，它是客观存在的，不以人们的意志为转移的统一的物质世界；世界上的事物、现象纷繁复杂，看似杂乱无章，但整个世界共同的基础就是物质，世界就是在物质的基础上统一起来的客观实在。世界的真正统一性在于它的物质性。在辩证唯物主义看来，世界的统一性原理和世界的物质性原理是不可分割的，这是因为，世界统一性所回答根本问题关乎世界的本源，它从科学的角度回答了世界的本原归根到底是一个还是多个的问题；而世界的物质性关乎世界的本质问题，它从科学的角度回答了世界的本原是什么，世界上纷繁复杂的事物和现象归根到底是在什么基础上统一起来的问题。只有把世界的统一性和世界的物质性结合起来，才是唯物主义一元论的回答。

尽管科学的发展不断地证明世界统一于物质这一基本原

① 马克思恩格斯选集（第3卷）．北京：人民出版社，1972，第96页

理，但是，各门具体科学的证明仍然是局部的、有限的，不能代替哲学的概括和论证。辩证唯物主义以科学发展提供的大量事实为依据，吸取哲学史上的经验教训，从哲学的高度进一步论证了世界的物质统一性。

现代科学发展成果证明，人们已经认识的宏观宇宙天体和微观粒子，无一不是物质的存在。精神、意识虽是非物质的，但它们的本质和根源也是要归于物质的，马克思主义的方法以科学事实为依据，但又不局限于科学事实。宇宙是无限的，科学是渺小的，因此，科学的发展，只是对无限宇宙的某个局部、对物质运动的某一特定领域的探讨和证明。对于整个物质世界来说，科学的作用是渺小的，只具有部分的、特殊的意义，所以有了科学事实作为铺垫，并运用辩证思维进行抽象和概括，把无限和有限、部分与整体、特殊和普通、暂时和永久辩证地结合和统一起来，才能对世界的统一性作出论证。马克思主义哲学科学地界定了哲学上的物质概念并分析了物质的各种特性，为论证世界的物质统一性奠定了基础。它说明了意识是人脑的特有机能，是对客观世界的反映，驳斥了形形色色的唯心主义的观点，并分析社会生活的客观实在性，坚持社会存在决定社会意识，深刻地揭示了历史唯心论的社会根源、阶级根源和认识论根源。

（二）世界是多样性的统一

世界的物质统一性是多样性的统一。它包括两重含义：一方面，物质世界中各种事物和现象的本质都是物质，是物质或简单或复杂的不同的表现形式，因而物质世界是多样的；另一方面，物质世界的多样性又有其统一性。这也就是说，多样性也是物质世界的多样性，统一性也是物质世界的统一性，物质世界是多样性和统一性的结合，即物质世界是多样性的统一。

世界的物质统一性原理既然是人类对整个世界的如实反映，是人类实践经验和具体科学发展的总结，那么，它的正确性、真理性就必须用一切具体科学的发展来证明。科学发展提供的系统的事实，特别是天体演化和物质结构的理论，以及能量守恒和转化定律等，这些无论是从广度还是从深度上都不断证明着世界的统一性在于物质性即客观实在性的伟大真理。

二、客观规律性与主观能动性

为了加深对世界物质统一性原理的理解，还需要正确认识和处理客观规律性与主观能动性的关系。规律是客观存在的，它是事物和现象之间内在的、本质的、必然的联系，它与本质、必然性是同等程度的概念。科学的任务就在于发现物质运动的规律性，依照规律去进一步认识世界上的各种变化并提供改造世界的方法，而自然规律早已为自然科学所揭示，并毫不怀疑它的客观性存在。同样，社会规律也是客观的，不过社会的规律发生作用的特点却不同于自然规律。自然规律是通过盲目力量相互作用而实现的。而社会规律则是通过有意识的人的活动来实现的。为了掌握事物的客观规律，必须理解规律的特点。

（一）客观规律的特点

1. 规律具有客观性

一切规律，无论是自然的还是社会的，都是客观事物发展过程本身所固有的，它的存在和作用不以人的主观意志为转移，不因人的好恶而改变。这就是说，在规律面前，不管人们是否认识它、是否发现它，规律总是客观地存在着并发生着作用；也不管人们是否喜欢它、是否承认它，它也照样存在并发生作用。人们既不能创造规律，也不能消灭规律。因为规律是客观事物本身所固有的，因此，规律的改变只能随着客观事物本身，随着客观条件的改变而改变。正是从这个意义上，我们说，在规律面前，人们可以认识它、利用它，但不能违背它，否则就会遭到挫折和失败。

规律的客观性，并不是说所有规律都可以脱离人和人的活动而存在，自然规律可以离开人的活动而存在，而社会规律却不行，因为社会本身就是由人和人的活动所形成的，但由人的活动所形成的社会规律，同样是不以人的意志为转移的。

2. 规律具有稳定性和重复性

规律是变动不居的现象中同一的东西，是相对稳定的联系。作为事物本质的联系，是通过现象来表现的，现象是生动丰富、变化无穷的，而规律作为事物运动发展的基本秩序和必然趋势，其本身则是相对稳定的。正因为如此，人们才能根据规律来推断和预测，根据规律性的认识来指导自己的实践。它的稳定性还表现在其重复性上，具体而言，规律的重复性，是说只要具备一定的相同条件，同一规律就会重复出现。正是由于规律的重复性，才构成了规律的可重复观察的基础，在科学研究中，如果某个研究者的成果（发现了规律）不能被其他同行在同样的实验中所观察到，这个成果就无法得到承认，他所说的规律也就不成其为规律。

3. 规律具有普遍性

规律是事物和现象之间的普遍联系，事物的本质所反映的必然联系不是个别事物特有的，而是同一类事物和现象共同拥有的。也就是说，规律反映的是一类事物的普遍本质和确定的发展趋势，因此在相同的事物和类似的条件下，规律是普遍起作用的。任何规律都有自己的适用范围、适用层次和约束条件，在这个范围内它是普遍适用的，超出这个范围就不起作用了。这不是对规律普遍性的否定，而是对普遍性的一种限定。

4. 规律具有必然性

任何一个事物和现象都包含复杂的联系，其中有必然的和偶然的，但并非任何联系都是规律，它必须由事物的本质决定，体现事物间的本质的、必然的、内在的联系。

规律具有客观性、普遍性、重复性和稳定性以及必然性。其中，最重要的特性是客观性，普遍性、重复性和稳定性归根到底是客观性的体现。承认规律的客观性，就是承认事物的“自己运动”，这里有决定论和非决定论两种观点，决定论认为决定客观事物存在和发展的是它本身固有的规律。非决定论否认事物运动的规律。在如何对待规律的问题上，我们一定要坚持辩证唯物主义的决定论，反对非决定论和机械决定论。

（二）主观能动性

主观能动性又叫“自觉的能动性”，是人们在认识世界和改造世界中有目的、有计划、积极主动的活动和能力，是人们基于实践，能动的发挥主观对客观的作用，主观能动性是人类所特有的，是人区别于其他动物的本质特点。机械唯物主义不了解人的主观能动作用，把主观意识看作是客观世界的消极的直观的反应。唯心主义夸大意识的能动作用，认为主观意识可以创造一切。两者各执一端，都是错误的。辩证唯物主义科学地说明了主观和客观的关系，既重视发挥人的主观能动性，又强调尊重客观规律，要求人们在客观条件许可的范围内充分发挥主观能动性，反对违背客观规律、不从实际出发的蛮干。主观能动性与客观规律两者之间具有密切的联系的关系。

（三）客观规律性和主观能动性的关系

主观能动性和客观规律性的关系主要表现在以下两个方面：

（1）一定要尊重客观规律

尊重客观规律是发挥人的主观能动性的前提，因为客观规律决定了意识能动作用发挥的限度及其结果的成败。而人的能动性则要受客观规律、客观条件的制约。主观能动性发挥的程度如何，归根到底取决于人们对客观规律掌握和尊重的程度。如果片面强调主观能动性，而忽视客观规律性，凭主观臆想去蛮干，在思想上就陷入了唯心主义，在实践上就会受到客观规律的惩罚。当人们认识了并按客观规律办事，就能在实践中取得主动权，获得成功。人们对规律的认识越深刻、越正确，就越能有效地发挥主观能动性。

(2)充分发挥人的主观能动性是认识和利用客观规律的必要条件

尊重客观规律是发挥主观能动性的前提，客观规律不以人的意志为转移，人们要认识世界，必须使自己的思想和行动符合客观规律，否则就会受到客观规律的惩罚；而要认识和掌握客观规律，又必须充分发挥人的主观能动性。主观能动性与客观规律性是既对立又统一的，其统一的基础是人类的实践活动，在实践活动中，主观能动性与客观规律性得以相互转化，因而也得以统一。

坚持尊重客观规律性和发挥人的主观能动性相结合的原理，我们既要反对以尊重客观规律为名，否认人的主观能动性而消极等待、无能为力的机械唯物主义观点，又要反对以强调人的主观能动性为名，违背客观规律而夸大精神作用的主观蛮干的唯心主义和唯意志论。

三、解放思想与实事求是

世界是物质的世界，人们要改造它，就必须正确的认识世界。而要正确的认识世界，就必须解放思想，实事求是，在实践基础上实现主观与客观的具体的历史的统一。在现实生活中要做到实事求是，就必须解放思想。所谓解放思想，是指在正确思想的指导下，冲破落后的传统观念的束缚，勇于探索进取的精神状态。解放思想、实事求是是建设有中国特色社会主义理论的精髓，也是我们的事业永葆蓬勃生机的法宝。这些年来，我们的每一点发展进步都与解放思想息息相关，要使各项事业有新的发展和突破，进一步贯彻党的思想路线显得尤为重要和迫切。

具体而言，坚持一切从实际出发，实事求是，是马克思主义哲学关于认识世界和改造世界的基本原则，是世界统一于物质这一哲学原理在实践中的具体运用。解放思想和实事求是有着密切的关系，二者紧密相连不可分割。解放思想是实事求是的内在要求和基本前提。坚持实事求是之所以要解放思想，是因为“实事”，与“是”都是在实践过程中历史地变化的，随着实践能力水平的提高，会有许多自在的事物进入人的活动范围成为认识对象；原来对事物认识的层次会被突破，需要把握事物更深层次的本质；实践的改造使事物的状态、形式发生改变，需要我们再认识自己。解放思想和实事求是的关系表现在：

第一，解放思想是坚持实事求是的前提，只有解放思想才能切实做到实事求是。如果一个人的思想僵化，受到条条框框、传统观念、世俗偏见的束缚，在实践中必然是因循守旧、不敢闯、不敢干，就不可能做到实事求是，就不可能真正客观、全面、准确地把握事实。解放思想，就要求在马克思主义指导下，打破惯有的思想以及主观偏见的束缚，研究新情况，解决新问题，紧跟时代的变化，适应时势的转换。

第二，实事求是是解放思想的基础和目的，也只有实事求是才能真正解放思想。这就是说，解放思想与客观实际紧密相连，它并不是脱离实际的胡思乱想，不是异想天开、盲目瞎干，不是否定一切，也不是不受实践的检验；一旦违背一切从实际出发的原则，不遵循实事求是，不从眼前的以及既定的历史条件出发，去认识事物的特征及其内在的发展规律，忽略其对人民群众的价值，就会对时刻处在运动变化中的大千世界难以做到正确认识，很容易产生个人主观偏见，从而使主观活动脱离实际而不适时宜。所以，解放思想的最终目的就是为了做到一切从实际出发，实事求是。

第三，解放思想、实事求是和与时俱进这三者之间不可分离，它们之间也有密切的关系。解放思想、实事求是是与时俱进的前提和基础，与时俱进则是解放思想，实事求是的根本要求和具体体现。三者是紧密相连的，要做到解放思想、实事求是就要与时俱进，紧跟时代的步伐，才能在变化发展的时代背景下，使思想不再陈旧和落伍。解放思想、实事求是与与时俱进是统一的关系，社会主义现代化的进程中时刻体现着三者的紧密联系。三者共同统一在体现时代性、把握规律性、富于创造性的理论和实践之中。

四、世界物质统一性原理的重要意义

马克思主义哲学关于世界物质统一性原理，是马克思主义哲学的理论基石，也是我们从事一切实际工作的根本出发点，具有重大的理论意义和实践意义。

（一）理论意义

在马克思主义哲学出现之前，也有唯心主义、唯物主义等其他哲学，但由于主客观条件的限制，它们都存在着片面性和不完整性，马克思主义哲学在前人的基础上，更加系统完整，更加科学。在这个完整的科学的理论体系中，世界物质统一性原理占有重要地位。因此，学习和掌握世界物质统一性原理，是学好马克思主义哲学的重要环节，也是同唯心主义和形而上学进行斗争的理论武器。因为：其一，世界物质统一性原理是马克思主义哲学一切原理的根本出发点和立脚点，是建立整个马克思主义哲学的科学理论体系的起点、前提和根据。其二，它克服了旧唯物主义的根本缺陷，与旧唯物主义一元论划清了原则界限。

社会主义之所以由空想变成科学，由理论变为现实，它的哲学基础就在于唯物史观的发现，它克服了空想社会主义的根本缺陷，找到了社会主义的物质基础，揭示了社会主义的客观规律，发现并依靠实现社会主义的可靠物质力量，使社会主义理论和实践建立在辩证唯物主义的基石之上。可见，整个马克思主义是以世界物质统一性原理为其理论基础的。

世界物质统一性原理是我们党的实事求是思想路线的理论基础,一切从实际出发,实事求是,这是世界物质统一性原理的根本要求。主要表现在:

第一,世界物质统一性原理包含着物质第一性和意识第二性的基本原则,强调物质不依赖于意识而独立存在。这就要求我们在认识世界和改造世界的过程中,不能仅从主观愿望出发,从"本本"出发,而只能从客观存在的实际情况出发。要如实地反映客观实际情况,努力使自己的思想与客观实际相一致,使主观与客观相统一。可见,党的思想路线要求的"一切从实际出发"正是以世界物质统一性原理为哲学依据的。

第二,世界物质统一性原理认为事物总是处在不停的运动和发展变化之中,这就要求我们坚持用发展的观点对待任何事物,要使自己的思想跟上变化了的客观实际,思想变化就不可能达到主客观的统一。党的思想路线要求的实事求是是与解放思想相结合的,只有解放思想才能真正做到实事求是,同时,只有坚持实事求是才是真正的解放思想。

第三,辩证唯物主义关于世界的物质统一性原理,是我党的思想路线的哲学基础,是中国特色社会主义的指导思想。在社会主义的运行模式上,没有一成不变的固定模式,建设中国特色社会主义就是邓小平在改革开放过程中,以马克思主义为指导,坚持辩证唯物主义一元论原则,从中国的国情出发,按照中国社会主义建设发展的客观规律走出的具有时代特征和中国特色的现代化道路。

第四,辩证唯物主义关于世界的物质统一性原理,要求我们正确运用统一性与多样性相结合方法。物质世界是多样性的统一,要求我们在实际工作和社会实践中,既要坚持基本原则又要根据物质世界的多样性做到处理事情方法方式灵活多样。

（二）实践意义

1. 它是从事一切工作的出发点

坚持世界物质统一性原理，是在实际工作中，具体而又正确地执行从实际出发，实事求是原则的重要保证。既然世界物质统一性原理揭示：物质世界是包含差别的无限多样性的统一体，那么，我们在实际工作中就必须既要坚持基本原则的集中和统一，又要做到方式、方法上灵活多样，避免简单化、“一刀切”，强调统一性而忽视多样性，强求“一律化”而照抄、照转、照搬，是不能做好工作的；反之，强调多样性而忽视统一性，或放弃基本原则，各自为政，各行其是，势必妨碍我们的全盘工作和长远的整体利益，因此，必须把多样性和统一性有机地结合起来。

世界物质统一性原理是我们从事实际工作的科学世界观和方法论。既然世界的统一性是多样性的统一，那么，我们既要坚持基本原则上的集中统一，又要在方法方式上灵活多样，做到具体问题具体分析。

(1)对研究自然科学的指导意义

从实际出发，实事求是，在自然科学的研究中就要努力按照客观事物的本来面目认识事物，如实地揭示事物内在的客观规律。按照西方实证主义的一些学者的看法，自然科学是客观的，“价值中立的”，科学所揭示的就是自然界的客观规律。但是，西方历史主义的一些学者却指出，事实上，自然科学从确立研究对象到设计实验再到建立理论体系等等，无不涉及人的主观意识，内含着人的价值判断，自然科学与其他科学（如社会科学、人文科学）一样打上了人的烙印，需要不断地对其检验与修正。因此，我们必须看到自然科学本身的这一特点，在研究过程中自觉地发挥主观能动性，使主观反映的规律逼近自然界的客观规律，促使自然科学不断地进步。

(2)对研究社会科学的指导意义

从实际出发,实事求是,在人文社会科学研究中就要根据学科对象的性质和特点,努力把握内在的规律性。人的意识具有随意性、偶然性、模糊性、多样性和封闭性等特性;社会现象具有随机性、非线性、非重复性等特点;社会交往过程具有多重主体性等特征。这一切标志着人文社会科学研究领域内的错综复杂性。面对人类社会纷繁复杂的事物和现象,我们只有坚持实事求是的原则,透过现象看本质,才能揭示人文活动和社会活动的基本规律,才有可能在百家争鸣、百花齐放的基础上,把握真相,求得真理,使之繁荣与发展。

2. 它是制定思想路线的哲学基础

一切从实际出发、实事求是,是马克思列宁主义、毛泽东思想的根本点和活的灵魂,是经过中国共产党几代领导集体领导中国人民建立和建设社会主义新中国的经验总结,是已经被实践证明了的正确的思想路线,是马克思主义哲学基本原理同中国革命和实践相结合所形成的必然结论。国际共产主义运动和我们党的历史经验都表明,坚持一切从实际出发,实事求是,理论联系实际的思想路线,是社会主义革命和建设事业取得胜利的根本保证。当前,我们正处在社会主义改革和社会主义现代化建设的伟大实践之中,面临着许多新情况、新问题,需要我们在实践中依据实事求是的原则,不断总结经验、摸索前进,不断开辟认识客观规律的道路,使自己的思想跟上时代前进的步伐。一切从实际出发、实事求是,就是想问题、办事情首先要从客观存在的实际情况出发,深入事物内部,从而把握事物本身所固有的属性及其规律性,并在总结经验教训的基础上,结合实际制定出正确的路线、方针、政策和方法。

从实际出发,实事求是,在建设有中国特色的社会主义进程中,吸取过去的经验教训,始终坚持马克思主义基本原理同中国改革与建设具体实际相结合,坚持正确理论的指导,坚定不移地走自己的路。坚决反对主观主义、教条主义、本本主义、蒙昧主义、主观意志，自觉地按照客观事物的规律办事。只有这样，才能把中国的物质文明建设、精神文明建设和政治文明建设搞上去，在全面建设和谐社会的道路上迈出重要的步伐；才能克服各种艰难险阻，不断把改革开放和社会主义现代化事业推向前进；才能使中华民族真正立于世界强国之林，不断推动建立公正合理的国际政治、经济和文化的新秩序。

第三章 马克思主义哲学的辩证法

从实践的观点出发，马克思主义哲学不仅创立了科学的物质观，实现了物质观发展史上的革命性变革，而且创立了唯物辩证法，实现了辩证法发展史上的重大变革。如果说马克思主义哲学的物质观深刻地揭示了世界的本质及其统一的基础，正确地回答了“世界是什么”的问题，那么，马克思主义哲学的辩证法即唯物辩证法则正确地回答了“世界是怎么样”的问题，它们一起构成了马克思主义哲学对于整个世界的唯物而辩证的理解。唯物辩证法既是马克思主义哲学对客观世界的辩证理解，也是马克思主义哲学根据其对客观世界的理解而形成的思维方法。从这个意义上说，唯物辩证法既是一种世界观，也是一种方法论。

第一节 世界是普遍联系和发展的

世界上纷繁复杂的万事万物，既是普遍联系的，又是永恒发展的。联系的观点和发展的观点是唯物辩证法的总观点、总特征。

一、世界的普遍联系

(一)联系的含义

“当我们深思熟虑地考察自然界或人类历史或我们自己的精神活动的时候，首先呈现在我们眼前的，是一幅由种种联系和相互作用无穷无尽地交织起来的画面”[①]。恩格斯的这段话表明，世界上纷繁复杂的万事万物具有普遍联系的特性。那么，什么是联系呢？作为哲学范畴的联系包括两方面的含义：第一是指世界上的一切事物、现象、过程之间的相互影响、相互制约和相互作用；第二是指各种事物、现象、过程内部诸要素、成分、阶段之间的相互影响、相互制约和相互作用。总起来说，所谓联系指的就是事物、现象、过程之间以及它们内部诸要素、成分、阶段之间的相互影响、相互制约和相互作用。

与联系相关的另一个范畴是区别。区别是指事物之间质的界限。马克思主义哲学认为，联系是相互区别的事物、现象或过程之间的联系，事物的相互联系与相互区别互为前提。任何事物都有它不同于其他事物的特殊本质，都有相对独立性，因而是与其他事物相区别的；同时，相互区别的任何事物又不是孤立存在的，总是同其他事物联系在一起的。事物之间既相区别又相联系，这是事物的本来面貌。

联系与区别不仅是事物之间的一种特性、一种关系，与此相应，也是人们对世界的一种观照方式和思考方式。如果只见区别不见联系，就会把本来有联系的事物孤立起来，孤立地看世界，这就是形而上学的观点。如瑞典生物分类学家林耐，在生物分类上作出了很大贡献，但由于他只看到各生物物种的区别，看不到各物种之间的联系，结果得出了上帝创造多少物种世界上就有多少物种的错误结论。与林耐相反，达尔文正是通过总鳍鱼看到鱼类与两栖类之间的联系，通过始祖鸟看到爬行类与鸟类之间的联系，等等，创立了生物进化论。

当然，如果走到另一极端，只见联系不见区别，就会抹杀事物之间质的界限，把世界看成是不分彼此的混沌状态，这是相对主义的观点。中国古代庄子讲的“是亦彼也、彼亦是也”，正是这样一种观点。从逻辑上看，相对主义存在一个明显的悖论：如果

---

① 马克思恩格斯选集(第 3 卷). 北京：人民出版社，1995，第 359 页

说一切理论都是相对的，那么“一切理论都是相对的”这句话本身也就是相对的，而如果这句话是相对的而不是绝对的真，那么就不能说一切理论都是相对的；另一方面，如果“一切理论都是相对的”这句话并不是相对的而是绝对的真，那么即使所有其他理论都是相对的，我们还是不能说所有理论都是相对的，因为至少有这样一个关于“一切理论都是相对的”的理论是绝对的。这表明相对主义观点不可能正确说明事物之间的联系。相对主义和形而上学一样都是错误的。

（二）联系的特性

联系具有客观性、普遍性和多样性等特性：

1. 联系具有客观性

联系是客观事物本身所固有的属性，它不会因为人的主观意志而发生改变，它既不是人们主观臆想的产物，也不是某种神秘精神的体现。事物的联系就其与实践的关系来说，划分成为自在事物的联系和人为事物的联系。自在事物之间的种种联系，在人类产生之前就已经存在了，例如机械的、物理的、化学的、生物的联系，它们当然不以人的意志为转移。人为事物的联系是人类实践的产物，虽然他们展示出“人化”的特点，但仍然是客观存在的，不以人的意志为转移。联系的客观性指导着我们，要从事物本身固有的联系中去把握事物，切忌主观随意性。

2. 联系具有普遍性

事物联系的普遍性有三层含义：

其一，任何事物内部的各个要素、各个部分之间是相互联系的，没有孤立存在的要素和部分。中国传统中医的经络学说就是建立在人体各部分器官相互联系的基础之上的。经络是一个担负联系人体内外各部分纵横交错的联络网，它把人体需要的气血运行到全身，以维持人的生命活动。所有经络都有一定的循行路线，有的由下到上，有的由外至内，经络遍布全身，内联五脏六腑，外通肢体五官、关节皮毛，构成一个纵横交错的联络网，把脏腑器官和体表各部分连成一个完整的统一体。由于经络运行气血，身体各部无所不到，所以直接关系着人们的健康。正常时人的经络通畅，身体各部分器官不会有毛病。如果经络不通畅，身体的相关器官就会发生病变。

其二，任何事物都同周围的其他事物相互联系，没有孤立存在的事物。从宏观天体到微观粒子，从无机界到有机界，从自然界到人类社会和人的思维世界，任何事物都处在普遍联系之中。作为儒家经典的《大学》篇讲道："大学之道，在明明德，在亲民，在止于至善。""古之欲明明德于天下者，先治其国，欲治其国者，先齐其家；欲齐其家者，先修其身；欲修其身者，先正其心；欲正其心者，先诚其意；欲诚其意者，先致其知，致知在格物。物格而后知至，知至而后意诚，意诚而后心正，心正而后身修，身修而后家齐，家齐而后国治，国治而后天下平。"从"格物""致知""诚意""正心""修身""齐家"做起，最后实现"治国""平天下"的理想目标，这是儒家思想的核心和归宿。《大学》的这一思想反映了个人修养与治家、治国之间的关系，反映了个人与社会、国家之间的关系。

其三，整个世界是一个相互联系的统一整体，任何一个事物都存在于整个世界统一联系中。例如人就生活在一个巨大而繁杂的生态系统中，这些生态系统相互联系、相互依存，共同发展。著名的"蝴蝶效应"就非常鲜明地体现出了这一生态发展。"蝴蝶效应"之所以令人着迷、发人深省，不但在于其大胆的想象力、迷人的美学色彩、深刻的科学内涵，更在于其内在的哲学魅力。"蝴蝶效应"说明，一种事物、现象可以通过一系列的中间环节和另一事物、现象发生联系，整个世界就是通过若干中间环节而形成的联系之网，体现出联系的普遍性。

3. 联系具有多样性

世界上的事物是多样的，因而事物的联系也是多样的。有直接联系和间接联系、内部联系和外部联系、本质联系和非本质联系、因果联系和非因果联系、必然联系和偶然联系等等，不同的联系构成事物内部和事物之间的存在状态和发展趋势。事物联系的多样性要求我们重视事物发展的条件性。条件是指同某一事物相联系的、对它的存在和发展发生作用的诸要素的总和。任何一个事物都同周围的其他事物发生着多种多样的联系，这些事物就是这一事物存在和发展的条件。任何一个事物的存在和发展，都离不开一定的条件，在一定的条件下产生，在一定条件下发展，并且在一定条件下趋于灭亡。随着条件的改变，事物的性质和存在方式也要发生变化。因此，我们在认识世界和改造世界的过程中，一定要注意分析和把握事物存在和发展的各种条件，一切以时间、地点和条件为转移。

唯物辩证法关于事物普遍联系的原理具有重大的方法论意义：其一，这一原理要求我们必须用联系的观点看问题。既然客观事物是普遍联系的，在认识个别事物时，就要注意把握它同周围相关事物的联系；在分析事物的某一要素时，要注意它同其他要素的相互影响和相互制约。无论是认识问题还是解决问题都要通盘考虑，切忌思维的直线性、单一性。正如列宁所说："要真正地认识事物，就必须把握住、研究清楚它的一切方面、一切联系和'中介'。我们永远也不会完全做到这一点，但是，全面性这一要求可以使我们防止犯错误和防止僵化。"[①]其二，这一原理要求我们确立开放性观念。"现在的世界是开放的世界。"[②]"开放的世界"的一个显著特点就是世界"一体化"。所谓一体化，也就是世界上各个民族或国家之间的相互联系日趋紧密，形成了全球循环的物质流、信息流、技术流、资金流等等。随着交通工具和信息技术的发达，人们不再为远隔万水千山而感叹，"咫尺天涯"转变为"天涯咫尺"，世界仿佛成了一个小小的村庄——"地球村"。这就要求我们树立世界眼光，顺应世界潮流，把握世

---

① 列宁选集(第 4 卷). 北京：人民出版社，1996，第 453 页

② 邓小平文选(第 3 卷). 北京：人民出版社，1993，第 64 页

界发展进程中诸方面的相互联系，抓住机遇，努力发展自己。其三，这一原理是科学发展观的哲学基础。它要求我们正确认识和处理人与自然、人与人、人与社会的相互关系，正确认识和处理中国特色社会主义事业中的重大关系，坚持统筹兼顾，促进经济社会的协调和可持续的发展，促进人的全面发展。

（三）普遍联系的系统性特征

世界是一个普遍联系的统一体。唯物辩证法认为，系统是一个标志事物整体的哲学范畴。任何事物都是由其内部互相联系、互相作用的要素构成。这些要素按一定的方式组成，并同其周围环境之间发生着相互联系和相互作用。深入理解和把握世界的系统性特征，对于我们提高系统思维的水平，增强顶层设计能力具有重要意义。

系统是事物由于客观的普遍联系而形成的存在形态，它具有整体性、层次性、开放性等重要特征。

一是整体性，这是系统的最根本的特性。这种整体性表现在：首先，系统是由各个要素组成的，各个要素从属于系统整体，离开了系统整体，要素就无法存在。黑格尔说："割下来的手就失去了它的独立的存在，就不像原来长在身体上时那样，它的灵活性、运动、形状、颜色等等都改变了，而且它就腐烂起来了，丧失它的整个存在了。只有作为有机体的一部分，手才能获得它的地位。"①其次，对于外来作用，系统会作为一个统一体做出反应，而不管这种外来作用直接作用于系统的哪一个部分。最后，系统作为一个整体，具有它的每个要素都不单独具有的功能和性质，即系统的功能和性质不是各个要素的性质和功能的简单相加，而是各个要素功能和性质的有机结合。比如，机器上的每个零件都不能单独加工产品，而整个机器却具有运转和加工的

① ［德］黑格尔著；朱光潜译．美学（第1卷）．北京：商务印书馆，1982，第156页

能力。宇宙飞船和运载火箭是由几百万个零件组成,这些零件都很普通,但这些普通的零件按照一定的结构组成了系统,就实现了整体的功能。

二是有序性。这一特征揭示的是系统的层次结构及层次之间的关系。系统由要素构成,各个要素又自成系统。整个物质世界就是由无数层次构成的无限的系统。系统的这种层次性,决定了每一个具体的物质系统都从属于更大的系统,是比它本身高一层次的系统的一个要素,同时又是比它本身低一层次的系统所构成的较大系统。不同层次的系统有其共同点,又各有其特殊点。在这种层次等级式的结构中,系统中的各个要素都处于特定的位置,形成一定的顺序和规则,即有序性。系统内部各要素之间的联系遵循一定的顺序和规则,系统才能保持相对稳定性,有助于系统功能的更好实现。这就要求我们在科学研究和实际工作中,注意处理好不同层次的系统之间的关系,既要把它们联系起来,也要把它们区别开来,在抓住关键层次的同时,使各层次的功能得到充分的发挥。

三是开放性。这一特征是指系统与周围环境的关系。每一具体的物质系统,都不是孤立存在的,势必与周围环境(即其他系统)处在相互联系和相互作用之中。环境是系统存在所不可缺少的外部条件,系统的功能也就是系统在与环境的相互作用中所表现出来的属性、能力和作用。所以,一个具体的系统如果不同周围的其他系统进行物质、能量、信息等的交换,它就既不能存在,也不能发展。系统的开放性要求我们重视和善于利用外部条件,努力创造良好的外部环境。我们所实行的对外开放政策,从系统的观点看,就是自觉地把一个国家作为要素纳入更大的系统中去,以便在大系统中通过诸多要素的相互交流和相互作用,来促进自身的完善和发展。

二、世界的永恒发展

世界上的万事万物不仅是普遍联系的，而且是运动变化发展的。发展的观点是唯物辩证法的又一重要特征。

（一）事物是永恒发展的

联系的观点是唯物辩证法的逻辑起点。承认世界上的万事万物都是相互联系的，就必然得出世界是永恒发展的结论。因为世界上的各种事物之间以及事物内部各个组成部分之间的相互影响、相互制约，最终是通过相互作用表现出来，相互作用的结果必然使物质原有的状态和性质发生或大或小的改变，引起事物的运动、变化和发展。而事物的运动、变化、发展本身不过是事物联系状态的改变，不同的运动形式、不同的变化、不同的发展就是不同的联系状态。所以，对客观事物来说，运动、变化、发展与联系是密不可分的。一方面，没有联系就没有运动、变化、发展，事物普遍联系是事物运动、变化、发展的终极原因；另一方面，离开了运动、变化、发展也无从理解事物的联系。所以，恩格斯指出："这些物体处于某种联系之中，这就包含了这样的意思：它们是相互作用着的，而它们的相互作用就是运动。"[①]联系的普遍性决定了运动、变化、发展的永恒性。

当然，发展与运动、变化并不是一回事。运动是物质的普遍本性，是一切物质的根本存在方式，主要标志事物、现象变化不居的过程。就最一般意义来说，运动包括宇宙中发生的任何变化和过程。变化这一概念侧重具体的运动，即有方向的运动，既可以指上升的运动，也可以是下降的运动，还可以是水平的运动。发展强调的是事物由一种质态向另一种质态的飞跃。发展是较之于变化更为深刻的概念，它是指前进的变化或进化，反映

---

① 马克思恩格斯文集(第9卷). 北京：人民出版社，2009，第514页

客观事物由低级到高级、由简单到复杂、由无序到有序的前进和上升运动。发展更深刻地反映了运动、变化的实质。

世界上的万事万物都是不断发展的。整个自然界不断处于从低级到高级、从简单到复杂的运动变化过程中。人类的出现，可以说是自然界的一次巨大飞跃。人类经历了早期猿人、晚期猿人、早期智人、晚期智人四个进化时期，逐渐发展到今天这种体质的人类，今后，随着人类生存条件的改变，人类的体质还会进一步发展。当然人类社会也处于不断发展中，人类社会经历了原始社会、奴隶社会、封建社会、资本主义社会，有些国家已经进入社会主义社会，之后，人类还将进入共产主义社会，而共产主义社会仍将会继续发展。这种社会形态的发展历程表明，人类社会是一个不断发展的过程。

（二）发展的实质是新事物的产生和旧事物的灭亡

旧事物是历史发展过程中逐渐丧失其存在必然性的、日趋灭亡的东西，新事物是指合乎历史前进方向的、具有远大前途的东西。判断旧事物与新事物的标准，不能只以时间的先后或者是事物的新奇性为标准，最根本的是要看它是否具有强大的生命力和远大的发展前途，是否符合历史发展的必然趋势。

历史发展的总趋势永远是：暂时显得弱小的新事物不管经过怎样的困难和曲折，终究要战胜表面上强大的旧事物。新事物之所以必然要战胜旧事物，是因为：首先，新事物有新的结构和性质，它适应已经变化了的环境和客观条件，具有强大的生命力和广阔的发展前途；而旧事物的结构和性质则不适应环境和客观条件的变化，必然会走向灭亡和消失。其次，新事物优越于旧事物。新事物是在旧事物的基础上发展而来的，一方面否定了旧事物中消极的、过时的、腐朽的东西，另一方面又吸取、继承了旧事物中积极的、仍然适合新的历史条件的东西，并增加了符合历史发展的新内容，因此它在内容上比旧事物丰富，在形态上比旧事物高级和复杂，具有旧事物所不可比拟的优越性和强大的生命力。在社会历史领域,新事物是社会上先进的、富有创造力的人们创造的东西,反映着社会生活进步发展的要求,符合人民群众的根本利益,因而得到广大人民群众的拥护和支持,所以,它必然战胜旧事物。

当然,新事物的发展不是一帆风顺的,新事物战胜旧事物的过程是一个曲折的过程。因为:第一,新事物否定旧事物,必然会遇到旧事物顽强的抵抗,新旧事物对立双方有一个力量消长的过程,只有经历反复曲折的斗争,新事物才能最终战胜旧事物。第二,新事物的发展,总要经历一个由小到大、由不完善到比较完善的过程。在社会领域中,新事物的不可战胜性是以人民群众的支持为基础的,而新事物为人民群众所认识、所支持也要有一个过程。

事物发展的方向是前进的、上升的,事物前进的道路是曲折的、迂回的。因此,我们既要看到前途是光明的,对未来充满信心,在实践中善于发现新事物,并热情地保护新事物,支持新事物不断发展壮大,又要做好充分的思想准备,不断克服前进道路上的各种困难,勇敢地接受挫折与考验。

(三)事物的发展是一个过程

物质世界是永恒发展的,物质世界就是不断发展变化的过程。恩格斯指出:"一个伟大的基本思想,即认为世界不是既成事物的集合体,而是过程的集合体,其中各个似乎稳定的事物同它们在我们头脑中的思想映象即概念一样都处在生成和灭亡的不断变化中,在这种变化中,尽管有种种表面的偶然性,尽管有种种暂时的倒退,前进的发展终究会实现。"[①]恩格斯这段话精辟地概括了唯物辩证法关于发展的过程性的思想。唯物辩证法的过程论思想具体包含三重含义:一是指世界上每一事物的存在和发展都是一个特定的具体运动过程,都作为一个过程而存

① 马克思恩格斯文集(第4卷). 北京:人民出版社,2009,第298页

在;二是指每一事物都有它的生成和灭亡,世界上没有永恒长存的事物,凡是产生的都是会灭亡的;三是指每一事物的存在和发展都从属于一个更大的过程,是更大过程的一个阶段、一个环节或一个部分。

事物发展的过程,从形式上看,是事物在时间上的持续性和空间上的广延性的交替;从内容上看,是事物在运动形式、形态、结构、功能和关系上的更新。现代科学凭借科学仪器所能观察到的一切事物,都有自己兴衰变化的过程。自然界、人类社会和思维领域中的一切现象都是作为一个过程而向前发展的。从自然界来看,一粒种子要经历萌芽、生长、开花和结果的过程。动物要经过胎育、成长、死亡的过程。生物史的研究成果向我们描绘了每一种生物的进化都是一个或长或短的过程。从人类社会的发展历史看,人类社会经历了原始社会、奴隶社会、封建社会、资本主义社会,有些国家进入了社会主义社会。按照社会发展的客观规律,这个由低级到高级的过程还要继续下去,直至进入共产主义社会,共产主义社会仍将继续发展。思维领域同样是永不停息的发展过程。人们对于客观事物的认识也都有一个由浅入深的丰富过程,所以每一个理论体系都有一个形成和发展的过程。总之,在唯物辩证法面前,“不存在任何最终的东西、绝对的东西、神圣的东西;它指出所有一切事物的暂时性;在它面前,除了生成和灭亡的不断过程、无止境地由低级上升到高级的不断过程,什么都不存在”①。

唯物辩证法发展过程论的思想是我们认识和改造世界的一个重要原则,它要求我们用历史的观点、发展的观点看问题,把一切事物都看作是变化、发展的过程,并放在一定的历史条件下做具体考察,既要了解它们的过去,观察它们的现在,又要预见它们的未来。只有这样,才能全面地、正确地认识事物,不断研究新问题,总结新经验,不断发现新问题、解决新矛盾、不断开拓创新。

---

① 马克思恩格斯文集(第4卷). 北京:人民出版社,2009,第270页

第二节 联系和发展的基本规律

马克思主义哲学认为世界的联系和发展遵循对立统一规律、质量互变规律和否定之否定规律，这就是唯物辩证规律。在这个规律体系中对立统一规律是核心。正如列宁所说："统一物之分为两个部分以及对它的矛盾着的部分的认识……，是辩证法的实质。"①

一、对立统一规律

对立统一规律又称矛盾规律，这一规律揭示着事物发展的源泉、动力及其实在的过程，提供理解一切现存事物的自己运动的钥匙。

（一）辩证矛盾

矛盾是辩证法的核心概念。理解矛盾概念，首先要区分逻辑矛盾和辩证矛盾。逻辑矛盾是指思维中的自相矛盾，叙述的自相矛盾，即在同一条件下，对于同一对象，同时作出既肯定又否定的两个相悖的判断，它是人们的思维不合逻辑、违反逻辑规则造成的。《韩非子·难一》篇讲了这样一个故事："楚人有鬻盾与矛者，誉之曰：'吾盾之坚，物莫能陷也'，又誉矛曰：'吾矛之利，于物无不陷也。'或曰：'以子之矛陷子之盾何如？'其人弗能应也。"楚人在这里就是陷入逻辑矛盾。而辩证矛盾则是指对立统一，它是客观事物本身所固有的，是普遍的。辩证矛盾同思维过程中由于违反逻辑规则而造成的逻辑矛盾不是一回事。列宁说："'逻辑矛盾'——当然，在正确的逻辑思维的条件下——无

① 列宁选集（第2卷）．北京：人民出版社，1995，第556页

论在经济分析中或在政治分析中都是不应当有的”[①]，“就本来的意义说，辩证法是研究对象的本质自身中的矛盾”[②]。前者指的是逻辑矛盾，后者则是指的辩证矛盾。一切荒谬的逻辑矛盾是任何科学认识都应避免和排除的，而事物本身所固有的辩证矛盾恰好是任何科学认识应着力研究的对象，所谓认识事物即认识事物的矛盾。唯物辩证法研究的矛盾是辩证矛盾而非逻辑矛盾。将辩证矛盾和逻辑矛盾混淆起来，并借口逻辑矛盾只存在于不正确的思维过程中而否认辩证矛盾的存在，是形而上学和诡辩论的重要表现。任何否认矛盾把矛盾说成人为地主观认定的说法，都是站不住脚的。

（二）矛盾双方又同一又斗争推动事物的变化发展

“矛盾的同一性或统一性，是指矛盾双方的相互依存、相互贯通的一种联系和趋势。”[③]矛盾双方的相互依存，是指矛盾双方既是相互对立的，同时两者之间又以对方为存在的条件，每一方如果失去了对方，它也就不能作为该矛盾的对立一方而存在。列宁说：“上不是下；上的规定就在于它不是下，有上就是因为有下，反过来也是一样；在每一个规定中包含着它的对立面。父亲是儿子的另方，儿子又是父亲的另方，而每一方都是作为另方的另方而存在；同时每一个规定只在它同另一个的关系中存在着：它们的存在是持续的存在。”[④]矛盾双方的相互贯通主要指对立面的相互渗透和矛盾双方相互转化的趋势。矛盾双方你中有我，我中有你，互相渗透、互相包含。例如，理性认识和感性认识是一对矛盾，但是在理性认识包含着一定的感性认识，感性认识中又会渗透着一定的理性认识。矛盾双方还在一定条件下相互

① 列宁全集（第28卷）．北京：人民出版社，1990，第131页

② 列宁全集（第55卷）．北京：人民出版社，1990，第213页

③ 胡潇，张其学．马克思主义哲学教程．北京：中国人民大学出版社，2009，第94页

④ 列宁全集（第55卷）．北京：人民出版社，1990，第118页

转化。例如,直线与曲线、遗传与变异、战争与和平都可在一定条件下相互转化。

矛盾的斗争性,是矛盾双方互相对立、互相排斥的倾向或趋势。你死我活的敌对阶级之间的阶级斗争、社会生活中人民内部不同利益和意见之争、生物界中的生存竞争、机械运动中的吸引和排斥等等,都是矛盾斗争性的不同形式。作为哲学范畴的斗争是自然界、人类社会和人的思维中一切矛盾的具体斗争形式的共性,它与日常用语特别是政治用语中的斗争,既有联系又有区别,不能将二者混淆起来。

作为矛盾的两种相反的属性——斗争性与同一性,也是对立统一的。一方面,任何矛盾的同一都包含着对立,是有差别的,不能脱离斗争性而存在。另一方面,矛盾双方的对立、斗争不是任意两个方面的对立,而是有着内在同一性的双方的对立。“不是冤家不聚头”,形象地表达了对立中的同一或统一的关系。因此,同一是对立中的同一,斗争是同一中的斗争。正是矛盾的同一性与斗争性的相互作用构成了对立双方又斗争又同一的矛盾运动,推动了事物的发展。矛盾构成了事物的发展的源泉和动力。

矛盾的同一性使矛盾双方在相互作用中有利于自身的因素而得到发展;矛盾的斗争性在事物发展中的作用主要表现在,它不仅引起了事物的量变,也就是推动着矛盾双方力量的变化,造成双方力量发展的不平衡性,使矛盾得以展开;而且是事物由旧质向新质转化、飞跃的决定力量,也就是当矛盾双方的力量发展到各自极限,突破原有矛盾的限度,这是要想改变事物的性质只有通过矛盾的斗争性才能实现,使一事物变成他事物,使矛盾得以解决。自然,肯定矛盾斗争在事物中的推动作用,绝不是说斗争本身就是发展。因为,一方面促进事物的发展并非所有的斗争都能起作用,只有发生在新事物反对旧事物斗争的基础上才能促进事物的发展;另一方面,也不是新事物反对旧事物的一切斗争都有利于事物发展,只有那些根据不同的矛盾性质、不同的矛盾运动的具体条件,采取不同矛盾斗争形式的新事物反对旧事物的斗争,才有利于事物的发展。

在矛盾发展过程中矛盾的同一性和斗争性虽然起着不同的作用,但这并不意味着就可简单地视它们在重要性上的不同。矛盾的同一和斗争,在一切事物的发展过程中各自所发挥的作用不能相互替代,也不能相互取消。矛盾的同一性和斗争性相互统一、相互对立,促进事物的不断发展和前进。

(三)矛盾的普遍性和特殊性

矛盾的普遍性与特殊性的关系是对立统一的关系。

一方面两者是相互对立、相互区别的。①两者的规定性不同。矛盾的普遍性是矛盾的共性,普遍存在于事物中,是绝对的。而就具体矛盾的表现形式而言,矛盾的特殊性是矛盾的个性,因此是相对的。②两者的特点不同。共性反映了同类事物的共同本质,而不包括这一类事物的全部内容和特点,所以,共性相比较个性而言更深刻、抽象、普遍,而个性相比较共性而言则更生动、具体、特殊。

另一方面两者是相互统一、相互联系的。任何事物都是共性和个性的统一体,共性普遍存在于个性之中,并通过个性表现出来,而个性只能与共性相联结而存在,相比较而显现。共性与个性又是相互渗透的,两者在一定条件下可以相互转化。在某一段时期或范围内较为普遍的事物就有可能转化为特殊的存在。

二、质量互变规律

(一)质、量、度

质是一事物区别于他事物的内在规定性。世界上每一事物之所以是它自己而不是别的事物，是由它的质的规定性决定的。例如，自然界中的山川河湖、草木鸟兽、日月星辰，社会生活中的经济、政治、文化、军事等现象之所以相互区别，就是因为它们各有自己的不同的质的规定性。

第一，认识事物的质是我们分辨事物的前提。只有在区别事物的基础上，人们才能认识事物，只有划清不同事物质的界限，才能够真正做到认清事物。第二，认识事物的质是认识事物的量的基础。只有认识到事物的质才能谈得上认识事物的量。第三，认识事物的质是制定和执行正确的路线、方针和政策的前提。例如，在社会主义建设实践中，我们必须认清社会主义和资本主义的本质区别，严格区分资本主义和社会主义的东西，否则就会犯各种“左”的和右的错误。

量是事物存在和发展的规模、程度、速度以及它的构成成分在空间上排列组合等可以用数量表示的规定性。例如，一个社会，除了它的特定的经济制度和政治制度外，还有社会的生产力发展水平、速度、劳动生产率等量的规定性。一个工厂，除了它的特定质的规定性外，还有其规模大小、发展速度、人员多少、生产力发展的高低、快慢等量的规定性。

认识事物的量具有重要的意义：第一，从认识事物的质进而认识事物的量，是对事物认识的深化和精确化。例如，对赤、橙、黄、绿、青、蓝、紫等不同质的颜色，人们只有在认识到它们中的不同的电磁波的波长的量以后，才能获得对它们作出科学的理解和解释。对事物的认识，不仅要有定性的分析，而且还要有定量的分析。只有在定性分析的基础上进一步进行定量分析，人们对事物的质的认识才会更深刻和更精确。第二，准确地把握事物的量、正确处理事物之间量和量的比例关系，是作出正确决策、进行科学管理、做好各项工作的重要前提。

任何事物都同时存在质和量两个方面，是质和量的统一体。质和量总是结合在一起的。而度作为事物保持自己质的数量界限，统一着质和量。任何度的两端都有其界限，我们称之为临界点。它是事物保持特定质的量的限度的极限点，也规定着事物由量变转变为质变的转折点。在这个界限范围内，量变不会引起质变；如超过这个界限的范围，量变就会引起质变。不过，度是它的两个关节点之间的区间范围，而不是关节点本身，我们不能把度与它的关节点混为一谈。

认识事物的度也有重要的意义：一方面我们只有认清事物的度，才能把握好事物的质。究其原因主要是因为度是事物质和量的统一，把握了事物的度，才能更好地做到区别一事物与他事物的界限，认清事物的质。另一方面通过对度的论述，我们在实践中必须掌握“适度”的原则。“适度”原则要求我们在分析和处理问题时努力做到恰到好处，防止“过”和“不及”。“过”是超过一定的度，“不及”是达不到一定的度，它们对于我们的认识和实践都是有害的。古人云：“过犹不及”，说的就是这个道理。掌握“适度”的原则，尤其要把握最佳度，因为最佳度是在度的范围内质和量实现最佳统一的关键。

（二）量变和质变及其相互转化

事物发展的状态分别体现为量变和质变。所谓量变就是事物在数量上的变化，这种变化是控制在一定的范围内的，并且是不明显的，是体现了事物发展的连续性，表现为事物的相对静止、稳定状态。量变的形式包括：数量的增减、速度的快慢、程度和水平的提高或降低、规模大小的改变、空间排列关系的变动等。我们通常所说的统一、相持、平衡、均势、静止、稳定等，都是事物的量变状态。

质变归根到底表现为事物性质的根本变化，中断了事物发展连续性，使一事物变化为另一种新事物，与量变相比较而言其变化更为急剧，更为显著。

量变和质变之间是相互转化的，这包含了两方面的意思：

一是量变是质变的前提，质变是量变的结果。一方面，量变是质变的前提，没有量变的积累就不可能有质变。人们常说，

“千里之堤，溃于蚁穴”“千里之行，始于足下”等，讲的都是这个道理。另一方面，质变是量变发展到一定程度的结果。量变是一个发展的过程，当发展到一定阶段时必然发生质变。只有经历质变事物才能发生根本性的变化。只有质变，才能打破旧质对量的变化范围的限制，推动事物从旧质向新质转化，实现由低级到高级的发展。否认质变或飞跃，就是否认旧质向新质的变化，也就从根本上否认了发展。另一种情形是，事物总是发生着量变与质变的转化，任何事物发生质变以后必然会发生新的量变，在这一过程中，之前量变的结果会得到体现和巩固，并为新的量变开辟道路。只有质变才能使量变的成果得到体现和巩固，并在新质的基础上得到进一步的发展，为新的量变开拓道路。例如，社会主义制度战胜了资本主义制度、实现了社会制度的质变以后，解放了生产力，使生产力迅速发展，开始了新的量变。

事物的发展是从量变开始的，量变到一定程度，超出原有质的数量界限，就会引起质变，这是由量变到质变。在新质的基础上，又进行着新的量变，这是由质变到量变。事物的发展就是不断地由量变到质变，又由质变到量变，循环往复，无限运动，推动着事物不断向前发展，这就是量变质变规律或质量互变规律。

矛盾运动是事物内部发生量变和质变及其相互转化的根本原因。在事物内部矛盾所包含的诸方面中，矛盾的主要方面是保持、肯定事物自身的力量，次要方面则是动摇乃至否定现存事物的力量，这两方面的斗争必然引起它们之间力量对比的变化。不过，只要矛盾双方的地位没有转化，力量对比的变化没有超出度的范围，事物的性质就不会发生变化，这时事物总体上处于量变状态。而一旦矛盾双方的对立和斗争引起了二者地位的根本改变，事物就会发生根本质变。新事物又包含着新的矛盾斗争，从而又必然开始新的量变过程。因此，质量互变规律是对立统一规律的表现和补充。

三、否定之否定规律

否定之否定规律主要论述了在事物的发展过程中，总会遇到各种各样的困难，但不可否认的是事物的总体趋势是前进的。事物的发展是前进性和曲折性的统一。

（一）任何事物都是肯定方面和否定方面的统一

任何事物所具有的存在、维持事物性质的一面就是所谓的肯定方面；任何事物所具有的促使事物灭亡、使之转化为他物的方面就是所谓的否定方面。例如，在生物有机体中，生长、发育、成熟、营养、代谢等是肯定方面，疾病、衰老、损伤、老化、退化等是否定方面；在社会有机体中，生产、建设、改革、发展、调节、稳定、秩序等是肯定方面，动乱、腐败、污染、战争、保守、倒退、分裂等是否定方面。正是因为事物存在肯定方面才会使事物存在；也正是因为事物的否定方面，致使它不断发展，最终发展成新的事物。马克思说："辩证法在对现存事物的肯定的理解中同时包含对现存事物的否定的理解，即对现存事物的必然灭亡的理解；辩证法对每一种既成的形式都是从不断的运动中，因而也是从它的暂时性方面去理解；辩证法不崇拜任何东西，按其本质来说，它是批判的和革命的。"[①]正是在肯定方面和否定方面的相互联系、相互作用中，物质世界才呈现出纷繁复杂的景象，才不断推陈出新。

事物的肯定方面和否定方面相互统一相互对立：

首先，肯定方面和否定方面是统一的。一方面，肯定方面和否定方面相互依存，互为存在的条件。离开了肯定方面就没有否定方面，离开了否定方面也没有肯定方面。正如黑格尔所言：财产和债务不是两种独立的财产，只是对负债者而言是否定的

① 马克思恩格斯文集（第5卷）.北京：人民出版社，2009，第22页

财产，对债权者而言是肯定的财产罢了；一条往东的道路同时就是一条往西的道路。另一方面，肯定方面和否定方面在一定意义上是直接同一的。肯定即是否定，当事物肯定这些方面的同时也就否定了与它对立的另一方面。同样，否定即肯定，当事物否定这些方面的同时也就肯定了与它对立的另一方面。恩格斯曾以“零”为例说明此道理，强调“零是任何一个确定的量的否定，所以不是没有内容的。相反地，零是具有非常确定的内容的。作为一切正数和负数之间的界线，作为能够既不是正又不是负的唯一真正的中性数，零不只是一个非常确定的数，而且它本身比其他一切被它所限定的数都更重要”。[①]“甚至温度表上的绝对零点也决不代表纯粹的、抽象的否定，而是代表物质的十分确定的状态。”[②]

其次，任何事物都是对立统一的，统一必将伴随着对立。肯定方面和否定方面如同一块磁铁的正极和负极相互接触，也会产生排斥作用。具体而言，肯定方面代表事物现有状态，即事物当前的状况，用来保持事物自身的存在和稳定；与此相对应的是否定方面的变化性，它推动着事物的变化发展，并朝着未来的目标走去。事物的肯定方面和否定方面是此消彼长的，占上风的那一个决定着事物的最终性质。也就是说，当肯定方面居于主导地位时，事物就保持原来的样子，当否定方面占上风时，事物就会突破现有条件的束缚，产生量或者是质的飞跃。

（二）辩证的否定

唯物辩证法认为，事物的发展是通过否定实现的。但这种否定不是简单的抛弃，而是包含肯定的否定，是辩证的否定。具体来说，辩证否定观的基本内容主要包括四个方面：

其一，辩证的否定是事物的自我否定，是事物内部的力量对

① 马克思恩格斯全集(第20卷). 北京：人民出版社，1971，第604页

② 马克思恩格斯全集(第20卷). 北京：人民出版社，1971，第605页

其自身的否定，不是外在的力量消灭事物本身。例如，死亡是对生命的否定，因为在生命自身中就包含着死亡的因素。即是说，死亡并不是独立于生命之外而对生命进行否定的；相反，死亡就包含在生命之中，是存在于生命之中的否定，是生命的自我否定。一事物之所以被否定而转化为他事物，其根源在于该事物内部的矛盾性，是事物内部否定方面与肯定方面又统一又斗争造成的，是否定方面战胜肯定方面的必然结果。辩证的否定是“自我否定”，说明运动是“自己运动”、发展是“自我发展”。

其二，辩证的否定是事物发展的环节。我们知道发展的实质就是新事物的产生和旧事物的灭亡，是事物性质的根本变化，而这一变化只有经过否定这个决定性的环节才能得以实现。这主要是因为所有现存的东西在一定时期内都有其存在的理由，是符合社会历史条件的，但随着时间的推移和条件的变化，事物原来存在的理由就会逐渐丧失而变成消极过时的东西。这时，只有经过否定，事物才能向前发展，实现质变和飞跃。例如，如果没有“太阳中心说”对“地球中心说”的否定，就不会有天文学的发展；没有进化论对神创论的否定，生物学就不能成为科学；不通过对谬误的否定，就达不到对真理的认识，等等。由此可见，作为发展环节的否定，是最能体现辩证法本质的因素。

其三，辩证的否定是事物联系的环节。列宁讲：“辩证法的特征和本质的东西不是单纯的否定……而是作为联系的环节、作为发展环节的否定，它保持着肯定的东西。”[①]任何新事物都是从旧事物的母腹中生长起来的，它没有完全抛弃旧事物，而是保留了旧事物中合理的积极的因素，把它改造后吸纳为自己的有机组成部分。比如，每一种新的社会制度对旧的社会制度的否定，都包含着对旧的社会制度发展起来的生产力及其成果的肯定。所以说，任何新事物的产生都是在旧事物的基础上发生的，它并没有对旧事物进行完全的否定，而是吸收借鉴了旧事物

① 列宁选集(第38卷). 北京：人民出版社，1950，第244页

中某些积极的东西，这样就把新事物与先前的旧事物联系起来了，使事物的发展表现出连续性。

其四，辩证的否定就是扬弃。黑格尔说，扬弃“有双重意义，它既意谓保存、保持，又意谓停止、终结”。可见，扬弃并不是否定一切，而是坚持保留旧事物的积极方面的基础上舍弃旧事物中消极的因素。例如，在自然界中，新物种代替旧物种，并不是否定了旧物种的一切，而是既有变异又有遗传，变异是对旧物种的克服，遗传是对旧物种的保留。如果只有遗传没有变异，新物种就不会产生，如果只有变异没有遗传，就从根本上违背了生物进化规律，最终将陷入“上帝创造一切”的唯心主义泥坑。

辩证否定观的运用，必须建立在反对形而上学的否定观基础之上。形而上学否定观认为：肯定和否定是绝对对立的，所谓肯定就是肯定一切，是绝对的；所谓否定就是否定一切，完全消灭事物，中断事物的发展。它的信条就是：“是就是，不是就不是，除此以外都是鬼话”。费尔巴哈对待黑格尔哲学的态度就是这种形而上学否定观的典型表现。费尔巴哈在批判黑格尔唯心主义哲学体系的同时，把其中的辩证法的“合理内核”也一并抛弃了。

（三）否定之否定

事物的辩证发展过程整体上要经历两次否定、三个阶段，最终形成一个周期。事物的发展先经过第一次否定，到达否定阶段，这样只是初步解决了矛盾。当然处于这个否定阶段的事物并不是完善的，仍然具有片面性，仍然要经过再次否定，到达否定之否定阶段，这样事物的对立面就达到了统一，矛盾得到根本解决。

从这一意义上来说否定之否定规律充分揭示了前进性与曲折性的统一是任何事物发展的总规律。前进性主要变现为事物发展过程中的每一次否定都会舍弃先前阶段中过时的不科学的因素，并把其中积极成果保留下来，同时又增加了一些新的因素，都把事物推进到更高的发展阶段，并为事物的进一步发展和完善创造了条件；每一个周期都是开放的，前一个周期的终点是下一个周期的起点，事物发展就是一个周期接着一个周期，循环往复，以至无穷；事物发展的总趋势是前进的，总是沿着从简单到复杂、从低级到高级的方向前进。曲折性主要体现在回复性上，即事物的发展不是直线式前进而是螺旋式上升的。事物的发展道路要经过肯定阶段、否定阶段再到否定之否定阶段，表现为一个螺旋式上升的过程，而不是直线上升的过程。事物发展的曲折性还表现在：受各种复杂条件和偶然因素的影响，事物的发展还会出现暂时的“倒退”或逆转。

任何事物的发展都是前进性和曲折性的统一，这一基本原理的坚持必须做到反对循环论和直线论这两种错误观点。循环论者从根本上否认了事物发展的前进性和进步性，并把事物发展过程中的“重复”说成是简单的周而复始的循环，也就是从根本上否认了事物的发展。与循环论者相反，直线论者则走向了另一个极端，将事物发展的前进性加以绝对化，认为在任何时候、任何条件下事物都是笔直前进的，从根本上否认了事物发展的曲折性和复杂性。不难看出，循环论和直线论都是片面地抓住事物发展中的前进性和曲折性、上升性和复归性的一方面无限夸大，进而认为这是一切事物发展的正常秩序，而不知道事物的发展正是前进性和曲折性、上升性和复归性的统一。

第三节 联系和发展的基本环节

世界的普遍联系和运动发展是包括一系列基本环节。这些环节包括整体与部分、绝对与相对、现象与本质、内容与形式、偶然与必然、原因与结果、可能与现实等。这些环节各自有着自己特殊的内容，但它们都是对立统一规律的表现和展开，各对环节都是对立统一的关系，都是对事物联系和发展的基本环节的反映和概括，因而对于我们认识世界和改造世界具有重大的方法论的指导意义。

一、本质与现象

(一)本质和现象的含义

本质是指构成事物的基本要素之间的内在联系,反映的是事物的根本性质。从深度上说,本质和必然性、规律性是同等程度的范畴。认识了事物的本质,也就认识了事物发展的规律。从广度上说,本质是事物内部所包含的一系列必然性和规律性的综合,其含义更为广泛。

现象是指事物的外部联系和表面特征,是事物的外在表现。事物的现象是极其复杂的,按照它表现本质的不同方式可以分为真象和假象。真象是从正面直接表现本质的现象,假象则是从反面歪曲地表现本质的现象。真象引导人们接近事物的本质,而假象则使人们误入歧途。客观事物的本质,大量地表现为真象,但假象在现实世界中也是客观存在的。正如达尔文所说,大自然一有机会就要说谎的。比如,一根直的木棍,半截插入水中,看上去好像是弯曲的;月亮本来是不发光的,但皓月当空,竟然照得地球如同白昼。也就是说,假象同真象一样,也是客观存在的,是由实际存在的各种条件造成的。在实际生活中,人们经常把假象与错觉混为一谈,这是错误的。错觉属于主观范畴,是一种错误的感觉,假象则是客观的存在,与人的认识和感觉有实质的区别,因此二者不可混淆。但假象容易引起人的错觉,因此在实践中对事物的现象做抽象概括时,一定要分清哪些是真象哪些是假象,以保证对事物本质联系的把握建立在客观真象基础之上。

(二)本质和现象的辩证关系

本质和现象之间是既对立又统一的关系。

1. 本质和现象是相互区别、相互对立的

第一，本质主要反映的同类现象中一般的、共同的东西，现象则表现的是事物具体的个别的内容；例如，苹果落地、房屋倒塌、河水流动这些事物的表现形式丰富多彩、各不相同，但是都是引力相互作用的结果，有着共同的本质。第二，本质反映的是事物的根本性质和各要素之间的内在联系，是在事物的内部发生的，因此，人们只能通过抽象思维才能把握，是不能被直接感知的；现象反映的是事物的表面特征和外部联系，主要体现于事物的外部，因此可以被人们直接感知的。第三，本质在事物的发展过程未结束之前，是不变的；而现象是易逝的、多变的，处在经常的变化之中。正如列宁所说："非本质的东西，外观的东西，表面的东西常常消失，不像'本质'，那样'扎实'那样'稳固'。比如，河水的流动就是泡沫在上面，深流在下面。"①

2. 本质和现象又是相互联系、相互依存的

一方面，本质必须要通过一定的现象来反映出来。世上根本就不存在脱离现象的本质。另一方面，任何事物表露的现象无论多么丰富多彩，其总是能够呈现出共同的本质，世上根本不存在脱离事物本质的纯粹的现象。即使是假象也是事物本质的表现，正如列宁所说："外观的东西是本质的一个规定，本质的一个方面，本质的一个环节。"②

（三）掌握本质和现象辩证关系原理的方法论意义

本质和现象辩证关系的原理对于指导我们进行实践活动具有重要的意义。第一，本质和现象的辩证关系原理说明人们进行科学研究既是必要的也是可能的。科学研究的必要性是由本质和现象的对立性决定的。马克思曾说，"如果事物的表现形式

---

① 列宁全集(第 55 卷). 北京：人民出版社，1985，第 107 页

② 列宁专题文集. 北京：北京人民出版社，2009，第 133 页

和事物的本质会直接合而为一，一切科学就都成为多余的了”①。科学的任务就在于辨别真象和假象，并透过现象把握本质。本质和现象的统一，说明了科学研究的可能性。要对事物的本质达到科学的认识，就要对大量的现象进行深入的科学的研究，只要肯下功夫、勇于探索，人们就能在实践中透过现象把握事物的本质。第二，本质和现象的辩证关系原理为人们进行科学研究提供了指导方法。现象是表现本质的，但现象又是零散的、个别的、多变易逝的东西，常常只从某一个方面表现本质，甚至还会歪曲地表现本质，因而我们在认识事物时，既要搜集各种现象，并对其进行观察，更要运用科学的思维方法，分析和综合各种现象。只有这样，才能从大量复杂的现象中抓住本质，发现事物的根本规律。

二、原因与结果

原因和结果是事物和现象之间相互联系、相互制约的普遍形式之一，是世界普遍联系和永恒发展链条中的重要一环，是人们在认识和实践中经常遇到的一对范畴。对事物因果联系的认识是人类实践活动的前提之一。可以说，人类的科学认识就是从对事物的因果关系的探讨开始的。离开对因果关系的理解，人们就无法进行正确的认识活动和实践活动。因果关系是人类一切自觉活动不可缺少的指导原则，又是决定论思想的逻辑依据。

（一）原因和结果的含义

原因和结果是相对的，一种现象引起另一种现象，而另一种现象又会引起一种现象。因果关系就是指的事物、现象之间这种引起和被引起的关系。

---

① 马克思恩格斯文集(第7卷). 北京：人民出版社，2003，第925页

可以说，对事物的因果关系的探索自人类诞生以来就开始了。人们必须对事物的因果联系有一定的认识才能进行有目的的活动，如知道放牧可以繁殖出更多的牲畜才有畜牧业，知道播种可以生长出更多的粮食才有农业。即使是人们的日常生活，也是以某些因果性认识为前提的。正如恩格斯指出的，“由于人的活动，就建立了因果观念的基础”①。当哲学最初出现的时候，人们已经超出对一般因果联系的探索而从事对事物总根源的探索了。中国古代哲学中的道、气、阴阳、五行、太极、无极等等，被当时的哲学家们看作是宇宙运动变化的总根源。古希腊哲学中的水、火、无限、存在、原子、数、逻各斯、理念等等，也被看作是这种总根源。亚里士多德的四因说（质料因、形式因、动力因和目的因）尽管包含了一些错误的观念，却是对一切现象的总根源的比较具体的分析。中外古代都有天人感应的思想，它虽然是一种猜测或迷信，但仍不失为一种因果性认识。古代的语言中早已有了表示“原因”与“结果”的含义的词，如把因称为“故”。《墨子·经上》说：“故，所得而后成也。”佛教的因果报应或因果轮回之说已把原因与结果作为一对范畴来使用了。《涅槃经·遗教品一》说：“善恶之报，如影随形，三世因果，循环万失。”这当然是迷信，所以范缜反驳说：“贵贱虽复殊途，因果竟在何处？”②但这毕竟是把原因与结果作为一对范畴来研究了。哲学对因果关系的专门研究由于受到西方近代自然科学的推动得到了发展，从而建立了机械唯物主义的因果观和决定论，主要代表人物有霍布斯、洛克、斯宾诺莎。他们认为因果关系对于任何事物和现象来说都是一个无线的链条，原因是主动者，结果是被动者；原因是决定者，结果是被决定者。由于过去的各种原因决定了现在自然界的现状，倘若人类能够对现在的自然界各种因素能有一个完全的认识和把握，将来自然界的状况人类也将完

① 马克思恩格斯选集（第3卷）．北京：人民出版社，1995，第550页

② 梁书·范缜传

全把握。拉普拉斯的一段话很能代表这种因果观,他说:“如果智慧在某一时刻知道使自然界活跃的一切力量以及自然界的一切组成部分的相对关系,并且,如果智慧非常渊博,以至于能够把这些材料加以分析,那么,它就可以用一个公式来概括宇宙中最大的物体的运动和最小的原子的运动,也就是说,没有任何东西不是智慧确切知道的,它对于未来的东西如同对于过去的东西一样了如指掌。”这种因果观否定了神的作用,肯定了因果关系的客观性和普遍性,但把因果关系简单化了。休谟从经验主义出发否定因果关系的客观性,康德为了回答休谟的问题,提出了自己关于因果性的先验主义观点,并把因果关系摆在纯知性概念的系列中,为黑格尔的辩证法开辟了道路。黑格尔力图在思辨哲学的范围内突破因果关系的机械性质,把机械唯物主义理解的因果称为形式的因果关系,把辩证法理解的因果称为规定的因果关系,认为原因不仅是结果的原因,而且是结果的结果;结果不仅是原因的结果,而且是原因的原因。这种思辨的说法包含一个合理的思想:不仅原因制约结果,结果也制约原因,原因与结果相互制约、相互依存。于是,因果关系便融化、消失在普遍联系和相互作用之中。

事物的因果联系不仅是普遍的,而且是客观的。因果联系为客观事物所固有,不依人的主观意志为转移,人们的因果观念是对客观世界中因果关系的反映。不管人们承认不承认,喜欢不喜欢,事物的因果联系总是客观存在的,也总是要表现出来的。佛教的因果观说:善有善报,恶有恶报。不是不报,时候未到。时候一到,必然会报。如果我们把这里的“报”理解为因与果的关联,那么这句俗语确实生动地反映了原因和结果之间的客观的和必然的联系。

唯心主义者和不可知论者否认因果联系的普遍性和客观性。如休谟认为因果联系并不是客观事物本身所固有的,而不过是人的一种心理习惯而已。康德认为因果联系不存在于客观世界中,不来自经验,而是人们进行思维的知性范畴,是感觉经验的先天思维形式。马赫宣称,在自然界中没有原因,也没有结果,因果律的一切形式都是从主观意向中产生的。罗素则认为,原因这个概念是科学出现之前的一种概括,它只不过是某种行动指南,是对某一类经验的外部因果性的确信,是一种原始的、在一定意义上为动物行为所固有的信念。这些观点都否认了因果关系的客观普遍性,认为因果来自于人的主观方面。而神学目的论者则认为,世界上一切事物的联系和发展,都是神的意志作用的结果,是为了实现某种预定的原因,上帝就是一切现象的最终原因。我们要坚持彻底的唯物主义决定论,就要弄清楚原因与结果的对立统一关系,才能同机械决定论、唯心主义非决定论、宿命论以及神学目的论划清界限。

(二)原因和结果的辩证关系

原因和结果既对立又统一,主要表现在如下方面:

首先,原因和结果相互对立相互区别。在事物的因果链条中当我们把原因和结果两者抽出来时,原因和结果是有明确的区别的,不能倒果为因,或倒因为果。其次,原因和结果是相互依存、相互作用的。一定的原因必然会造成一定的结果,而结果的产生也必定是由一定的原因所导致的,两者是不能脱离的,因果双方失去一方,另一方就不能存在。原因和结果的相互作用表现为,在原因与结果的关系中,不仅原因必定引起结果,而且结果也反作用于自己的原因,使原因产生相应的变化,也可以说原因与结果之间是互为转化的,称之为互为因果。例如在社会生活中,经济的发展引起教育事业的发展,而教育事业的发展会大大提高劳动者的素质,反过来又会进一步推动经济的发展。

因果联系具有多方面的特点:

因果联系具有普遍性。因果联系的普遍性是指,世界上的一切事物和现象无不处在一定的因果联系之中。任何事物或现象的发生都是由一定的原因引起的,相应地,它们也都会引起一定的结果。既没有无因之果,也没有无果之因。客观世界中只有原因尚待查明或结果尚需考察的事物，不存在不受因果关系支配的事物。

因果联系具有客观性。在实践活动中，事物的因果联系总是客观存在的，不会因为人们的好恶而存在或消失。如“水涨船高”“风吹草动”这都是不以人的意志为转移的客观现象。

因果联系具有多样性。客观、普遍的因果联系，在现实中的表现是多种多样的。概括起来有这样几种情况：一是一因多果，同因异果。由一种原因同时导致多种结果的发生就是所谓的一因多果。例如，在自然界中如果生态平衡遭到破坏，就会造成水土流失、气候异常、动植物破坏等多种结果。而同一种原因在不同的条件下造成不同的结果就是同因异果。例如，水可载舟，亦可覆舟。再如，同样是下雨，对久旱地区而言犹如雪中送炭，对久涝地区而言犹如雪上加霜。二是一果多因，同果异因。所谓一果多因是指一种结果是由多种原因同时起作用而引起的。例如，在医学上，每一种疾病都是由多种因素共同作用而引起的。同果异因是指同一结果在不同的条件下是由不同的原因所引起。例如，一些学生学习成绩较差，有的是由于学习基础差，有的是由于学习方法不科学。三是多因多果，复合因果。这是指无论原因和结果，都不是单一的，而是复合的。例如，改革开放前我国在社会主义建设中所出现的一些问题，是政治、经济、文化等多方面原因造成的；改革开放后，我国在中国特色社会主义建设中所取得的成绩，也是政治、经济、历史、文化等多方面的原因引起的。

（三）掌握原因和结果辩证关系原理的方法论意义

原因和结果的辩证关系原理为人类自觉的有目的的认识活动和实践活动提供了方法论指导。首先，正确把握事物的因果联系，是进行科学研究，获得科学认识的前提。世界上一切事物的存在及其发展变化，都有一定的原因，因而就必然产生一定的结果。事出必有因，有因必有果。但是，世界上有许多事物的因果联系尚未被人们所认识。科学研究的任务就在于揭示事物或现象之间的因果联系,使人们获得科学的认识,从而找到解决问题的方法。其次,正确把握因果联系才能更好地总结经验教训。我们在行动之后总结经验教训,就是从结果中找原因。认识获得成功的原因,从而继续加强这些原因,争取更大的成功;认识招致失败的原因,从而努力消除这些原因,避免继续失败,实现转败为胜。最后,正确认识和把握事物的因果联系,能增强工作的预见性。“凡事预则立,不预则废。”对事物的因果联系有无正确的预见,是能否做好工作的关键。“人无远虑,必有近忧”。如果不掌握事物的因果联系,或者对事物的因果联系认识错误,没有看到事物的真正原因,没有预见到事物应有的结果,我们的工作就会陷入盲目性。“盲人骑瞎马,夜半临深池”,后果是不堪设想的。

三、内容与形式

(一)内容和形式的含义

所谓“内容是构成事物一切内在要素的总和,由事物各种内在矛盾以及由这些矛盾决定的事物的特征、成分、过程、发展趋势等等组合构成。形式是事物内在要素的结合方式与表现形式。”在现实世界中,事物的内容和形式是无限多样的,不同的内容和形式构成了丰富多彩的现实世界。

(二)内容和形式的辩证关系

一方面,内容和形式相互对立、相互区别。这主要取决于内容和形式的地位和作用,内容是事物存在的基础,形式是事物存在的表现和方式,由此可以看出内容决定形式,形式反作用于内容;内容与形式相比较而言,内容是多变的,形式则相对稳定。

另一方面，两者相互统一、相互联系。任何内容都通过形式呈现出来，任何形式都以内容为依存，不存在纯粹的内容或形式；只有与内容要求相适应的形式才能充分表达内容，并使之发展，否则则会阻碍内容的表达和发展；在一种关系中为一定内容的形式，在另一种关系中就有可能发展为另一种形式的内容，反之也是如此；内容与形式的关系是繁杂多样的，同一内容可以有多种形式，同一形式也可以表现出多种内容。

（三）掌握内容和形式辩证关系原理的方法论意义

首先，内容决定形式、形式必须适合内容。根据这一原理内容，就要求我们要善于根据内容的发展，合理地变革形式。当然，人们改造客观事物首先要改造事物的内容，但为了改造内容，促进内容的发展，又必须注意改造事物发展的形式，注意创造和选择最适合于新事物发展的形式。当某种形式已经不适合内容发展的时候，就要及时地变革旧的形式，创造一种新形式去代替它；而当某种形式仍然适合于内容的发展，仍然有利于各种积极因素发挥的时候，也不能轻率地破坏这种形式，任意地变换形式，而是要使这种形式相对稳定下来，适时调整不适合内容需要的部分，使整个形式逐步趋于完善。比如，每一个社会发展阶段，并不存在固定的社会生产关系的发展模式，生产力决定生产关系，我们必须根据生产力发展的客观要求，创造与之相适应的生产关系的具体形式。当变不变是右倾保守；不当变硬要变则会盲目冒进，犯“左”倾错误。

其次，根据形式反作用于内容的作用，我们要善于分析各种形式，把握好形式服务于内容的作用。自然界和人类社会历史的发展是非常复杂的一个过程，或者是新内容利用旧形式，或者是旧内容利用新形式。尤其是在人类社会生活中，有些旧事物妄图挽救它的死亡，经常是换一个“新形式”；有的旧事物“死而复生”，往往也采用“新形式”，妄图东山再起。新事物的发展，既需要新的形式，也需要根据有利于新事物发展的要求，有选择地利用某些有用的旧形式。利用旧形式不是同旧形式妥协，而是为了同旧事物的内容作斗争，以发展新事物的新内容。对于新形式中包藏的旧内容必须予以揭露，不能只从形式上看问题，否则就会把旧事物误作新事物。我们要根据内容的需要，注意事物的形式，学会选择、利用和创造适当的形式来促进内容的发展，推动事物前进。

最后，内容和形式是矛盾运动的，在社会发展过程中，我们既不死抱住过时的形式不放，又不能过早地任意改变尚有积极作用的形式。对此，在社会实践中不仅要反对片面夸大形式作用的形式主义，更要反对那些抹杀形式作用的形式虚无主义。在我国社会主义现代化建设中，我们既要保持那些适合于我国社会主义经济发展的形式的相对稳定性，又要改变那些不适合我国社会主义经济发展的旧形式，还要善于利用包括资本主义国家的某些经济形式和管理形式在内的一切形式，从而保证我国社会主义现代化建设事业的顺利发展。在观察处理问题时，要首先注意内容，反对忽视内容的形式主义。毛泽东同志说，在写文章、作报告、发表演说之前，必须深入实际作调查研究，使它们具有丰富的内容，反对“空话连篇，言之无物”“甲乙丙丁，开中药铺”的形式主义。他指出这种形式主义是“最低级、最幼稚、最庸俗的方法”[①]。反对形式主义，但这不是否认或忽视形式对内容的反作用。抹杀形式作用的形式虚无主义，也是错误的。

四、必然性与偶然性

必然性与偶然性是事物联系和发展中的两种对立的趋势。人们从古代起就开始了对必然性和偶然性问题的探索，如中国的道、理、法，西方的逻各斯、奴斯、理念等等，都是指的必然性。亚里士多德首次将必然与偶然联系起来加以研究。他把事物分

① 毛泽东选集(第3卷). 北京：人民出版社，1991，第838页

为必然的属性和偶然的属性，认为“因为有所必然，事物就不得不然”，“并非必然，也非经常，却随时可得而见其出现，这就是偶然属性的原理与原因”①。近代西方机械唯物论者，如斯宾诺莎、霍尔巴赫肯定了客观必然性的存在，同时却完全否认偶然性，认为世界上一切细小的现象都服从于绝对的必然性，偶然性只是反映人们无知的主观概念。康德把必然性和偶然性看成先天的知性形式，但对它们之间的辩证关系有所认识，反对把一切看成是纯粹偶然的或纯粹必然的。黑格尔虽然仍然把必然性和偶然性视为客观精神的产物，但他在唯心主义的基础上较为全面地论述了必然性和偶然性之间的辩证关系。

马克思、恩格斯进一步在总结和概括了哲学史和科学史的成果的基础上，对必然性和偶然性的辩证关系作出了科学的论断。必然性是指事物联系和发展的确定不移的趋势。偶然性是指事物联系和发展的不确定的趋势。通常，说某物有必然性是指它在一定条件下必定这样，而决不会那样；说某物有偶然性是指它是这样，也可以不是这样等等。种瓜得瓜、种豆得豆，带有必然性；而一棵瓜秧能结出几个和多么大的瓜，一株豆秧能长出几个豆荚，就带有偶然性。

必然性与偶然性作为事物联系和发展中的两种趋势是对立的，但它们又是统一的和不可分割的。现实世界中的任何事物、任何现象、任何过程都既是必然的，也是偶然的。必然性总是要通过大量的偶然性表现出来，没有纯粹的必然性。偶然性是必然性的表现形式和补充，偶然性背后隐藏着必然性，没有纯粹的偶然性。恩格斯指出：“在似乎也是受偶然性支配的自然界中，我们早就证实，在每一个领域内，都有在这种偶然性中去实现自己的内在的必然性和规律性”②，“历史事件似乎总的说来同样是由偶然性支配着的。但是，在表面上是偶然性在起作用的地

① ［古希腊］亚里士多德．形而上学．北京：商务印书馆．1959，第121页

② 马克思恩格斯选集(第4卷)．北京：人民出版社，1995，第175页

方，这种偶然性始终是受内部的隐蔽着的规律支配的，而问题只是在于发现这些规律”①。必然性和偶然性在一定条件可以相互过渡、相互转化。

正确认识必然性和偶然性的辩证关系对于人们的科学研究和实践活动有着重要的意义。必然性是规律性的主要特征，它代表事物发展的本质和总体趋势。因此，在认识过程中，我们不能仅停留在考察个别对象的偶然细节上，而是要力求透过大量的偶然性揭示其中的必然性和规律性，使我们的行动具有明确的目的性和高度的自觉性，避免盲目性。偶然性能够加速或延续事物发展的必然进程。因此，在科学认识中，由于事物、对象的复杂性和多变性，人们会经常碰到未曾料到的偶然因素。这就是我们常说的科学发现中的机遇。我们决不能无视它，而要善于敏锐地识别它，并不失时机地抓住它，加以利用，使它成为促进事物发展的契机。当然，对于可能出现的有害的偶然因素，要防患于未然，尽可能避免和减轻它们的不利影响。

五、可能性与现实性

可能性是包括在事物中的，预示事物发展前途的种种趋势。可能性是不确定的因素，在一定条件下，只有一种趋势可以转化为现实。在这一点上，同偶然性有一定的联系。把握可能性范畴，必然在质上、在量上注意区分它们的界限。在质上，根据有无客观根据，有可能性和不可能性之分；根据是否展开和条件是否具备，有现实的可能性和抽象的可能性之分，现实可能性中又有好坏两种可能性。在量上，可能性有程度大小之分，或然率是对可能性在量上的一种测定和说明。

现实性是指包含内在根据的合乎必然性的客观实在。现实必须是实际存在的事物、关系，必须是具有必然性的合理的存

① 马克思恩格斯选集(第4卷). 北京:人民出版社,1995,第175页

在，否则就会成为不现实的。现实与现存不同：现存虽是实际存在的事物、关系，但并非一切现成事物都具有现实性。只有具有必然性的实际存在的事物才是现实，而那些幻想、错误、歪理邪说等不合理的现存事物不是现实，因为它们都不具备客观必然性的根据。

可能性与现实性的关系是对立统一的关系。首先，两者相互对立、相互区别。两者具有不同的性质，不容混淆，不能代替。可能性是潜在的趋势，它着眼于"未来"，现实性是实际存在的东西，标志事物的现状，它着眼于"现在"。其次，两者相互统一、相互依存。可能性以现实为根据，包含在现实中，现实性以可能性为前提，由可能性转化而来。不以现实性为根据的可能性和不与可能性相联系的现实性都是不存在的；两者在一定条件下相互转化。可能性作为尚未展开的、潜在的现实，在条件具备时就会转化为现实。新的现实中又包含着新的可能性。可能性与现实性的相互转化，体现了事物发展的实际过程。

可能性与现实性辩证关系原理的意义在于：第一，做事要立足于现实。制定路线、方针、政策要以现实为根据，避免犯主观主义的错误；确定人生目标也要以自己的现实条件为根据，避免不切实际的空想。第二，要抓住现实的可能性。在实践中，事物的发展常常有多种可能性，因而有必要积极发挥主观能动性，从最坏处着想，向最好处努力，创造有利条件，使好的可能性转化为现实。

第四章　马克思主义哲学的认识论

在对认识本质问题的理解上马克思主义哲学在合理吸收了以往哲学的思想基础上，要求以实践为基础，从认识与实践、主体与客体、认识与对象的多重矛盾关系的统一中深刻领悟认识活动及其成果的本质规定性，科学地总结出在实践基础上主体对于客体的能动的创造性的反映是人的认识的本质。

第一节　认识的基础与本质

马克思主义认识论阐明了实践是认识发生的现实基础，揭示了认识的本质是在实践基础上主体对客体的能动反映，创立了以科学实践观为基础的辩证唯物主义能动反映论，与唯心主义先验论和不可知论以及旧唯物主义直观反映论等一切旧哲学划清了界限。

一、实践是认识的基础

“生活、实践的观点，应该是认识论的首要的和基本的观点。”[①]实践是认识的基础，对认识起着决定性作用。当然，认识对实践也有重要的反作用。

(一)实践是认识的来源

人的认识不是人的头脑里固有的，也不是从天上掉下来的，

① 列宁选集(第2卷)．北京：人民出版社，1995，第149页

而是从实践中产生和发展的。实践是联系人和客观事物的桥梁，只有通过实践，人才能与客观事物相接触，才能产生人对客观事物的认识。对此，毛泽东早就讲过："人的正确思想是从哪里来的？是从天上掉下来的吗？不是。是自己头脑里固有的吗？不是。人的正确思想，只能从社会实践中来，只能从社会的生产斗争、阶级斗争和科学实验这三项实践中来。"①任何人的聪明才智都是他们勤奋实践和善于学习的结果。正如毛泽东所说："你要有知识，你就得参加变革现实的实践。你要知道梨子的滋味，你就得变革梨子，亲口吃一吃。"②英国著名的生物学家达尔文创立了科学的物种起源学说，就是他长期实践的结果。他从小就爱好采集和收藏贝壳、昆虫之类的标本。1831 年，他大学毕业，以博学者身份参加了一个探险队，乘"贝格尔"号军舰开始了他的著名环球旅行，从欧洲到南美洲、澳洲、亚洲，沿途一路采集各种动植物标本，详细观察和研究各种物种的发展情况，最终掌握了生物物种的发展变化规律，写出了具有重要历史意义和学术价值的《物种起源》一书，创立了科学的物种起源学说。

当然，认识来源于实践，并不是说每一个人的认识都必须全靠直接经验，实际上，间接经验对一个人知识的积累和认识能力的提高也是有着非常重要的作用的。因为任何个人的生命和实践范围都是有限的，他的知识不可能也不必要都通过亲自实践来获得，不必事事都亲身体验和直接经历。其实，对每一个具体的个体来说，其知识更多地是来自间接经验，即通过接受教育、读书学习等方式获得的。人类知识的发展是代代相传的，每一代人都把前人所取得的认识成果作为自己认识的出发点，并把自己的实践经验深化为新的知识，增添到人类知识的宝库中去，从而成为后代人认识的新起点。因此，学习书本知识，接受间接经验是非常重要的。但这并不意味着人的认识有两个来源，因

① 毛泽东文集(第 8 卷). 北京：人民出版社，1999，第 320 页

② 毛泽东选集(第 1 卷). 北京：人民出版社，1991，第 287 页

为在今天于我们而言是间接经验的东西，对前人来说就是直接经验，所以不论是直接经验还是间接经验，其最终来源都是实践，直接经验和间接经验是“源”与“流”的关系。

（二）实践是认识发展的动力

首先，实践的需要推动认识发展。社会实践的发展，不断提出新的课题，推动主体从事新的探索和研究。同时，主体也正是在总结实践所提供的新材料的基础上，才能对新课题给予正确的回答，获得新认识，产生新科学。可见，科学就是从实践需要中产生的，又是随着实践的发展而发展的。例如，战争活动的愈来愈复杂和愈来愈现代化，推动了军事科学的发展；航天实践的迅速发展，推动了原子核物理学、基本粒子物理学、放射化学和放射生物学的巨大发展。

其次，实践提供认识的工具和技术手段。认识由低级到高级的发展离不开认识工具和技术手段。从实践中创造出来的新的认识工具和技术手段，帮助人们深入探索研究自然的奥秘，促进了认识的发展。比如，要想认识遥远的天体，就必须有望远镜；要认识细胞的构造，就必须有显微镜；要认识基本粒子，就必须有高能加速器和电子仪器设备。望远镜、显微镜、雷达、高能加速器、电子计算机为更深入地认识客体的本质提供了认识工具和技术手段，为认识的发展提供了条件。

再次，实践决定纯理论研究的发展。现代的纯理论研究有较大的独立性，它的研究课题有时并不直接来源于实践，但归根结底是由实践的发展所决定的。所谓纯理论研究总要以前人所积累的材料作为前提，这些材料仍来源于前人的实践。在纯理论研究中，人们仍然重视成果的实践意义。现代科研中的纯理论项目多数是同实践的需要相联系的，只不过是有些同长远的实践需要有联系罢了。恩格斯指出：“社会一旦有技术上的需要，这种需要就会比十所大学更能把科学推向前进。”[①]因此，从根本上说，实践是认识发展的终极动力。

最后，实践决定认识能力的发展。社会实践水平的高度决定着主体认识能力的强度。在现代社会实践中，由于现代人的实践高于古代人的实践，这就决定了现代人的认识能力高于古代人。实践主体通过总结正反两方面社会经验，不断地提高了分析问题和解决问题的能力。

马克思主义哲学认为，天才并不是天生之才，而是天赋加上后天的实践。马克思指出：“搬运夫和哲学家之间的差别要比家犬和猎犬之间的差别小得多，他们之间的鸿沟是分工掘成的。”[②]高尔基说，天才就是劳动。人的天赋就像火花，它既可能熄灭，也可能燃烧起来，而使它成为熊熊烈火的方法，只有一个，那就是劳动，再劳动。天才来源于实践，没有实践做基础，再好的天赋也不能成为天才。

（三）实践是检验认识真理性的唯一标准

人们通过实践活动所获得的对客观世界的认识，是否能够正确地反映了客观事物的本质及其规律，是否与客观世界相符合、相统一，只有经历实践的检验才能得到证明。正如马克思指出：“人的思维是否具有客观的真理性，这不是一个理论的问题，而是一个实践的问题。人应该在实践中证明自己思维的真理性。”[③]马克思的这一论断表明，人们只有在实践中才能检验自己认识的真理性，实践是检验真理的唯一标准。而在本章第三节中会对这一标准的具体内容进行详细的分析说明。

---

① 马克思恩格斯选集（第4卷）．北京：人民出版社，1995，第732页

② 马克思恩格斯选集（第1卷）．北京：人民出版社，1995，第158页

③ 马克思恩格斯文集（第1卷）．北京：人民出版社，2009，第500页

（四）实践是认识的目的和归宿

实践不仅是认识的起点，而且同时也是认识的目的和归宿。人们之所以要认识世界，归根到底是为了改造世界。一切科学的理论、知识，说到底都是为实践服务的，都必须回到实践中去指导人们改造世界的活动。如果有了正确理论，但只是把它束之高阁，不实行，那么这种理论再好也将失去其存在的价值。正因为此，马克思强调“一步实际运动比一打纲领更重要”[①]，习近平也反复强调“空谈误国，实干兴邦”。

总之，认识从实践中产生，随实践发展，受实践检验，为实践服务，这些都充分说明了实践在认识中的决定作用。

马克思主义认识论在充分肯定实践对认识的基础性、决定性作用的同时，也非常重视认识对实践的反作用，强调认识特别是反映客观事物本质和规律性的理论认识，对实践有着巨大的指导作用。理论是认识的高级形式，它往往走在实践的前面，规定实践的目的、范围和过程，影响和预见实践的结果，指导实践的发展。比如，艾思奇的《大众哲学》，就对中国人民取得抗日战争和解放战争的胜利起了重要作用。艾思奇是1910年3月出生在云南的人民哲学家。他在日本留学的时候是学工的，他的一位中学同学曾问他，为什么搞了哲学？艾思奇说，只有改造社会制度，中国才有出路，而要改造社会制度，就首先要改造人们的思想观念。1934年11月到1935年10月，他在上海《读书生活》杂志连载发表《哲学讲话》，把马克思主义哲学大众化，赢得了人民大众的喜爱。连载结集出版后，洛阳纸贵，到1948年居然连续印发了32版。成千上万的青年正是读了它受到启发和影响，奔向延安，后来艾思奇本人也到了延安，并在抗日军政大学讲课。毛泽东也读过《大众哲学》，知道艾思奇到了延安，亲临他的窑洞，与艾思奇一起讨论哲学问题。在解放战争时期，蒋介

① 马克思恩格斯文集（第3卷）．北京：人民出版社，2009，第426页

石无可奈何地哀叹:“一本《大众哲学》,冲垮了三民主义的思想防线!”承认其失败,是人心丧失,“乃败于艾思奇先生之《大众哲学》”[①]！退到台湾后,蒋介石又多次讲道,“我们同共产党的较量,不仅输在军事上,乃是输在人心上。一本《大众哲学》搞垮了我们的思想战线”。由此可见,认识、理论本身虽不是物质的力量,但却可以通过实践变成改造世界的强大的物质力量。

任何认识或理论对实践都有反作用,但正确的认识或理论和错误的认识或理论的反作用的性质截然相反。正确的认识或理论对实践起积极的促进作用。因为正确的认识或理论如实揭示了客观事物的本质和规律,因而能够指导实践达到预期的目的,获得成功。错误的认识或理论对实践起消极的阻碍作用,妨碍主体自觉地按照客观规律改造世界,从而导致失败。

马克思主义认识论既强调认识对实践的依赖性,同时又指出认识对实践的指导作用。认识来源于实践,反过来又指导实践;实践中产生了认识,实践又要受认识的制约。认识与实践的关系是辩证关系,两者相互依存、相互制约、相互作用,共同促进了人类社会的进步与发展。这就要求我们既要坚持实践,又要坚持学习理论,把二者辩证地统一起来。

二、认识的本质

马克思主义哲学在实践的基础上,从认识与实践、主体与客体、认识与对象的多重矛盾关系的统一中揭示了人类认识的本质,认为认识是在实践基础上主体对客体的能动反映。

(一)认识的主体与客体

认识主体是处于一定历史条件和社会关系中的从事实践活动和认识活动的个人或社会集团。作为认识主体的形式是多种

① 艾思奇.大众哲学.北京:人民出版社,2004,第16页

多样的:个体主体,是认识主体的基础和细胞,是在一定的历史条件下从事相对独立的实践和认识活动的个人;群体主体,即按照一定的利益、目的、信仰和规范而组织起来,共同从事实践活动的集团,如民族、阶级、政党、科学共同体;类主体,即指全人类,是从事着实践和认识活动的个人和集体的总和。个体主体和群体主体都是类主体的局部,类主体就其本性来说,是具有无限的认识能力的。作为认识的主体有多种属性:第一,具有自然属性,是有生命的自然存在物。这表明,人是自然界长期发展的产物,是高度组织起来的、有特殊能动性的物质体,成为思维活动和现实活动的现实基础,永远不能完全摆脱外部自然和自身自然的制约。第二,具有社会性。人从自然界分化出来,并上升为社会存在物,由此确立了人在世界中的认识主体地位,并在一定的历史条件下的社会关系中从事着实践和认识活动。主体的本质规定也是从人的社会属性和社会关系中获得的。第三,具有意识性。所谓意识性就是作为主体的人具有意识机能。人不仅能生动地感知事物的现象,而且能理性地把握事物的本质和客观规律,并能动地指导实践活动。

认识客体是主体在认识活动中所指向的对象。随着实践向深度和广度扩展,原来不曾是主体活动指向的客观对象,有可能被确定为认识的客体。同认识主体一样,认识客体也具有多种属性:第一,具有客观性,是现实的存在物。这不仅是对自然客体,而且对于社会客体和精神客体也同样是,因为社会客体和精神客体都具有现实的根源,并且一经表现出来就不再以主体的意志为转移而为主体所反映。第二,具有对象性。因为主体的实践需要使客体纳入主体的认识范围,并成为主体的实践和认识具体指向的东西。第三,具有社会历史性。客体总有自己的历史发展过程并总是在一定的社会历史条件下进入主体的实践和认识范围的,因而它也具有社会历史性。客体有自然客体、社会客体和精神客体三种形式。自然客体既包括自然界存在着的物质,又包括已通过人类的劳动改造的"人化自然物";社会客体是指社会存在和社会关系；精神客体也叫观念客体，是指物质世界高度发展的产物即人类精神及其物质的结果；包括人的感觉、思想、心理等精神活动，也包括书、报纸、音像等精神产品。

（二）认识是主体对客体的能动反映

主体和客体在实践活动中是对立的两极，两者处于不同的地位，具有不同的规定性和作用。认识的能动性的基础是主、客体的辩证运动。认识主体是从事认识活动的人，具有主观能动性、主动性；客体是被认识的对象，具有受动性。一个是改造者，另一个是被改造者；一个是信息的接受者，另一个是信息的发送者。这两者虽然处于同一实践过程中，但两者在特定实践关系中是不能混淆并互易其地位的。主体和客体是相互规定、互为前提的。由于实践是主体作用于客体的过程，是主体和客体之间由此达彼的二座桥梁，那么主体与客体必定相互规定，互为前提。因为去掉任何一方，都不可能构成实践。主体和客体又是相互渗透和相互转化的。这种关系表现为在实践过程中主体客体化和客体主体化。所谓主体客体化，是指主体实践的结果是主体通过劳动改变自然物的形式而创造一定的劳动产品，它是主体的思想、意图和主体的本质力量通过实践形式转化为物质的存在形式。所谓客体主体化，一方面是指客体转化为主体生命结构中的因素和主体本质力量的因素。比如，主体消费作为客体的生活资料，或使用作为客体的劳动工具，这样，客体就转化为主体的一部分。另一方面，是指在实践过程中，客体的信息渗入主体并转化为主体的认识、知识，进而作为主体的精神力量而起作用。具体来说，实践基础上主体对客体的能动反映，集中表现为：

第一，认识是主体对客体的反映。马克思主义哲学对认识本质的理解，首先坚持了唯物主义反映论的原则，认为人的认识必然是以某种客观事物为原型的，并且在人的认识中一定含有反映或摹写某种客观事物的内容，从而坚持了认识的客观性。

第二，主体对客体的反映是一个能动的创造性过程。马克思主义哲学认为，人为了从事实践活动，不仅要反映事物的现象，还必须透过现象反映事物的本质和规律。在客观世界中，现象和本质是浑然一体的，人为了把握事物的本质和规律，就必须在实践的基础上，运用一系列科学的抽象方法进行创造性的思维活动，采用抽象的范畴、概念、符号、公式、图形等形式更深刻、更正确、更全面地反映客体，并建构出符合主体需要的理想客体。如自然界中只有山川、河流等自然物质，并没有铁路、桥梁、房屋、水库等等符合人需要的现成形式，而人却能在头脑中把自然界中不存在的这些东西创造性地建构出来。正是有了这种超前性的、创造性的反映活动及其成果，人类的认识才能指导实践。

第三，实践是主体对客体能动反映的基础。社会实践活动是马克思主义认识论的基础，它认为人与世界的关系首先是改造与被改造的关系，然后才有所谓的反映与被反映的关系。人类能够对世界作出反映是在自觉地、主动地改造世界的过程完成的。并且人对世界的反映能力不是一成不变的，而是随着实践的发展不断扩大。正如恩格斯所指出的，“人的思维的最本质和最切近的基础，正是人所引起的自然界的变化，而不单独是自然界本身；人的智力是按照人如何学会改变自然界而发展的。”①可见，马克思主义的认识论必须建立在实践的基础上。

第二节　认识运动的总规律

主体对客体的认识是一个辩证的发展过程。在实践中，人们先是产生感性认识，在感性认识积累的基础上，产生了理性认识，然后在理性认识的指导下去进行新的实践，在新的实践中又产生新的认识。人的认识就是从实践到认识、再从认识到实践这样一个不断反复、无限发展的过程。

① 马克思恩格斯选集(第3卷). 北京：人民出版社，1995，第512页

一、从感性认识到理性认识

从某种意义上讲，实践只是提供了认识发生的基础，它还只是认识形成的“外在因素”，认识的“独立”发展和“思维自己构成自己”的道路需要经过由感性认识阶段向理性认识阶段的过渡和飞跃。

（一）感性认识

感性认识属于认识的初级形式、第一阶段，是人们在实践基础上通过各种隔绝器官对外部世界的直接描述，更为形象和生动。具体来说，感性认识包含着相互联系、依次发展的三种形式：感觉、知觉和表象。

感觉是人脑对直接作用于感觉器官的客观事物的个别属性、个别方面的反映，它是感性认识从而也是整个认识过程的起始环节。“感觉是运动着的物质作用于我们的感觉器官而引起的”[①]。感觉的产生及其性质，既依赖于客体刺激的形式和强度，也依赖于主体感觉器官的结构和功能。外部物质客体刺激的形式很多，其刺激的强度变化也很大。不同形式的客体刺激作用于不同的感觉器官，会产生不同的感觉，如视觉、听觉、嗅觉、味觉、体觉等，这些感觉为主体提供关于客体的颜色、声音、气味、味道、软硬、冷热等方面的信息，它们是主体关于客体的某一状况、属性、特征或方面的直接反映。感觉作为一种反映，也具有主观性。主体的各种因素包括心理因素，都对感觉的产生具有影响和制约作用，因而不同的主体对同样的刺激会有不同甚至完全相反的感觉。但是，我们不能因此就认为感觉是在主体头脑中主观自生的。客观实在是人的感觉的唯一来源，感觉是外部刺激向意识事实的最初转化。

---

① 列宁选集(第 2 卷). 北京：人民出版社，1995，第 308 页

在感性认识中,比感觉高一级的反映形式是知觉。知觉是人脑对直接作用于感觉器官的客观事物的整体的反映。知觉是在感觉的基础上形成的。感觉信息、感觉材料涉及的是事物的个别属性、个别方面,人在大脑中把有关事物的各种属性、各个方面的感觉信息、感觉材料加以整合,在意识中形成反映该事物各个方面特性的整体的感性形象,这就是知觉。知觉是感觉的集合,但并不是感觉的简单相加或堆积。知觉的形成总要受到过去经验的制约,从而表现出某种定势效应。所谓知觉定势,是指主体总是根据先前的知识储备或经验准备,按照一种相对稳定的模式去知觉对象。知觉定势有利于人们对熟悉的事物迅速地作出反应,但有时也会成为人们对待事物的一种顽固的习惯模式,妨碍对新鲜事物的敏锐的反应。知觉虽然以感觉为基础,是感觉的集合,但它并不是对感觉材料的知觉。与感觉一样,知觉也是对客观事物的具体形象的直接反映,只不过知觉的反映具有整体性特征。

表象是感性认识的最高级形式,它是人脑对过去的感觉和知觉的回忆,是曾经作用于感觉器官的那些客观对象的形象的再现和重组。感觉和知觉是客体的刺激直接作用于主体的感觉器官而在人脑中形成的感性映象,当客体的刺激消失以后,这种感性映象并不随之消失,而是可以暂时地或较持久地保留在记忆中。这种保存在记忆中的感性映象通过回忆而再现出来,就是表象。不仅如此,人脑还可以通过对记忆中的感性映象进行分解和重新组合,形成在现实中并没有直接原型的新的表象。不论是再现表象还是重组表象,都不是对客观事物的刻板模写,它们可以从直接的外部刺激和外部刺激物的原型分离出来,并通过感性形象或词(符号)来唤起和加以巩固。这表明,表象已摆脱了感觉和知觉过程的直接性,获得了一定程度的间接性和概括性,从而为感性认识打开了通向理性认识的闸门。但是,表象仍然属于感性认识阶段,它是此时此刻并未作用于我们的感觉器官的客观事物的形象化的认识。因此,表象是由感性认识上升、过渡到理性认识的一个中介环节。

感性认识不同于动物的感觉心理活动，因为它是以人的社会实践为基础并在实践过程中直接地形成的。人的感知能力并不仅仅是自然进化的结果，而是以往全部世界历史的产物。对社会的人来说，感觉器官及其功能的完善，感知能力的发展，都是在社会劳动实践中实现的。例如，人的感觉器官的敏锐程度个别地说来往往不如某些动物，但人的感知能力从总的水平来说却是任何动物所不能比拟的。恩格斯说："鹰比人看得远得多，但是人的眼睛识别东西却远胜于鹰。狗比人具有更敏锐得多的嗅觉，但是它不能辨别在人看来是各种东西的特定标志的气味的百分之一。至于触觉(猿类刚刚有一点儿最粗糙的萌芽)，只是由于劳动才随着人手本身的形成而形成。"①同时，由劳动实践所创造的人化自然界，为人的感觉器官提供了丰富多彩的感知对象，由此才形成和锻炼了有音乐感的耳朵，能感受形式美的眼睛，如此等等。在社会实践过程中，人还创造了各种人工技术手段，把外界不能为人的感觉器官直接感受的刺激，转化为能借助于技术手段感受的刺激，从而突破了人的感觉器官的天然界限，大大地提高了人的感知能力。总之，离开了社会实践，就不会有人的感性认识。

(二)理性认识

理性认识属于认识的高级形式、高级阶段，它是人们关于事物的本质、事物的全体、事物的内部联系的认识，是人们通过大脑的思维活动对认识客体的间接反映。它以抽象概括性为特点，以事物的本质为内容。理性认识是在感性认识的基础上，并通过理性思维对感性认识材料的抽象而形成的。它超越了感性认识的界限和范围，达到了对事物的一般属性、内在本质和规律的把握，因而是一种具有普遍性的认识。

---

① 马克思恩格斯选集(第3卷). 北京：人民出版社，1995，第512页

理性认识包括多种形式，其中主要有概念、判断和推理。这些形式的联系和统一又构成复杂的理论体系。

概念是理性认识最基本的形式，它是客观事物的一般属性、内在本质在人的思维中的反映。概念是在感性认识的基础上，通过对感性认识所提供的关于事物的各种属性和具体形象的抽象概括，把那些偶然的、易变的、个别的和非本质的东西舍弃，把那些必然的、稳定的、普遍的和本质的东西集中地揭示出来而形成的。概念是抽象的结果，但它的内容又是具体的，概念所抽象、概括出来的普遍、一般是包含着个别和特殊的全部丰富性的普遍、一般。作为事物固有的一般属性和内在本质的反映，概念具有确定性，但概念的确定性不是僵死的、绝对的。它要随着客观事物的发展和自身内在矛盾的展开而变化发展。概念也是主观性和客观性的统一，"人的概念就其抽象性、分隔性来说是主观的，可是就整体、过程、总和、趋势、来源来说却是客观的"①。与感性反映形式相比，概念是客观事物向意识事实更高层次的转化，是人们认识和掌握自然现象之网的网上纽结。

判断是对事物之间的联系和关系的反映，是对事物是什么或不是什么、是否具有某种属性的判明和断定。就其与概念的关系而言，判断是概念以浓缩的形式包含着的个别和特殊的东西的丰富性的展开，它把概念自身规定中潜存着的对立统一部分，如个别和一般、特殊和普遍，既区分开来，又统一起来。因此，虽然在逻辑形式上判断表现为概念之间的一定的联系和关系，但概念的形成也以一定的判断为前提。作为概念的展开，判断也是对对象的规定的揭示和陈述，通常表现为通过肯定和否定的形式，对事物的存在、性状、关系等等加以判定。判断从个别判断经由特殊判断而过渡到普遍判断，是人类科学认识发展的一般进程。

推理也是人的思维对外部世界的理性把握，它是从事物的

---

① 列宁全集(第55卷)．北京：人民出版社，1985，第178页

联系或关系中由已知合乎逻辑地推出未知的反映形式。在逻辑形式上，推理表现为由概念构成的判断之间的一定的联系或关系。推理的结果，表面上看来是概念在判断中的位移，但这种位移是新的判断的形成，它通过揭示客观世界的新的联系，又使原有概念的规定更加充实和具体，甚至还可以浓缩成新的概念。推理是同实际作用于客体的实践活动相分离的具有独立性的思维过程，它有自己的形式即逻辑的式。但是，逻辑的式不是人的头脑中固有的先验形式，而是客观事物的逻辑以亿万次实践为中介而内化到人的头脑中的。在推理中，人的思维能够把正在变动着的事件、已经过去的事件和尚未发生的事件，都纳入“现在”进行处理，从而使人们对客观世界的认识由已知领域向未知领域拓展。

理性认识不仅表现为个别概念、个别判断和推理的形成，而且还包括由概念、判断、推理所组成的完整的理论体系。理论是思维概括地反映客体的系统形式，也是主体观念地把握客体的最高形式。它是在感性认识的基础上，由理性思维对感性材料系统地进行加工改造、抽象概括的结果，它的任务是要把事物的内部联系、本质和规律在思维中全面地再现出来。理论的形成和建立，标志着人的认识的发展已经远远地超出了感性认识的水平。

（三）感性认识和理性认识的关系

感性认识和理性认识作为认识发展的两个不同的阶段是相互区别、相互对立的。这种相互区别、相互对立表现在内容和形式两方面：在内容上，感性认识的对象是事物的现象，理性认识的对象是事物的本质；在形式上，感性认识是人脑凭借感官以感觉、知觉和表象等具体形象的形式直接反映事物，理性认识则是人脑在感性材料的基础上以概念、判断和推理等抽象思维的形式反映事物。

但是，还必须指出，感性认识和理性认识一方面是相互区别、相互对立的，另一方面又是相互依赖、相互转化和相互渗透的。这种相互依赖、相互转化和相互渗透表现在以下三个方面。

1. 感性认识有待于发展为理性认识

感性认识是认识的起点，是理性认识的基础，但它有局限性。它只是对事物的表面的、片面的、外部联系的认识，即使它数量再多、内容再生动丰富，也还是停留在对事物的外部印象阶段。“感觉只解决现象问题，理论才解决本质问题。”[①]要反映事物的本质和规律，感性认识必须上升到理性认识；而且认识的真正任务在于经过感性认识而达到理性思维，认识的最终目的，是为了变革现实、改造客观世界，而单凭感性认识不能指导实践，达不到改造世界的目的。只有掌握了事物的本质和规律，按规律办事，才能达到有效地改造世界的目的。因此，感性认识必须发展到理性认识，这是由感性认识的局限性和认识的最终目的决定的。感性认识有待于发展到理性认识，这是认识论的辩证法。从感性认识上升到理性认识不是量的变化，而是质的变化，是认识的飞跃。理性认识的特点表现为一系列的抽象和概括、分析和综合的过程。科学的理性认识已经不是对个别事物的印象，而是综合了许多事物或各方面的感性材料，经过思考加工，舍弃了次要的东西，从中抽出了本质的和规律性的认识。抽象的理性认识虽然离开了个别的具体的事物，但只要是依据实践而进行的科学抽象，不是主观臆造和随意剪裁事实，那它就是更深刻、更正确、更完全地反映了客观事实的正确认识。

2. 理性认识依赖于感性认识

感性认识是认识的起点，是认识的必经阶段和初始阶段，没有感性认识也就没有理性认识。因为理性认识是对事物本质的认识，而事物的本质就存在于事物的现象之中。人们只有通过事物的现象，才能把握事物的本质。人们认识任何事物，总是先

① 毛泽东选集(第1卷). 北京：人民出版社，1991，第286页

积累有关事物的感性材料，然后通过头脑加工制作，才形成一定的理论。如果把人脑比作“加工厂”，把理性认识比作成品的话，感性认识就是“原材料”或“半成品”。没有“原材料”或“半成品”，也就无法制作出成品。所以，没有感性认识，就不可能产生理性认识。理性的东西之所以靠得住，正是由于它来源于感性，有感性作基础。否则，理性的东西也就成了无源之水、无本之木，成为主观自生的东西了。“认识开始于经验——这就是认识论的唯物论。”“如果以为理性认识可以不从感性认识得来，他就是一个唯心论者。”[①]

3. 感性认识和理性认识是互相渗透的

感性认识和理性认识的统一不仅表现在它们的相互依存和相互转化上，而且还表现在它们的相互渗透上。也就是说，在人的认识中，感性认识和理性认识也总是交织在一起，你中有我，我中有你。二者的相互渗透，表现在两方面：一方面，感性中有理性。人的感觉与其他动物的感觉的根本区别在于人的感觉是包含着理性的感觉，是在理性指导下的感觉，脱离了理性的纯粹感性，在现实的人的认识中实际上是不存在的。另一方面，理性中有感性。理性认识不仅以感性材料为基础，而且以具有一定声响或文字符号等感性形式的语言作为自己的物质外衣与表达手段。离开了感性的纯粹理性，在现实人的认识中也是不存在的。

感性认识和理性认识的相互渗透，在“经验”这个概念中表现得十分明显。我们平常说的“经验”，传统上是把它看成感性认识，有时又说成“感性经验”。实际上在“经验”中，总是已经带有理性成分，是感性和理性的综合形式。在科学知识中，通常区分为经验科学（实验科学）和理论科学（纯科学）。经验科学偏重于处理感性经验材料，理论科学侧重于抽象的理论思维，但是，二者的区分只具有相对的意义。事实上，经验科学总是离不开

① 毛泽东选集(第1卷)．北京：人民出版社，1991，第290页

理性思维，理论科学也总是离不开感性经验。

哲学史上曾经有过唯理论和经验论的争论。经验论只承认感性认识的可靠性，而否认理性认识的可靠性；唯理论则只承认理性认识的可靠性，而否认感性认识的可靠性。因此，从感性认识和理性认识的相互渗透的角度看，唯理论和经验论尽管都包含有正确的因素，但它们都歪曲了整个认识的发展过程，把统一的认识过程中的感性和理性两个阶段截然对立起来，各执一端、片面夸大，在认识的整体上都是偏颇的。唯理论和经验论这两种思想倾向在国际共产主义运动史上，在实际工作中也有表现，那就是曾经多次给社会主义革命和建设事业带来巨大危害的教条主义和经验主义。教条主义者轻视实践，不从实际出发，而是从本本出发，把马列主义当成教条，到处生搬硬套；经验主义者轻视理论的指导作用，否认感性认识上升为理性认识的必要，沾沾自喜于一得之功和一孔之见，满足于表面的、片面的感性经验，抓不住事物的本质和规律。理论上的偏颇必然导致实践中的危害，这是必然的。

澄清感性认识与理性认识的区别与联系，是为了获得正确认识的条件，达到正确认识的目的。一般来说，从感性认识上升到理性认识有两种可能：一种可能是把感性材料经过头脑的加工，透过现象、抓住本质，从而获得了正确的认识；另一种可能是对感性材料经过头脑的加工，歪曲了事物的本质，得到了错误的认识。因此必须审慎地处理从感性认识到理性认识的过渡和飞跃。毛泽东对此在《实践论》中结合中国革命实践做了精辟的论述，其要旨在于：第一，必须占有大量反映客观实际的感性材料，"只有感觉的材料十分丰富（不是零碎不全）和合于实际（不是错觉），才能根据这样的材料造出正确的概念和论理来。"[①]第二，"要完全地反映整个的事物，反映事物的本质，反映事物的内部规律性，就必须经过思考作用，将丰富的感觉材料加以去粗取

① 毛泽东选集（第1卷）．北京：人民出版社，1991，第290页

精、去伪存真、由此及彼、由表及里的改造制作工夫,造成概念和理论的系统。"[①]显然,在获得十分丰富和合于实际的感性材料基础上,经过一系列的逻辑思考和创造性的想象,形成由概念、判断和推理所构成的理论体系,这是一个能动的飞跃。它要求认识主体充分地发挥自觉能动性,既要勤于和善于实践,又要勤于和善于思索。

二、从理性认识到实践

人们在社会实践的基础上,从感性直观上升到抽象思维,产生了理性认识,这是认识过程的第一次飞跃。然而,认识运动并没有到此完结,人们还必须将在实践中获得的认识再回到实践中去指导实践,使理论得到实现,这是认识过程的第二次飞跃。毛泽东指出:"认识的能动作用,不但表现于从感性的认识到理性的认识之能动的飞跃,更重要的还须表现于从理性的认识到革命的实践这一个飞跃。"[②]

(一)理性认识向实践飞跃的必要性和重要性

从理性认识到实践的飞跃是人类认识过程的意义更加重大的一次飞跃。首先,理性认识回到实践中去,是实践的需要。实践即改造世界是认识的目的。而要有效地改造世界,就需要科学理论的指导。马克思主义所以十分重视理论,就是因为正确的理论对实践有指导作用,能够揭示事物发展的规律,预见事物发展的趋势,给实践指出明确的方向和道路。其次,理性认识回到实践中去,也是理论自身的需要。这又表现在两个方面:一是理论本身是一种精神的力量,只有回到实践中去,被群众所掌握,才能变成改造世界的强大的物质力量,其作用方可显现。毛

① 毛泽东选集(第1卷).北京:人民出版社,1991,第291页

② 毛泽东选集(第1卷).北京:人民出版社,1991,第292页

泽东曾经强调指出："马克思主义哲学认为十分重要的问题，不在于懂得了客观世界的规律性，因而能够解释世界，而在于拿了这种对于客观规律性的认识去能动地改造世界。"[①]如果有了正确的理论，只是空谈一阵，而不付诸实践，这种理论再好也是没有意义的。二是理性认识只有回到实践中去，才能得到检验和发展。理性认识是否正确，在从感性认识到理性认识的第一次飞跃中，是没有解决的，也是不可能解决的。只有将已经获得的理论运用到实践中去，通过实践的检验，正确的理论得以证实，错误的理论得以修正，不完善的理论得以完善，科学理论才能不断得到完善和发展。

总之，从理性认识到实践的飞跃，既是理论本身的要求，也是实践的客观需要。人的全部活动无非是认识世界和改造世界。认识世界是在实践中形成思想；改造世界则是在实践中实现思想。这是相互联系的两次飞跃，第一次飞跃是第二次飞跃的准备，第二次飞跃是第一次飞跃的目的和归宿。

（二）实现理性认识向实践飞跃的条件

从理性认识到实践的飞跃是一个过程，要实现这一飞跃，必须具备一定的条件。

第一，指导实践的理论是正确的。这是实现由理论向实践飞跃的首要前提。理论有正确的，也有错误的。只有正确的理论才能对实践起积极的推动作用，使精神力量转化为改造世界的物质力量。相反，错误的理论不仅达不到实践的目的，而且可能使实践产生偏差。

第二，从实际出发，坚持理论和实践相结合的原则。理论是对事物本质和规律的反映，是一般的、抽象的、相对稳定的东西，而实践是个别的、具体的、相对活跃的。因而，只有使理论不断结合变化的新情况，并加以具体的应用，才能发挥它的指导作

① 毛泽东选集(第1卷). 北京：人民出版社，1991，第292页

用。也只有这样,理论才会随着实践的发展而不断发展。如果把理论当作僵死的教条,生搬硬套,就会误导实践。

第三,理论认识要为实践主体所掌握。无论是社会生活领域还是科学技术领域,只有当从事实践活动的主体比较充分地掌握了指导该领域实践活动的理性认识以后,才能把理论变为现实。在社会生活领域,实践的主体是广大人民群众,因此,要用科学理论宣传群众,武装群众,并转化为群众的自觉行动。只有不断地将科学理论推广到群众中去,才能转化为改造自然和改造社会的巨大物质力量。正如马克思所说:"批判的武器当然不能代替武器的批判,物质力量只能用物质力量来摧毁;但是理论一经掌握群众,也会变成物质力量。"①

第四,要有正确的实践方法即工作方法。试验是理论向实践飞跃的一种科学方法。一切改造世界的活动,都应先在小范围内进行试点,取得经验后,再加以推广。我国的改革开放最早在经济特区先试行,然后向沿海、内地逐步推进,逐步形成了全方位、多层次、多领域的对外开放格局。

三、认识运动的不断反复和无限发展

客观世界是复杂多样的,人类对于复杂多样的客观事物的认识,往往不是一次就能完成的,而是要经过由实践到认识、由认识到实践的多次反复才能完成。而从实践到认识,再从认识到实践,如此实践、认识、再实践、再认识,循环往复以至无穷的认识过程,就是认识辩证运动的总过程,也是认识运动的总规律。

(一)认识运动的不断反复

人们对一个具体事物的正确认识,往往不能一次完成,而是

① 马克思恩格斯文集(第1卷).北京:人民出版社,2009,第11页

需要经过从实践到认识，从认识到实践的多次反复才能完成。这是因为在认识过程中始终存在着主观和客观的矛盾，人们的认识活动始终受到主观和客观等诸多条件的制约和限制。

第一，主体对客体的认识受到客观事物本身的发展过程及其表现程度的限制。客观事物作为系统是多层次、多方面的，也是处在不断发展变化中的。任何事物的发展和本质的暴露都有一个过程，而事物的本质又总是隐藏在现象之中，有时甚至被现象所掩盖。因此，人们只有在反复实践的基础上反复认识，才能不断加深对客观事物运动变化规律的了解，才能达到对客观事物本质的认识。美国大发明家爱迪生，试验了 1 600 多种材料，经历了 8 000 多次的失败，才找到了合适的电灯灯丝。由此可见，一个正确认识的获得并不是简单的，而是非常复杂艰巨的。

第二，主体对客体的认识受到生产力发展水平和科学技术条件的限制。主体对客体的认识总是在一定的社会历史条件下，借助一定的科学技术条件及其工具来进行的。社会历史进程、科学技术条件以及认识工具的现实状况，是制约主体对客体认识程度的重要因素。当条件不具备时，就难以拓展和深化人的认识。例如，在没有显微镜之前，人们对细菌和病毒的认识就受到限制；在没有望远镜之前，人们对行星运动的认识就受到限制。同学们在大学里的学习，如果实验室的条件差和设备落后，就会限制同学们对本学科的知识的掌握。正如恩格斯所指出的，“我们只能在我们时代的条件下去认识，而且这些条件达到什么程度，我们就认识到什么程度”①。

第三，人的认识要受到主体自身条件的限制。人的认识既受到主体的实践范围、实践能力、知识水平的限制，又受到主体的立场、观点、方法的限制，所以要获得对事物的正确认识，必须经过多次反复才能完成。例如，中国共产党对中国特色社会主义发展道路的探索，就是几经曲折和反复，直到党的十一届三中

① 马克思恩格斯文集(第 9 卷). 北京：人民出版社，2009，第 494 页

全会以后，才在不断总结正反两方面经验教训的基础上，逐步形成了系统的、完整的中国特色社会主义理论体系，实现了对社会主义认识上的一次巨大飞跃。但这种认识并没有终结，还需要随着实践的发展继续发展。

（二）认识运动的无限发展

人们对于一个具体事物的认识经过实践和认识的多次反复，获得了正确的认识之后，应该说是完成了。但是，就人类认识过程的推移而言，人类认识运动并没有完结。人类的认识运动不仅是一个不断反复的过程，而且是一个无限发展的过程。这是因为，其一，作为认识对象的客观事物其运动、变化和发展是一个永无止境的过程。在空间上，客观世界存在的事物是无限多样的，层次和联系是没有穷尽的；在时间上，事物发展的这一过程向另一过程的推移转变也是无限的，旧过程结束了，又开始新过程，新事物层出不穷。客观事物及其发展过程的无限性，决定了人们对客观事物的认识必然是一个不断反复和无限发展的过程。其二，人们改造客观世界的实践活动也是不断发展的。认识来源于实践，并在实践的推动下不断向前发展。由于人类改造世界的实践活动不可能完结，所以以实践为基础的人类反映客观世界的认识，也必然是一个无限发展和无限深入的过程。正如毛泽东所说："一切客观世界的辩证法的运动，都或先或后地能够反映到人的认识中来。社会实践中的发生、发展和消灭的过程是无穷的，人的认识的发生、发展和消灭的过程也是无穷的。根据一定的思想、理论、计划、方案以从事于变革客观现实的实践，一次又一次地向前，人们对于客观现实的认识也就一次又一次地深化。客观现实世界的变化运动永远没有完结，人们在实践中对于真理的认识也就永远没有完结。"①

① 毛泽东选集（第1卷）．北京：人民出版社，1991，第295—296页

(三)认识运动发展的总规律

认识过程的反复性和无限性说明,人的认识过程既不是封闭式的循环,也不是直线式的前进,而是永无止境的螺旋式上升运动。这个运动,从形式上看,表现为认识和实践的反复循环;从内容上看,实践和认识之每一循环,都比较地进到了高一级的程度。毛泽东把人类认识运动的总规律概括为:"实践、认识、再实践、再认识,这种形式,循环往复以至无穷,而实践和认识之每一循环的内容,都比较地进到了高一级的程度。"①

人类认识运动的总规律充分体现了主观和客观、认识和实践之间的具体的历史的统一。所谓具体的统一,就是主观认识要同一定时间、地点、条件下的客观实际相符合,要同社会实践发展的一定历史阶段相符合。所谓历史的统一,就是主观认识要同不断变化着的客观实际相适应,社会实践是不断发展变化的,人们的认识也必须随着社会实践的发展而发展,跟上时代的步伐。人们的认识如果超越或落后于客观实践的发展阶段,就会违背主观和客观、认识和实践具体的历史的统一的原则,就会犯错"左"的或右的错误。"左"的错误的突出表现是超越客观过程的一定阶段,超前于社会实践,把幻想当作现实,在行动上表现为冒险主义。右的错误的突出表现是不能随着变化了的客观情况而前进,落后于社会实践,在行动上表现为保守主义。毛泽东指出:"我们的结论是主观和客观、理论和实践、知和行的具体的历史的统一,反对一切离开具体历史的'左'的或右的错误思想。"②

(四)群众路线的思想理论基础

认识辩证运动的原理具有重大的理论意义,它是我们党群

① 毛泽东选集(第1卷).北京:人民出版社,1991,第296—297页

② 毛泽东选集(第1卷).北京:人民出版社,1991,第296页

众路线的思想理论基础。马克思主义认识论和无产阶级政党的群众路线是一致的。“实践、认识、再实践、再认识”的反复循环和无限发展的唯物辩证的认识论,既是唯一科学的认识路线,也是唯一科学的工作路线,它是我们党的群众路线的认识方法、领导方法和工作方法的重要哲学依据。毛泽东说:“在我党的一切实际工作中,凡属正确的领导,必须是从群众中来,到群众中去。这就是说,将群众的意见(分散的无系统的意见)集中起来(经过研究,化为集中的系统的意见),又到群众中去作宣传解释,化为群众的意见,使群众坚持下去,见之于行动,并在群众行动中考验这些意见是否正确。然后再从群众中集中起来,再到群众中坚持下去。如此无限循环,一次比一次地更正确、更生动、更丰富。这就是马克思主义的认识论。”①“一切为了群众,一切依靠群众”,因为实践和认识的主体是群众,群众是历史的创造者。“从群众中来”,相当于由感性认识到理性认识,即由实践到认识的过程。“到群众中去”,相当于理性认识回到实践的过程。“从群众中集中起来,再到群众中坚持下去。如此无限循环,一次比一次地更正确、更生动、更丰富”的过程,相当于“实践、认识、再实践、再认识,这种形式,循环往复以至无穷,而实践和认识之每一循环的内容,都比较地进到了高一级的程度”。既然认识是一个无限的从低级到高级的辩证运动过程,那么,从群众中来,到群众中去,也必然是一个无限循环、不断丰富的过程。中国共产党和毛泽东把认识论化为群众路线,使二者紧密地结合起来,这是对马克思主义理论和实践的一大贡献。

第三节　真理价值的统一性

认识的辩证运动体现为由实践到认识又由认识到实践的不断反复和无限发展,而由认识向实践转化的过程既是通过实践

① 毛泽东选集(第3卷).北京:人民出版社,1991,第899页

而发现真理的过程，又是通过实践而实现价值的过程。人们认识的任务和目的，就在于不断排除谬误，获得真理，并在真理的指导下改造世界，使世界满足人的需要，实现客观事物对人的价值。在实践基础上真理和价值的统一，真、善、美的统一，是人生和实践活动的根本要求，也是人类所追求的理想目标。

一、真理

探求真理是认识活动的根本任务，遵循真理是实践成功的根本保证。马克思主义真理论的基础是科学的实践观点。通过实践而发现真理，又通过实践而证实真理和发展真理，是客观真理发展的道路。

（一）真理的客观本质

“实践、认识、再实践、再认识……”的认识辩证运动过程，实质上是人们在实践的基础上不断探索、发现和检验真理的过程。所谓真理（truth），也就是人们对客观事物的正确反映，或者说，真理就是与客观事物相符合的认识。

作为对客观事物的正确反映，真理是人的意识和思维活动的产物，不能把它与客观事物混为一谈。诚然，truth 一词在一定场合确实可以指真实地存在着的事物，以区别于人们想象中的或虚构的“事物”（在这一意义上，它常被译为“真实”）。但是，在认识论的范围内，它却是指符合客观事物的认识，以区别于谬误（在这一意义上，它才被译为“真理”）。既然是一种认识，既然是人的意识和思维活动的产物，真理在形式上就是主观的。

虽然真理在形式上是主观的，但我们并不能由此断言真理是主观的。恰恰相反，任何真理都是客观真理，主观“真理”是没有的。客观真理也称真理的客观性，它是指真理中包含着不依赖于人和人的意识为转移的客观内容。列宁曾说：“有没有客观真理？就是说，在人的表象中能否有不依赖于主体、不依赖于人、不依赖于人类的内容?”[①]这就是说,作为人的正确认识,真理当然具有人类认识的一些主观形式,它要通过感觉、知觉、概念、判断、理论等主观形式表达出来。但是,使一种认识成为真理的决定性条件,却并不在于它采取何种主观形式,而在于它的客观内容,即在于它正确地反映了客观事物。真理的客观性原理,是唯物主义认识论的反映论原则在真理观上的具体体现。一切唯物主义认识论在真理观上都必然承认和强调真理的客观性,都必须坚持客观真理论。正如列宁所说:“认为我们的感觉是外部世界的映象;承认客观真理;坚持唯物主义认识论的观点——这都是一回事。”[②]

坚持客观真理论,必然坚持真理一元论,即承认在同一条件下人们对同一客观事物的真理性认识只可能有一个而不可能有多个。真理之所以是一元的,就是因为真理的内容是客观的,这种客观内容也就是客观事物的实际状况,而特定条件下客观事物存在和运动的实际状况又总是唯一的。如果否认真理的一元性,坚持真理多元论,主张在同一条件下人们对同一客观事物的真理性认识可以有多个,那就必然否定真理的客观本质。

坚持客观真理论,也必然承认在真理面前人人平等。所谓在真理面前人人平等,包括这样两层含义:其一是说,无论对什么事物的认识,客观真理都只有一个,任何人、任何阶级要发现真理和发展真理,都只有采取老老实实的科学态度,而绝不能凭借什么地位和权势;其二是说,真理对于任何个人、任何阶级都一视同仁,人们只有尊重真理并按真理办事,才能在实践中取得成功。当然,人们的阶级利益、社会地位、知识状况等,对发现真理和运用真理是有很大影响的,但这并不能构成在真理面前人人平等的理由,不能与认识本身是不是真理混为一谈。加果把这些因素也附加到真理的规定中去,也必然导致否定真理的客

① 列宁选集(第2卷).北京:人民出版社,1995,第81—82页

② 列宁选集(第2卷).北京:人民出版社,1995,第89—90页

观本质。

坚持客观真理论，必须自觉地反对唯心主义的主观真理论。在真理观上，各种唯心主义哲学都是这样那样地否认真理的客观性，主张主观真理论。其中，主观唯心主义总是这样那样地把真理解释为人的感觉或观念范围内的某种东西。例如，休谟认为真理是观念与主体感觉相符合，贝克莱断言真理存在于观念之中，康德认为真理是思维与它的先验形式相一致，马赫提出真理是感觉的最简单、最经济的复合，俄国马赫主义者波格丹诺夫认为真理是“人类经验的组织形式”或“社会地协调起来的经验”，实用主义者则主张“有用即真理”，等等。这些都是直接否认真理的客观性的主观真理论。客观唯心主义并不直接否认真理的客观性，甚至表面上似乎还很强调真理的客观性，但却歪曲了真理的客观内容。在客观唯心主义看来，一种认识之所以是真理，并不是因为它正确地反映了客观事物及其本质和规律，而是因为它体现了或者它本身就是某种“客观精神”。柏拉图认为真理是某种超验的、永恒的“理念”，经院哲学家把真理看作是上帝的属性，黑格尔认为真理是“绝对理念”的自我显现，等等，都属于这种客观唯心主义真理观。其实，客观唯心主义所谓的“客观精神”就是人的思维活动中所使用的概念，只不过它被客观唯心主义神化成了世界的创造主而已。这种“客观精神”的性质和状态，完全取决于哲学家们个人的理解和描绘。因此，虽然客观唯心主义口头上宣称真理不依赖于人、表面上强调真理的客观性，其实还是转弯抹角地肯定了真理依赖于人（首先是依赖于客观唯心主义者自己），并由此迂回曲折地否定了真理的客观性，其真理观仍然是一种主观真理论。

（二）真理的辩证特性

马克思主义真理观不仅正确地揭示了真理的客观本质，坚决地反对了唯心主义的主观真理论，而且还深刻地分析了绝对真理和相对真理以及真理和谬误的辩证关系，科学地说明了真理的辩证特性，从而也与各种形式的形而上学的真理观包括形而上学唯物主义的真理观有着原则的区别。

1. 绝对真理和相对真理

所谓绝对真理，也就是真理的绝对性，它可以从两个方面来理解：第一，凡是真理都是不以人的意志为转移的客观存在，都标志着主客观之间是相符合的，都同谬误有原则的界限，是不能被否定和推翻的，否则，它就不成其为真理，这一点是无条件的，因而是绝对的。因此，承认了客观真理也就承认了绝对真理。第二，从人类的认识的发展性上来说，随着物质世界的不断发展，人类的认识活动也是不断发展的，其对物质实践的反映不断相接近，这一点也是无条件的，因而也是绝对的。因此承认世界的可知性，也就承认了绝对真理。

所谓相对真理，也就是真理的相对性，主要指的是随着社会历史条件的变化，真理与其不相适应，不能科学地反映出变化的历史条件下人们对客观事物及其规律的认识。具体来说：第一，从整个客观世界来看，任何真理性的认识由于受到时间和空间的局限性，只能正确地反映出客观物质世界的某一部分或某一阶段；第二，就特定事物而言，任何真理性的认识都会受到广度和深度上的局限，而只能正确反映这一事物的某一部分。

绝对真理和相对真理是辩证统一的关系。一方面，绝对真理只能寓于相对真理之中。换言之，任何真理都是人们在一定历史条件下对客观世界的反映，它会随着社会历史条件的变化而变化，这就体现出相对性。另一方面，相对真理必然包含并表现着绝对真理。这就是说，人类的任何真理在一定程度上都表现出相对性，存在着一定程度的缺陷，但它又不是完全错误的，它有着其科学、合理的部分，只是随着时代的发展，不适应于当时的社会历史条件而表现出局限性。

在绝对真理和相对真理的关系问题上，作为形而上学真理观的两种具体表现，独断主义和相对主义的共同特点是把绝对真理和相对真理绝对对立起来，片面夸大一个方面并使之绝对化，从而否定了另一个方面。其中，独断主义片面夸大真理的绝对性，否认真理的相对性。在它看来，任何真理一旦被确立下来，就是不可移易的东西，不需要也不应当随着客观对象的变化和人类实践的发展而丰富、充实和深化。显然，独断主义把人类认识长途中的“里程碑”当成了“终点站”，它必然堵塞真理进一步发展的道路。与此相反，相对主义则片面夸大真理的相对性，否认真理的绝对性。按照这种观点，只要出现了新的更深刻的真理，原来的真理就被推翻了，就不是真理了。而既然一切真理都逃脱不了被推翻的命运，也就无所谓真理，一切真理都不过是暂时被人们权且当做真理的假设罢了。这就否认了真理包含着客观的内容，把真理的相对性夸大成了主观随意性，并由此走向了主观真理论和诡辩论。

绝对真理和相对真理的辩证关系的原理，对于我们在现代化建设过程中正确地理解和坚持邓小平理论具有重要的方法论意义。邓小平理论就是绝对真理与相对真理的统一。一方面，作为当代中国的马克思主义，邓小平理论是已被实践证明了的指导中国人民在改革开放中胜利实现社会主义现代化的正确理论。在当代中国，只有把马克思主义同当代中国实践和时代特征结合起来的邓小平理论，而没有别的理论能够解决社会主义的前途和命运问题。从这个意义上说，它是绝对真理。但是，邓小平理论并没有也不可能解决中国社会主义现代化建设中的所有问题，它本身也需要随着实践的发展而不断向前发展。从这个意义上说，它又是相对真理。因此，在我国现代化建设过程中，我们既要坚持高举邓小平理论的伟大旗帜，又要着眼于对实践中出现的新的问题的理论思考，努力促进邓小平理论的丰富和发展。

2. 真理和谬误

从相对真理走向绝对真理的过程，并不是单纯的真理自行增值或自行积累的过程，而往往是同谬误相互纠葛而又相互分离的过程。所谓谬误，也就是与客观事物的实际情况相背离的认识,是对客观事物的歪曲反映。真理总是同谬误相比较而存在、相斗争而发展的。

就确定的对象和范围来说,真理和谬误的对立是绝对的。一种认识或者同对象相符合,或者同对象不相符合,或者是真理,或者是谬误,不能既是真理又是谬误。如果否认了这一点,就会混淆是非、颠倒黑白,人们就将不知道根据什么来确定自己的目的、计划自己的行动,就会在改造世界的活动中陷入无所适从的境地。

但是,真理与谬误之间的界限并不是在任何条件下都一成不变的。就认识运动的过程看,真理与谬误是可以相互转化的。

真理向谬误的转化,大致有这样三种情形:第一,脱离了其所反映的对象。任何真理都是与特定对象相符合的认识,只有对特定对象来说才是真理。如果张冠李戴,把关于某一对象的真理生搬硬套地运用于另一对象,真理就会变成谬误。例如,自然选择理论对于生物界来说是真理,搬来解释社会生活就成了谬误。第二,超出了其所适用的范围。任何真理都有自己的适用范围,如果无视这一点,超出了特定的适用范围(哪怕只超出了一小步),真理就会变成谬误。例如,牛顿力学对于宏观、低速运动领域来说是真理,将其运用于微观、高速运动领域则变成了谬误。第三,被以偏概全地加以运用。有些真理本来只是对特定对象的某一方面、属性或关系的正确反映,而不是对对象的全体的正确反映。如果把它当成关于对象全体的论断加以运用,也会变成谬误。例如,"意识是人脑的机能"这个命题正确地揭示了意识的生理基础,但如果把它当成了关于意识的全部性质的论断,认为只要有了人脑而即使不对外部世界进行反映也能产生意识,它就会转化为谬误。

谬误向真理的转化,也大致有三种情形:第一,当谬误的产生是由于脱离了真理所反映的对象时,如果恢复了原有的对象,谬误性的论断就可以转化为真理。第二,当谬误的产生是由于超出了真理所适用的范围时,重新回到其适用范围,谬误也就转化成为真理。第三，当谬误的产生是由于人们对真理作了以偏概全的运用时，纠正这种以偏概全的错误，也能使谬误转化为真理。

真理和谬误的辩证关系的原理，对于我们做好各项实际工作也具有重要的方法论意义。谬误的出现，意味着人们在认识上犯了错误。认识上的错误的产生，总有这样那样的原因。只要认真地分析和找出犯错误的原因并努力地消除这些原因，人们就能有效地克服错误，不断地从错误或谬误走向真理。

（三）真理的检验标准

真理是对客观事物的正确反映，谬误是对客观事物的歪曲反映。那么，我们到底根据什么来判定一个认识是真理还是谬误呢？这就是真理的检验标准或检验认识的真理性的标准问题。如果不解决这一问题，尽管我们能够从理论上说明什么是真理，但在实际的认识和实践活动中我们还是不能辨明某一认识是不是真理，甚至还会把谬误当做真理。

在马克思主义哲学产生以前，历史上的许多哲学家都曾探讨过真理的检验标准问题，但却从来没有正确地解决它。例如，有的以是否合乎“圣人”或“权威”的意见作为标准，有的以大多数人是否同意为标准，有的以是否合乎“人类的理性”为标准，有的以是否清楚明白为标准，有的以是否令人满意为标准，如此等等。所有这些真理标准论的共同之处，都是在主观范围内兜圈子，都把某种主观的东西当成了真理的标准。此外，也有人宣称“彼亦一是非，此亦一是非”，干脆公开否认任何真理标准。

当然，这并不是说以往所有的哲学家在真理标准问题上的见解都毫无合理因素。例如，黑格尔就在某种程度上接近了以实践为真理标准的思想。但是，他的真理概念和实践概念都是建立在客观唯心主义基础上的。再如，有些与实验科学联系比较紧密的哲学家也曾认识到，要判定自然科学定律和理论的正确与否，就必须运用实验对它们进行检验。然而，这些哲学家也只是看到了科学实验这种特定形式的实践在特定认识(自然科学认识)的真理性的检验中的作用,他们既没有科学的实践概念,也并不真正懂得真理的实践标准。

只有马克思主义哲学才第一次科学地解决了真理的标准问题,明确地提出了实践是检验真理的唯一标准。正如马克思所说:“人的思维是否具有客观的真理性,这不是一个理论的问题,而是一个实践的问题。人应该在实践中证明自己思维的真理性,即自己思维的现实性和力量,自己思维的此岸性。关于思维——离开实践的思维——的现实性或非现实性的争论,是两个纯粹经院哲学的问题。”①

之所以实践是检验真理的唯一标准,主要是由真理的本性以及实践的特点所决定的。思想与现实、主观与客观的相互关系都包含于真理的内容之中。如果要验证主观思想是否符合客观实际,仅仅从这种关系中的一方得到回答是不可能的。不超出主观思想的范围,用主观思想来检验主观思想,固然不可能对此作出正确的判断,而客观对象本身自动地提供与思想相对照的方式也是不可能的。这种对照只能通过人自己的实践活动来进行。所以,主观与客观是否相统一的标准的确定,只有依靠主观与客观相互结合、相互统一的形式。而能够满足这一要求的唯一形式就是实践。实践的过程通过把人的主观目的加以物化,实践的结果就是物化了的主观目的。可见,认识是否正确,是否具有真理性,只有人们以关于客观事物的认识为指导去进行变革客观事物的实践,这种实践的结果才能作出回答。列宁说:“实践高于(理论的)认识,因为它不仅具有普遍性的品格,而且还具有直接现实性的品格。”②思维、理论固然具有现实性,理论是现实的反映,并能转化为现实,但是,它没有直接的现实性。只有实践才具有直接的现实性,因此,理论只有化为实践,在实

① 马克思恩格斯选集(第1卷).北京:人民出版社,1995,第55页

② 列宁全集(第55卷).北京:人民出版社,1985,第183页

践中才能表现和证明自己的现实性。同时,实践又具有普遍性,实践是人的有目的的活动、有理性支配的活动,是以在一定程度上认识客观规律性为前提的,而规律则恰恰具有普遍性。正因为如此,人才能够通过变革事物的实践去不断地暴露事物的本质,在实践经验中总结出带普遍性的认识,也才能够用实践去检验具有普遍性的理论。可见,实践的这种兼具主观性和客观性又兼具直接现实性和普遍性的双重品格、双重优越性,是它能够而且必然成为真理标准的内在根据。

被实践证实了的正确理论,对于人们的新的认识活动具有重要的指导作用,但并不能把它作为检验真理的标准。逻辑证明在人们探索和论证真理的过程中也具有极其重要的作用。在现代逻辑的研究和应用取得了巨大成就的今天,这一点更是无可争议的事实。但是,逻辑证明(这里仅指传统的和现代的演绎逻辑,因为并没有人主张归纳逻辑可以作为检验真理的标准)同样也不能充当检验真理的标准。

马克思主义哲学不仅明确地主张实践是检验真理的唯一标准,而且也强调应该辩证地理解实践标准。正如真理本身同时具有绝对性和相对性一样,实践标准也是绝对性和相对性的统一。

实践标准的绝对性主要表现在:第一,实践能够检验认识的真理性,即使有些认识不能为当前的实践所检验,但将来的实践终究能够检验出它是否具有真理性。第二,凡是被实践证实为真理的认识,它与其反映的客观事物之间的符合就不会被将来的任何情况所改变。不过,这里所指的是那些确实被实践证实为真理的认识,而不包括那些误认为被实践证实而实际上并未被实践证实的认识。由于种种原因,如实践设计和实践操作中的错误、对实践结果所作的逻辑分析的错误等,人们把本来并未被实践证实的认识当成了被实践证实了的真理的情形是常常发生的,但这属于真理检验过程中人们在认识上犯了错误的问题,而不属于被实践证实了的真理又被推翻了的问题。况且,如果人们在检验真理的过程中出现了这类认识上的错误，也只有通过进一步的实践才能发现和纠正。假如被实践证实了的真理竟然会被推翻，实践也就根本不能充当检验真理的标准。

实践标准的相对性主要表现在：第一，任何具体的实践都是在一定的历史条件下进行的，必然要受到各种主、客观因素的制约，因而它不可能完全证实或驳倒人的一切认识。第二，当某种认识被具体的实践活动证实是真理，这只是仅仅从总体上证实了这种认识与它所反映的客观事物相符合，并不能一劳永逸地确定这种认识的永远真理性。随着实践的不断发展，人们对真理的界限的规定可能时而扩大，时而缩小。

总之，正确地坚持实践是检验真理的唯一标准，要求我们既要看到实践标准的绝对性，防止和反对否认实践标准的唯心主义、怀疑主义和相对主义，又要看到实践标准的相对性，防止和反对把被某一具体实践证实过的认识绝对化的教条主义和独断论错误。

二、真理原则和价值

追求真理和创造价值是人类生存的两大原则，因此有必要研究真理与价值的关系。

作为哲学范畴的价值，是表示客观事物对人自身的关系、对人自身所具有的积极意义，是指事物对人的需要而言的某种有用性。它是对各种现实的、具体的价值形态的抽象，是对具体价值形态的共同本质和普遍特征的理论概括。它不是一种实体，而是主体和客体之间的一种特定的关系，即客体以自身属性满足主体需要和主体需要被客体满足的效益关系。它的本质是指客体的存在、属性及其变化同主体的尺度和需要相一致、相符合或相接近。

所谓真理原则，就是人类必须按照世界的本来面目去认识世界和改造世界，追求和服从于真理。所谓价值原则，就是人类必须以自己的尺度和需要去认识世界和改造世界，使世界适合于人的生存和发展。马克思曾指出："动物只是按照它所属的那个种的尺度和需要来构造，而人懂得按照任何一个种的尺度来进行生产，并且懂得处处都把内在的尺度运用于对象。"①

真理不仅是为了解释世界，更重要的是为了改造世界，达到实践的目的，进而实现真理的价值。辩证唯物主义认为，实践具有鲜明的目的性。

一方面，主体是改造者，客体是被改造者，因此主体总是能动的方面。它表现为主体能够按照自己的需要、目的，创造生产工具、科学仪器和设备，作用于客观对象，实现对客体的改造，把自己的需要、目的变为现实。客体作为被改造者，总是被动的方面，但这种被动性并非不作用于主体，往往制约着主体的活动。因为主体作为自然存在物和社会存在物，永远不能摆脱自然规律、社会规律的制约。因此，人的能动性的发挥不在于幻想摆脱制约，而在于认识、掌握和利用事物发展的客观规律和真理，使客体沿着有利于主体的方向发展，进而达到实践的目的并实现其价值。

另一方面，作为社会性的主体需要是多种多样的，从而人们为满足自身的不同需要而从事的实践活动也将纷繁复杂，也即实践的目的性具有多样性。但无论实践的目的性如何多样，主体的能动性如何强烈，实践目的最终在多大程度实现，却总是与指导实践的真理性认识直接相关的。指导主体的真理性认识越多，实践目的的实现程度就越高，反之，实践目的的实现程度就越低，甚至无法实现。因此，实践的目的性往往渗透着真理的认识。所谓价值，是指客体的属性满足主体需要的效益关系。凡是对满足主体需要有积极意义的客体就是有价值的，否则就是无价值的。

显然，价值是由客观事物所具有的可满足人们需要的属性

---

① 马克思恩格斯全集(第 3 卷). 北京：人民出版社，2002，第 274 页

和人们对客观事物有所需要这两个因素构成的。前者是构成价值的客观基础，后者是构成价值的主观条件。真理作为主体对客观事物及其规律的正确反映，不仅具有本质的客观属性和内容，而且也具有满足主体需要的属性，否则主体就不会去追求真理和用真理去指导实践。

一方面，就真理的客观性而言，它是对客观事物及其规律的正确反映，人类活动必须遵循客观世界的自然属性和社会属性，遵循客观世界的本质和运动发展的规律，才能达到自身的目的。因此，真理的客观性具有可以满足人类认识需要的属性。

另一方面，人类的实践是要最大限度地去追求和实现自身改造世界的目的和愿望，而这一切的实现，都需要人类不断利用真理来指导人类不断深化的社会实践，也就是说，人类有应用真理来改造世界的需要。正是由于真理所具有的客观性和人类实践对真理的依赖性，进而构成了真理的价值。真理的客观内容越丰富，人类认识真理的程度越深，真理的价值就越大。在实现实践目的的过程中，承认真理的价值性是与实用主义者宣扬的“有用即真理”的观点根本不同的。辩证唯物主义所认为的真理的价值性，是以真理的客观性、科学性为前提的，并因此认为真理是有用的。它之所以有用，就在于它符合客观事物的发展规律。而实用主义则离开了真理的客观性、科学性这个前提，以个人利益、需要和主观愿望为出发点，鼓吹“有用即真理”。它把对个人的“有用”性凌驾于真理的客观性之上，并进而取代了真理的客观性，这是一种主观唯心主义的真理观，是与辩证唯物主义真理观相对立的错误的真理观。因此，辩证唯物主义始终把真理的客观性作为真理价值性的前提和基础。

三、真理与价值的辩证统一

真理和价值的对立统一关系推动着社会的不断发展。真理和价值的辩证统一关系主要表现在以下三个方面。

(一)真理与价值相互贯通

一方面,真理与价值在人类的实践活动中是互为前提的。真理原则的指导保证价值原则的成功实施;价值原则推动真理原则的发展,是促进真理原则不断发展的力量源泉。另一方面,真理与价值又是互相适用的。在价值生活中真理原则是普遍适用,价值总有一个"是真是假"的问题;价值原则也适用于真理问题,任何真理也都有一个"有何价值"的问题。

(二)真理与价值在发展中相互引导

真理与价值之间相互过渡,普遍存在于人类社会的实践活动中,从价值走向真理,又从真理走向价值,这种相互贯通为真理与价值的过渡提供了可能性。

(三)真理与价值检验标准一体化

实践是真理和价值共同的检验标准。认识之真理性的检验过程,同价值的实际确定过程,常常是同一实践过程的两个侧面。实践是真理与价值及其二者是否达到了具体的统一的共同标准。

价值与真理在实践基础上的辩证统一,是马克思主义哲学的一条普遍原理,也是人类社会不断进步的内在动力。根据这一原理,我们能充分地理解并自觉地贯彻马克思主义的科学性与革命性的统一,实事求是与解放思想的统一,从实际出发与勇于开拓创造的统一,坚持真理与向人民负责的统一,尊重历史发展客观规律与不懈地争取人类解放的统一。

第五章　马克思主义哲学的历史论

生产力和生产关系之间的规律、经济基础和上层建筑之间的规律，是人类社会发展的基本规律。社会形态的更替是历时发展的必然趋势，是人类不断进步的象征。人民群众作为社会实践活动的主体，是历史的真正创造者和社会发展的真正实现者。无产阶级政党的群众观点和群众路线，体现了唯物史观的根本要求。

第一节　人类社会发展的一般规律

社会规律与自然规律之间存在很大的区别，其具有自己的特点，其实人类参与社会活动的规律。应当明确的是，社会的发展不仅是一个客观的过程，并且还是人的能动的创造过程，是决定性与选择性相统一的过程，是合目的性与合规律性相统一的过程。

一、人类社会发展规律的一般特征

恩格斯说："社会发展史却有一点是和自然发展史根本不相同的。在自然界中（如果我们把人对自然界的反作用撇开不谈）全是没有意识的、盲目的动力，这些动力彼此发生作用，而一般规律就表现在这些动力的相互作用中。在所发生的任何事情中，无论在外表上看得出的无数表面的偶然性中，或者在可以证实这些偶然性内部的规律性的最终结果中，都没有任何事情是作为预期的自觉的目的发生的。相反，在社会历史领域内进行活动的，是有意识的、经过思虑或凭激情行动的、追求某种目的的人；任何事情的发生都不是没有自觉的意图、没有预期的目的的。但是，不管这个差别对历史研究，尤其是对各个时代和各个事变的历史研究如何重要，它丝毫不能改变这样一个事实：历史进程是受内在的一般规律支配的。"[①]恩格斯的这段话充分体现了社会发展规律的特点，具体说来主要表现在以下四个方面。

（一）社会发展规律具有历史性

人类社会的发展过程是由各具特点又相互联系的不同历史阶段构成的，其中每个社会形态都是具体的、历史的，因而贯穿于它们之中的社会发展规律也就具有历史性特点。有些规律虽然是一切社会形态的普遍规律，或者是某几个社会形态的共同规律。但它们总是具体地依存于特定历史阶段的经济关系和客观条件，因而在不同的历史阶段上具有不同的特点，具有特定的具体内容和表现形式。还有不少规律只在特定的社会形态和历史时期中发生作用，随着它们赖以存在的社会形态和历史条件的变化，它们就让位于新的社会历史条件下的新的规律。因此，我们在考察社会发展时，不仅需要研究和把握社会发展的一般规律，而且还要研究和把握社会发展规律在不同的历史阶段上和不同的历史条件下的具体特点，研究和把握各个阶段的特殊规律。

历史唯物主义是以整个人类社会及其历史发展为研究对象的，它所揭示的是社会发展的一般规律。历史唯物主义就是关于人类社会发展一般规律的科学。历史唯物主义既是科学的历史观，又是分析和研究社会历史的科学的方法论。各门社会科学的研究，应在历史唯物主义的指导下进行。一方面，我们不能把历史唯物主义的普遍原则误解为可以脱离具体历史过程的抽象公式乃至先验原则，不顾具体情况，到处生搬硬套；另一方面，也不能片面强调具体的社会历史过程的特殊性，而否认历史唯

① 马克思恩格斯选集(第 4 卷). 北京：人民出版社，1995，第 247 页

物主义的指导作用。

(二)社会发展规律与人的意识的作用有密切联系

社会发展规律的这一特点是和上述特点密切相关的。因为人的活动总是受一定的意识支配的,人的活动是有意识、有目的的活动。问题在于,在一定社会生活中,人们的意图、目的和动机并都不是一样的,而是多种多样的,它们常常又是相互矛盾、彼此冲突的。这些不同的意图、目的和动机,有的是能够实现的,有的是根本实现不了的;有的似乎实现了,但实际的结果却又和预期的完全不同。这些情况表明,人们的意图、目的和动机,并不能决定社会历史的发展,其背后还有起支配作用的力量,这就是社会发展的客观规律。

恩格斯指出:"历史是这样创造的:最终的结果总是从许多单个的意志的相互冲突中产生出来的,而其中每一个意志,又是由于许多特殊的生活条件,才成为它所成为的那样。这样就有无数互相交错的力量,有无数个力的平行四边形,由此就产生出一个合力,即历史结果,而这个结果又可以看做一个作为整体的、不自觉地和不自主地起着作用的力量的产物。因为任何一个人的愿望都会受到任何另一个人的妨碍,而最后出现的结果就是谁都没有希望过的事物。所以到目前为止的历史总是像一种自然过程一样地进行,而且实质上也是服从于同一运动规律的。"[①]所以,人们要在社会活动实现自己的目的,就必须正确反映社会发展规律,按照规律办事。在这个问题上,必须反对两种错误倾向:一是片面强调或夸大人的主观能动性、否定或无视社会发展规律的唯意志论;二是只强调社会规律的作用、根本否认人的主观能动性的机械决定论和宿命论。

① 马克思恩格斯选集(第4卷). 北京:人民出版社,1995,第697页

(三)社会发展规律与人的活动有密切联系

从一定程度上来说,实际上人类活动的历史就是人类社会的历史,人类活动的规律也就是社会发展的规律,它们都是相通的。人类的活动多种多样,但并不纯粹是个别的和偶然的,而是在偶然之中隐藏着必然,在表面是个别的现象背后有着一定的规律在起作用。现代西方某些思想家极力否定社会发展的规律,他们认为只有多次重复出现的事情才会存在一定的规律性。在自然界中,很多自然界中的时期都会多次反复出现,因而人们可以发现其中多存在的规律;而对于人类社会来说,由于很多的事情都只会出现一次,因此这些事件都可以被看作是历史发展中的偶然事件,不存在规律。波普尔认为"社会历史没有规律",对于每一个历史事件来说,都"不能在精确相似的条件下重复";而对于社会运动来说,也不存在与"原型相同的重复"。他的这种观点,实际上是将历史事件的不可重复性来作为了否定历史发展规律的重要证据。

由于具体的历史事件是无法复制、重复发生的,因此历史事件的重复性并不等同于社会发展规律的重复性。实际上,所有的历史事件都是由偶然因素和必然因素共同组成的,其中的偶然因素是造成社会事件各具特色的重要因素,而对于规律来说,其只是对于历史事件中本质的东西所进行的重复,因此不会对其中的偶然因素进行重复。波普尔看到了历史事件与自然事件的差别,但他夸大了这种差别,以至于否定社会发展的规律性。这只能说明,他并不理解必然性与偶然性的辩证关系,不理解社会规律与丰富多彩的历史事件之间的内在联系。

(四)社会发展规律与人的利益有密切联系

利益是从人的生存发展需要与客观世界的联系中产生的,它是人们满足自己各种需要的保障条件。在各种利益中,最重要、最基本的是物质利益，物质利益是其他各种利益的基础。“每一既定社会的经济关系首先表现为利益。”[①]在社会活动中，“各个人的意志——其中的每一个都希望得到他的体质和外部的、归根到底是经济的情况(或是他个人的，或是一般社会性的)使他向往的东西”[②]。利益在本质上是一个以经济关系为核心的社会关系范畴，体现一定社会关系的社会发展规律总是要涉及和体现人们的利益，在阶级社会中总要涉及和体现阶级的利益。

社会发展规律的作用，在客观上有利于先进的革命的阶级，而不利于落后的反动的阶级。同时，在社会发展规律发生作用的整个过程中，必然存在着不同人之间、不同阶级之间利益上的矛盾。例如，在资本主义社会里，生产关系适合生产力发展状况规律起作用的结果，必然导致资产阶级灭亡和无产阶级解放，这一结果显然不利于资产阶级而有利于无产阶级，因而必然引起资产阶级和无产阶级的斗争。因此，社会发展规律不是任何人、任何阶级都能如实地加以反映和在实践中加以运用的，只有自身利益与社会发展规律要求一致的人们和阶级才能做到这一点。无产阶级是人类历史上最先进、最无私的革命阶级，其根本利益是与社会发展规律完全一致的。马克思主义对人类发展的规律进行了深刻的揭示和反映，无产阶级在马克思主义指导下所进行的反对资产阶级的革命斗争就是对社会发展规律的自觉运用。

① 马克思恩格斯选集(第 3 卷). 北京:人民出版社,1995,第 209 页

② 马克思恩格斯选集(第 4 卷). 北京:人民出版社,1995,第 697 页

二、生产关系适应生产力的发展

（一）生产力决定生产关系

生产力与生产关系相互作用，并且统一于生产方式之中。从根本上说，生产力是主要的决定性的方面，它决定着一定生产关系的存在和发展，因此也就在一定程度上决定着生产方式的存在和发展。生产力决定生产关系可以从以下几方面来进行探讨。

1. 生产力发展的状况决定生产关系的性质

现存的生产关系都是在相应的生产力的作用下形成的，有什么样的生产力就会产生什么样的生产关系。“手推磨产生的是封建主为首的社会，蒸汽磨产生的是工业资本家为首的社会”，实际上阐述的就是这样一个道理。要知道，所有的生产关系都不是自己任意产生的，而是一定的生产力相作用的结果。如果人为地随意建造一定的生产关系，而没有相应的生产力发展状况作为基础，那么这种创造生产关系的结果必定会走向失败。

2. 生产力的发展和变革决定生产关系的发展和变更

马克思指出：“各个人借以进行生产的社会关系，即社会生产关系，是随着物质生产资料、生产力的变化和发展而变化和改变的。”①在生产方式中，其中最为活跃的一个因素就是生产力，由于物质资料的生产和再生产过程的本质所影响，因此其也处于不断变化之中。从稳定性的角度相比较，生产关系要由于生产力，在某一生产关系产生之后，其通常会在一定时期内保持相对稳定的状态。生产力的发展和变革总是会带动生产方式的发

① 马克思恩格斯选集（第 1 卷）．北京：人民出版社，1995，第 345 页

展和变革，并且这种变革通常是从生产工具开始的。

人类在长期的社会生活中，随着生产经验和劳动技能不断积累和增长、科学的发展及其在生产中的应用，人们就会不断改进生产工具、革新生产技术和设备，从而不断提高生产技术，随之也提高了社会生产力的整体水平。生产力的这种发展，必然会要求生产关系相应地发生部分变革。而当生产力继续发展而达到一定阶段时，就会同原来的生产关系之间产生矛盾，使得生产关系不能再适应于生产力的发展，随之就会成为制约生产力发展的一个重要因素。在这种情况下，为了保证生产力的持续发展，就必须要对当前的生产关系进行变革，从而使之适应生产力的发展。在这一变革的过程中，生产力变现出了强大的生命力，尽管它会在一定程度上受到旧的生产关系的束缚，但其最终会冲破这种束缚，实现生产力的变革和创新。在新的生产关系产生之后，其也会促进生产力的进一步发展。

3. 只有生产关系适应生产力的发展，才能确定是先进的生产关系

所谓生产关系适合生产力的状况，就是指它能够容许生产力以较高的速度和较大的规模持续地向前发展，使生产力的发展达到现有的技术水平所能达到的高度。这样的生产关系就是先进的生产关系，否则就是落后的生产关系。当然，对这个问题还要作具体分析。有的生产关系从总体上看是先进的，但它可能并不适合于某个地区的生产力状况，如果超前建立这种感觉生产关系，那么不仅不会促进生产力的发展，甚至还会对当前的生产力的发展造成破坏。同时，如果那些本来适合生产力状况的先进的生产关系遭到破坏、受到某些社会因素的干扰，使其优越性得不到发挥，也会出现破坏生产力发展的情况。

（二）生产关系对于生产力具有能动的反作用

生产力与生产关系是相互作用的，主要表现为：生产力决定

生产关系，生产关系对生产力具有能动的反作用。因此，在对该内容进行研究的过程中，不仅要看到生产力对生产关系的决定作用，还要看到生产关系对生产力的反作用。通过生产关系可以看到人们之间的物质利益关系，其对劳动者的积极性、主动性和创造性都会产生一定的影响，并且对劳动者技能的发挥以及他们对生产资料的利用和改造都会产生一定的影响。

生产关系对生产力的能动的反作用可以从以下两个方面来进行阐述。

第一，如果当前的生产关系已经符合生产力的发展状况，那么其就会对生产力的发展产生促进作用，通常生产力的迅速发展总是会在新的生产关系建立之后才出现，其原因就在于此。

第二，如果当前的生产关系已经不能再适应生产力的发展，那么其就会对生产力的发展造成阻碍，不利于生产力的进一步发展。

应当明确的是，旧的生产关系会对生产力的发展形成阻碍，实际上指的是生产关系的性质已经不再适应当前生产力的发展，因此必然会对生产力的发展产生阻碍作用。当时这种阻碍作用不能被看作是会破坏生产力的发展，使生产力停滞不前。实际上，当旧的生产关系已经不再适应生产力的发展时，生产力并不是会停止不前，而是仍会有一定的发展，但这种发展不可能达到应有的程度。如果这种过时的生产关系长期存在而不随着生产力的变化而变化，那么生产力势必遭到严重的破坏。

（三）生产力与生产关系之间的相互作用

从总体上看，生产力对于生产关系起着最终的决定作用。否认这一点，就从根本上否认了历史唯物主义。同时，生产关系在一定条件下对于生产力的发展又有着突出的反作用。否认这一点，就从根本上违背了历史辩证法。当不对旧的生产关系进行变更就会阻碍生产力的发展，或是当适合生产力发展状况的新的生产关系遭到破坏，从而使生产力停滞不前时，生产关系的这种反作用就会表现得更为突出。但需要注意的是，生产关系的这种反作用最终还是由生产力的发展要求所决定的，仍然是生产关系适合生产力发展状况规律起作用的结果。在任何情况下，我们既不应否认或低估生产关系的反作用，也不能把生产关系的反作用夸大为最终的根本性的决定作用。否则，都会背离历史唯物主义，就会在实际工作中犯各种"左"的或右的错误。

生产力与生产关系是相互作用的，生产力决定生产关系，而生产关系对生产力又具有能动的反作用，这种相互作用就构成了生产方式内部的矛盾运动。这种矛盾运动是社会生产方式发展变化的根本原因，是人类社会向前发展的根本动力，其普遍地存在于一切社会形态之中，并贯穿于社会形态发展过程的始终。

三、上层建筑适应经济基础的发展

（一）经济基础决定上层建筑

在社会形态这个统一体中，经济基础和上层建筑也是相互作用的。从根本上说，经济基础对上层建筑起着决定的作用。

1. 经济基础是上层建筑的根源

上层建筑是经济基础的派生物，是适应经济基础的需要而产生的。恩格斯说："每一时代的社会经济结构形成现实基础，每一历史时期的由法的设施和政治设施以及宗教的、哲学的和其他的观念形式所构成的全部上层建筑，归根到底都应由这个基础来说明。"①这个科学论断，已经为大量的客观事实所反复证明。每个社会形态中，人们通常都会在巩固和发展经济基础之上，然后再建立自身的思想和政治立场，这种情况如果出现在阶级社会中，实际上就是为了维护统治阶级的利益。

---

① 马克思恩格斯选集(第3卷). 北京：人民出版社，1995，第365页

2. 经济基础的性质和特征决定上层建筑的性质和特征

一个国家的经济基础的状况，最终会反应在其上层建筑之上，也就是说所有的经济基础都会有与之相适应的上层建筑。在阶级社会里，经济基础中哪个阶级占统治地位，适应这个基础而建立起来的上层建筑就具有什么样的阶级性质。一切阶级社会形态的经济基础都具有某种共同性质，决定了它们的上层建筑也相应地具有某种共同性质。例如，资本主义社会的经济基础具有阶级对抗的性质，决定了它的上层建筑也相应地具有阶级对抗的性质。

3. 经济基础的变化决定着上层建筑的变化

马克思说："随着经济基础的变更，全部庞大的上层建筑也或慢或快地发生变革。"[①]从这句话中我们可以看出，经济基础的变化会带动上层建筑的随之变化。实际上，生产力和生产关系之间的矛盾才是造成经济基础发生变革的根本原因。

经济基础对上层建筑的决定作用，是从归根到底的意义上、从发展的必然趋势上来说的，而决不能作机械的理解。上层建筑具有相对独立性，其所产生的变化不仅会受到经济基础的影响，并且该会受到自身各个部分的特点以及它们的相互关系的影响。事实上，上层建筑的变化常常落后于经济基础的变化。与经济基础直接联系的那部分上层建筑，如政治、法律制度等的变化要快一些，而与经济基础联系并不密切的上层建筑，如哲学、宗教等的变化速度就会慢一些。经济基础决定上层建筑是社会历史发展的客观必然性，但这种决定作用要通过人们的自觉活动才能实现。就是说，必须通过人们的一系列自觉的努力，通过不同的社会力量之间(在阶级社会里主要是不同阶级之间)的思想斗争和政治斗争，才能减少上层建筑不适应经济基础发展的情况出现。

---

① 马克思恩格斯选集(第2卷). 北京:人民出版社,1995,第33页

(二)上层建筑对经济基础具有能动的反作用

虽然经济基础的发展对上层建筑具有决定性的影响,但需要注意的是,上层建筑不能被看作是消极的、被动的东西。恰恰相反,在人类的社会生活中,上层建筑是不可或缺的,其可以对经济基础产生能动的反作用。经济基础之所以需要上层建筑与它相适应,正是由于上层建筑对于它的形成、巩固和发展具有不可缺少的重要作用。任何上层建筑总是同自己的经济基础基本相适应的,因而对它始终起着维护和巩固的作用。上层建筑对经济基础的反作用,可以从两个方面来进行探讨。

第一,当上层建筑的发展方向与社会经济发展的方向相一致时,就能够为经济基础和生产力的发展提供政治和思想的支持,对它们起着促进的作用。

第二,当上层建筑的发展方向与社会经济发展的方向不一致时,它就对经济基础的变革、对经济基础和生产力的发展起到阻碍,甚至是破坏作用。

对于上层建筑的反作用的性质,有一个根本的鉴别标准,这就是看其是否有利于生产力的发展。毛泽东曾经指出:"中国一切政党的政策及其实践在中国人民中所表现的作用的好坏、大小,归根到底,看它对于中国人民的生产力的发展是否有帮助及其帮助之大小,看它是束缚生产力的,还是解放生产力的。"①毛泽东这一思想,就其蕴含的一般原则而言,适用于评价一切上层建筑的作用。可以说,好的上层建筑就要可以解放生产力,促进生产力的发展,不好的上层建筑会阻碍和束缚生产力的发展。这也就是我们通常所说的生产力标准。

(三)经济基础与上层建筑之间的相互作用

人类社会发展的普遍规律是,上层建筑要适应经济基础的

① 毛泽东选集(第3卷).北京:人民出版社,1991,第1079页

发展，该规律贯穿于人类社会发展过程的始终。社会形态的矛盾运动就是由经济基础和上层建筑的相互作用构成的，即经济基础决定上层建筑，上层建筑对经济基础具有能动的反作用。

人类社会发展的根本规律是，生产关系要适应生产力发展状况的规律，其对上层建筑要适合经济基础状况的规律具有决定性的作用。经济基础和上层建筑的矛盾不断地产生而又不断地得到解决。在这个矛盾运动过程中，实际上就蕴含着一种本质联系和必然趋势，也就是上层建筑必定要适应经济基础的发展状况。这里所说的经济基础的状况，不仅涵盖了经济基础存在和发展的需要，并且也涵盖了经济基础进行变革的要求。

上层建筑适合经济基础状况的规律，也是马克思主义政党正确的路线、方针和政策制定的客观依据，其不仅带领着我国改革开放事业的进行，并且还指导着我国社会主义现代化建设事业的实现。在建设中国特色社会主义过程中，我们必须准确地把握和自觉地运用这一客观规律。

第二节　社会形态更替与社会发展趋势

社会形态指的是，处于一定历史阶段、一定类型的社会，它标志着社会结构的类型。社会形态具有不同的类型，在历史发展过程中，人类会经历多个不同的社会形态的更替，其反映出了社会发展的统一性和多样性、决定性和选择性、合规律性和合目的性的统一。如果说，社会结构的概念是从静态的角度出发，来对人类社会各要素之间的横向联系进行研究的话，那么，社会形态的更替则是从动态角度研究人类社会历史的纵向联系。我们可以根据最基本的划分方法，将社会形态划分为经济社会形态和技术社会形态两种不同的社会形态。

社会进步理论是马克思主义历史观的重要组成部分。社会形态由低级到高级的依次演进便体现了社会进步的历史趋势，社会进步的历史尺度和价值尺度最终还是要由生产力尺度和人的全面发展的综合尺度来进行评价。

一、社会形态的分类

社会形态是一个多义性概念，根据研究者研究目标或是要求的不同，可以按照不同的标准将社会形态视为不同的类型。当前，在对社会形态研究过程中，通常会将其分为两类，即经济社会形态和技术社会形态。

（一）经济社会形态

从生产关系的性质的角度出发，可以将社会形态视为经济社会形态。而对于社会经济社会形态来说，又可以通过三种社会形态划分法和五种社会形态划分法两种方法来对其进行细分。

1. 三种社会形态划分法

马克思在1857—1858年写的《经济学手稿》中说："人的依赖性关系（起初完全是自然发生的），是最初的社会形态，在这种形态下，人的生产能力只是在狭窄的范围内和孤立的地点上发展着。以物的依赖性为基础的人的独立性，是第二大形态，在这种形态下，才形成普遍的社会物质交换，全面的关系，多方面的需求以及全面的能力的体系。建立在个人全面发展和他们共同的社会生产能力成为他们的社会财富这一基础上的自由个性，是第三个阶段。第二个阶段为第三个阶段创造条件。"[①]从这段话中可以看出，马克思根据人类的实际发展状况，将人类历史分为了人的依赖性社会、物的依赖性社会和个人全面发展的社会，三个阶段，而这三个阶段又有与其相适应的社会经济形态，即自然经济、商品经济和产品经济。

① 马克思恩格斯全集（第46卷）上册．北京：人民出版社，1979，第104页

从序列上看，这三种社会形态具有内在统一性。所谓的三种社会形态划分法，实际上指的就是人的依赖性社会，也就是所谓的自然经济社会；物的依赖性社会，也就是商品经济社会；个人全面发展的社会，也就是产品经济社会。

2. 五种社会形态划分法

根据生产关系性质的不同，又可以对经济社会形态进行五种社会形态划分法，也就是根据人类发展的过程，将社会形态分为五种形态，即原始社会、奴隶社会、封建社会、资本主义社会、共产主义社会，这五种社会形态依次进行更替。一般说来，世界上的国家一般都会依次经历以上五种社会形态发展阶段，但也有特殊的情况出现，他们有时会跳过一个甚至是几个阶段，直接进入高级发展阶段。

在马克思、恩格斯的著作中，经济社会形态在多数情况下是指“生产关系总和”或“生产关系体系”“社会经济结构”，但有时也包括生产力和上层建筑，实际上是把经济社会形态看作所有这些社会要素的总和。据此，社会经济形态可以这样定义：“经济社会形态是由历史上一定的生产力、生产关系、上层建筑等全部社会要素组成的完整的社会体系，是按照本身特有的规律运动、发展、变化着的活的社会有机体。”[①]从这一概念中我们可以看出，当时人们的生产力发展水平是决定经济社会形态形成的关键因素；一定的生产关系是构成一定的经济社会形态的骨骼；经济社会形态除骨骼外，还包括使骨骼有血有肉的上层建筑以及其他的一些社会要素。

① 黄楠森，陈晏清．马克思主义哲学原理．北京：中国人民大学出版社，2005，第264页

3. 三形态划分法与五形态划分法的关系

(1)二者各有不同

三种社会形态划分法有其特定的功能,比五种社会形态划分法具有更高的概括性。但与五种社会形态划分法相比较,其显得较为粗糙,不能对社会发展的不同阶段的区别和社会类型的复杂结构进行更为细致的说明。例如,在自然经济社会中,根据社会结构的不同,又可以将其分为原始社会、奴隶社会和封建社会三种经济社会形态。对于这三种细致的划分来说,其无论是在生产力、生产关系、上层建筑、阶级结构等方面都存在着很大的差异,因此在对这三种社会形态进行描述时,不能简单地将其描述为自然经济社会,这样会导致概念的过于模糊。

同理,虽然资本主义社会和社会主义社会都属于商品经济,但是,这两种商品经济之间还是存在着本质的区别的。如果只说社会主义经济和资本主义经济都是商品经济,而不对资本主义社会和社会主义社会这两种不同性质的经济社会形态进行详细的区分,那么就会使得这两种商品经济的本质区别被忽略。因此,不能用商品经济社会取代资本主义社会和社会主义社会的划分。

(2)二者互为补充

三种和五种社会形态划分法是由马克思首先提出的,这二者在历史唯物主义中互为补充,并且,从本质上来说,它们的对社会形态的划分方法也是统一的。在三种社会形态划分法中所涉及的人的依赖型社会,在五种社会形态划分法中就表现为原始社会、奴隶社会和封建社会;而物的依赖性社会则表现为资本主义社会和当前我国所处的社会主义初级阶段;个人全面发展的社会表现为共产主义社会。因此,我们既不能单独讲三种社会形态划分方法或是五种社会形态划分法,也不能肯定其中一个而否定另一个。

(二)技术社会形态

根据社会生产力和技术发展水平,以及与此相适应的产业结构,可以将社会形态视为技术社会形态。[①] 对技术社会形态的依次划分为,石器、铜器、铁器、蒸汽、电器和电子时代,在我国人类历史的发展中,依次经历了这些技术形态。

在原来的历史唯物体系中并没有涉及“技术社会形态”,其是在马克思主义经典原著中被提及的。将“技术社会形态”添加到历史唯物主义体系之中,具有重要的现实意义,符合社会发展的要求。

由此我们可以看出,经济社会形态和技术社会形态具有不同的标志。其中,经济社会形态的标志是生产关系,而技术社会形态的标志是生产力以及与此相适应的产业机构,由于生产关系是由生产力来决定的,因此,实际上就可以将技术社会形态看作是经济社会形态形成的物质基础。马克思在《哲学的贫困》一书中说:“手推磨产生的是封建主的社会,蒸汽磨产生的是工业资本家的社会。”[②]

需要注意的是,虽然生产关系是由生产力决定的,但并不能认为生产力就是决定生产关系形成的唯一要素。因为,在一种生产关系形成的过程中,除去生产力的决定作用之外,还有很多其他的影响因素。虽然生产力的发展变化最终决定了旧的生产关系能否被新的生产关系所取代,但是其还会受到生产力和生产关系、经济基础和上层建筑之间的矛盾激化程度的制约和影响。如果一个国家是处于阶级社会中,那么其生产关系的形成,必然还会受到阶级矛盾、斗争和阶级力量的影响,这就是导致经济社会形态与技术社会形态出现不吻合情况的重要原因。这种

① 黄楠森,陈晏清.马克思主义哲学原理.北京:中国人民大学出版社,2005,第273页

② 马克思恩格斯选集(第1卷).北京:人民出版社,1995,第142页

不相吻合的情况，在经济不发达、生产力落后的国家表现得最为突出。

当前在21世纪，世界上的很多发达国家都已经进入了“信息社会”，信息技术和信息产业已经成为该类国家的主导产业，经济和信息技术展迅速。因此，如果从技术社会形态的角度来看，经济发达的国家还是处在“信息社会”阶段。

二、社会发展进程的统一性与多样性

与自然界一样，社会发展也具有统一性和多样性。但是，社会发展是有人所参与的，是人有目的的活动所造成的结果。因此，其统一性与多样性和人的选择性、人的活动的决定性密切相关。

（一）社会历史发展的决定性与选择性

社会历史发展的决定性实际上指的就是历史决定论，而社会历史发展的选择性则指的是主体的选择性。

人类社会的历史发展具有一定的规律性和必然性，因此人类在其中所起到的只是引导的作用，他们在结合自身知识结构和经验、技能的情况下，根据历史发展的实际情况来确定自身行动的方向。

应当明确的是，在马克思主义哲学中，其强调促进生产力发展决定性力量是生产力，强调物质生产和经济关系对精神生产的最终决定作用，也就承认了社会发展中有某些不以人的意志为转移的决定性力量。此外，马克思主义的历史决定论并不能被看作是一种机械的决定理论，而是应该将其看作是一种以实践为基础的辩证决定论。它同时承认人在社会历史中的主体地位，重视人们自觉性、自主性、预见性和创造性，承认社会历史发展中的选择性。在历史唯物主义看来，社会历史发展并不是只为人类的发展提供了唯一的可能性，而是为其提供了多种可能性，只有在人类的选择下才能确定哪一种可能性能够成为现实。在人类历史发展的长河中，社会的发展总是在一个国家或是民族处于转折点时出现多种可能，而究竟哪一种可能性变为现实，往往取决于这个民族或国家中人们的选择。

社会历史发展中的决定性和选择性主要表现在以下几方面。

1. 历史和现实

一方面，历史是现实的前提，每一个时代的人们都无法摆脱历史的影响并无可选择地生活在前人所先在地赋予的自然和社会环境之中。另一方面，现实的人们又总是力图在历史所提供的基地之上去选择新的活动模式，去从事新的创造，去造就新的历史。马克思曾经指出，正如人们不能自由选择某一社会形式一样，“人们不能自由选择自己的生产力——这是他们的全部历史的基础，因为任何生产力都是既得的力量，以往的活动的产物”①。因此，“每一代一方面在完全改变了的条件下继续从事先辈的活动，另一方面又通过完全改变了的活动来改变旧的条件”②。

2. 整体与个体

一方面，整体决定要素，社会作为一个有机整体规定着社会中的个体。离开了社会的整体，不可能有社会的个体。另一方面，每一个体又都是现实的、活生生的、能动的存在物，有自己独立的人格与个性。人类在社会生产发展中，其所有的活动通常都会在意识的支配下去实践一定的目的，这样就使得社会运动表现出了一定的目的性。也正是由于这些个别愿望和个别行动之间产生的多种冲突，于是才在人类历史领域中出现了一种与无意识的自然界中占统治地位的状况非常相似的情况。

---

① 马克思恩格斯全集(第 27 卷). 北京：人民出版社，1973，第 477—478 页

② 马克思恩格斯全集(第 3 卷). 北京：人民出版社，1960，第 51 页

虽然人类活动的目的具有一定的预期性，但是通常最终所产生的结果却是非预期的，这无数相互冲突的意志和无数相互交错的力量，就构成了无数个力的平行四边形，由此而产生出作为总体的历史事变和历史进步，最终才使得社会规律发挥作用。需要注意的是，在此过程中，每个个体或是集团的个别意志都不会完全达到自身的目的，而是融为“一个总的平均数，一个总的合力”；并且，所有的意志都会为这种合力做出一定的贡献，因此，这些无数的不同的意志是被包含在这个合力之中的。

3. 物质与思想

一方面，物质决定着意识，生产力决定着生产关系的形成，经济基础决定着上层建筑的构建；另一方面，意识对物质，生产关系对生产力，上层建筑对经济基础还具有能动的反作用，甚至在一定条件下制约着其发展方向。

4. 必然与自由

一方面，人类社会历史的发展具有一定的内在规律性，其对社会进步的基本方向起着决定性的作用，社会历史运动是一个带有客观必然性的自然历史过程。另一方面，社会发展作为人的自觉能动的活动过程，又贯穿着人的自觉活动与决策，是一个自主创造和自我意识的过程。列宁指出：“决定论思想确认人的行为的必然性，摒弃所谓意志自由的荒唐的神话，但丝毫不消灭人的理性、人的良心以及对人的行为的评价。恰巧相反，只有根据决定论的观点，才能做出严格正确的评论，而不致把什么都推到自由意志上去。”①正是在对必然性的认识和掌握中，人不断地追求和创造着自由。

（二）社会形态发展的统一性与多样性

人类历史发展的统一性指的是，世界上不同的国家和民族，

① 列宁选集(第1卷). 北京：人民出版社，1995，第26页

在历史发展中具有一定的普遍性，并且具有相同的内在规律性，因此在社会形态发展中就表现为统一性。而历史发展的多样性指的是，这些国家和民族无论是在经济、政治、语言、文化、地域等方面都具有自己的特点，因此社会形态发展中就表现为多样性。

1. 社会形态发展的统一性

对于社会历史发展的统一性，可以从纵向和横向两个方面进行不同的理解。

(1)纵向统一性

社会形态发展的纵向统一性，指的是在没有特殊情况的影响下，各个国家的历史基本上都会依次经历原始社会、奴隶社会、封建社会、资本主义社会、共产主义社会五种社会形态，由低级到高级逐渐过渡。

(2)横向统一性

社会形态发展的横向统一性，指的是不同国家或民族如果是处于同一社会形态中，那么他们无论是在生产力、生产关系、经济基础和上层建筑等方面的发展水平都是相似的。换句话说，各国历史的具体情况尽管千差万别，但凡是具有大致相同的生产力发展水平、生产关系体系和上层建筑的国家，都属于同一社会形态。因此，我们在对世界上不同国家或是民族的历史进行研究的过程中，一定要透过复杂多样的表面现象，找到其中最为关键的内在发展规律性，这样有利于研究的顺利开展。

2. 社会形态发展的多样性

对于社会形态发展的多样性，可以从纵向和横向两个不同的方面来进行研究。

(1)横向多样性

横向多样性指的是，虽然不同的国家或民族虽然处于相同的社会形态，但是他们的历史进程却具有很多不同的特点，在一定历史条件下，某些国家或民族在自己的社会历史发展中可能出现某种非典型的社会形态。例如中国古代的奴隶制就不同于古希腊的奴隶制，中国的奴隶制只是存在于一个相当短暂的时期，它并不具有像古希腊奴隶制那样的典型性。而鸦片战争后的中国沦为半殖民地半封建社会也是一种特殊的非典型的社会形态。

(2)纵向多样性

纵向多样性，是指在一定历史条件下，某些国家或民族在自己的社会历史发展中可能跨越某一种或某几种社会形态进入更高级的社会形态而跳跃性地发展。我们确认人类社会总体的发展进程，并不是说所有的民族无论其处于何种历史环境下，都必定会依次经历这五种社会形态。相反，在一定的历史条件下，一些国家或是民族可以越过其中的一个或是几个社会形态，直接过渡到高级的社会形态之中。例如，我国的鄂伦春族也是在新中国建立后，经过民主改革从原始社会的部落所有制直接进入社会主义社会；而日耳曼民族，在征服罗马帝国之后，越过奴隶制直接从原始社会过渡到了封建社会。当然，这种跨越某些社会形态的过程，一般都是由外族强制性改造的结果，是生产力与生产关系移植的结果，而非该民族的自然发展进程。

此外，不同国家和民族在从低级社会形态向高级过渡的过程中，所选用的过程形式也各有不同。例如，对于同处于封建社会的中国来说，中国在经济制度上采用的是土地国家所有制，而西欧则采用的是“采邑”制；而同样是从封建社会向资本主义社会过渡的过程中，日本是通过改良的形式来完成的，反封建不够彻底，而法国则是通过革命战争的形式来完成的，反封建最为彻底。

3. 社会形态发展统一性与多样性之间的辩证关系

社会历史发展所具有的统一性与多样性，是一种辩证统一的关系。在对社会形态发展的统一性与多样性问题的分析上，既要反对把各国的社会发展过程简单化、公式化、模式化的错误观点，同时，也不能由于社会形态发展多具有的多样性而否认其所具有的统一性。我国在建立社会主义制度不久就采用了苏联模式，把苏联模式照搬照抄到中国来，而不顾自己民族的特点，显然在实践中带来了不可挽回的损失。一般说来，在社会发展过程中，不同的民族通常都会利用本民族独特历史传统和国际环境等因素来对当前自身所处的社会形态进行一定程度的改造，这就是同类社会形态呈现出不同特点的原因。

三、社会进步的历史趋势

社会进步是马克思主义历史观一项重要的组成部分。文明是社会进步的一般标志，人类社会的进步状态最终都将表现在物质文明与精神文明及其辩证统一的关系上。社会进步在不同的社会及不同的历史阶段呈现不同的特点，社会主义初级阶段是落后国家向共产主义社会迈进过程中的必经阶段。社会主义初级阶段理论是对马克思主义社会进步观的丰富和发展。

社会发展的一般规律内在地包含着社会进步的本质内容。社会进步的深刻根源在于社会基本矛盾的运动与人民群众利益的根本要求。

（一）　社会进步的概念

1. 社会进步的定义

社会进步指的是，社会的前进上升运动，包括社会形态的更替以及社会物质生活、政治生活、精神生活、社会生活的进化与变革。社会进步既是一个客观事实性范畴，又是一个价值评价性范畴，而人的发展是社会进步的最终体现。

2. 社会进步的根源

社会进步是一种必然的趋势，而造成这种趋势的根源在于社会基本矛盾的运动，可以从以下三方面来进行阐述。

(1)社会发展是一个辩证否定的过程

这种辩证否定的过程，实际上就是一个“扬弃”的过程。新的社会制度，抛弃了原有的过时的东西，保留了那些积极的、有价值的东西，是一种自我完善和发展的社会运动形式。所以，一种先进社会制度或现象的出现，总是高于和优于它之前的制度。

（2）社会进步的深刻根源是社会基本矛盾

生产力与生产关系之间的矛盾，经济经济基础与上层建筑之间的矛盾，共同构成了是社会发展中的基本矛盾。其中，生产力与生产关系之间的矛盾起着决定性的作用，并且，生产力还是社会发展过程中最为关键的因素，这是因为生产力的发展会带动整个社会政治、经济和文化的全面发展。在阶级社会里，社会基本矛盾表现为代表先进生产力的人民群众反抗统治阶级的阶级斗争，它是阶级社会发展的直接动力。

（3）社会进步是人民群众根本利益的要求

人民群众在社会发展中起着极为重要的作用，其是新的生产力的代表，在社会变革中起着决定性的作用，是社会物质财富和精神财富的创造者。应当明确的是，社会发展的真正动力只有群众，也只有群众才能不断推动社会的发展和进步。

（二）社会进步的标准

1. 社会进步的标准的产生

任何评价社会进步的标准都是一种价值评价标准。因为“进步”这个概念本身就包含有价值评价的意义。评价社会现象是否进步，总要从一定的主观性（如人的主观需要、主观爱好、主观意图）出发。但是各个阶级、社会集团和个人的利益不同，因此他们的主观需要和价值观念也就各不相同，这就使得他们需要使用不同的标准来对社会现象进行评价。于是，对同一社会现象，人们可能会得出完全相反的评价认识。如果这样，评价标准就成为主观随意的了。为了得到较为可观、科学的评价，避免评价的主观性，因此就必须在评价活动中把科学认识（对客体的反映性认识)同价值认识(关于主体的需要、目的和愿望的认识等)结合起来,从而在社会进步评价标准问题上坚持马克思主义历史观和价值观的统一。符合这种要求的评价标准就是生产力尺度和人的全面发展的综合尺度。

2. 客观尺度——生产力尺度

生产力尺度是客观尺度,它的完整表述是:以是否有利于生产力发展作为评价社会进步的标准。唯物史观认为,生产力标准是评价社会进步的唯一的科学标准。人类历史发展的根本动力是人类创造性的物质生产活动。生产力的发展状况决定着人类社会最终要从低级阶段走向高级阶段。是否有利于生产力的发展是评价社会形态进步性的客观标准,这是以人们对社会发展的科学认识为依据的。列宁将生产力的发展称为“社会进步的最高标准”①,也是从这个意义上出发的。

坚持生产力标准的理论意义和现实意义在于,只有坚持用生产力标准来衡量社会形态的进步,才能说明新社会同旧社会相比,它的最根本的优越性在哪里。唯物史观告诉我们,新社会之所以优越于旧社会,从根本上说,就在于旧社会已经不能再容纳从自己内部发展起来的巨大生产力。而只有新社会才能给新生产力以更广阔的发展空间。在人类社会历史发展进程中,社会主义社会是最高级的社会形态,资本主义社会最终会被社会主义社会所取代。这是因为,社会主义社会的生产力水平要更高一些,人们的劳动生产率也更高,而社会化大生产与资本主义社会的生产资料私有制之间会产生的严重冲突,因此,社会主义社会由于自身巨大的优越性,最终会取代资本主义社会。

3. 价值尺度——人的全面发展的综合尺度

相对于生产力这个客观尺度而言,人的全面发展的综合尺度则主要表现为价值尺度,因为人的全面发展在实质上就是人

---

① 列宁全集(第16卷). 北京:人民出版社,1988,第209页

作为主体的需要得到全面的满足。对社会是否发展,是否进步的一个根本标准是,是否满足人们全面发展的需要。因此,如果只是单纯地强调生产力的重要作用,并且将其作为社会进步的唯一评价指标是不够全面的。

(1)生产力标准具有一定的限制性,而社会生活标准最为全面

虽然生产关系会受到生产力的影响和制约,上层建筑也会受到经济基础的影响,但应当明确的是,上层建筑各部门的发展与物质生产的发展并不是同步的。因此,在对这些部门进行评价的过程中,不能单纯依靠生产力标准,而是要特殊对待,选择特殊的标准,否则对社会生活的评价将不够全面。

(2)社会进步归根结底要落实到人的全面发展上来

马克思和恩格斯把每个人的自由而全面发展视作共产主义社会的目标。在《共产党宣言》中,他们提出了关于未来社会的设想:“代替那存在着阶级和阶级对应的资产阶级旧社会的,将是这样一个联合体,在那里,每个人的自由发展是一切人的自由发展的条件。”①在《资本论》中,马克思又指出,未来的新社会是“以每个人的全面而自由的发展为基本原则的社会形式”②。认为“真正的财富就是所有个人的发达的生产力。发展人类的生产力,也就是发展人类天性的财富这种目的本身”③。也就是说,“人类天性的财富”的开发才是最终的目的,而发展生产力只是其中的一种手段。如果离开发展“人类天性的财富这种目的”,那么发展生产力就会失去本体论的意义。

(3)与人的全面发展相联系的生态环境问题已经成为衡量社会进步的一个重要标准

从世界上各个国家的历史发展状况来看,如果一个国家不

① 马克思恩格斯选集(第1卷). 北京:人民出版社,1995,第294页

② 马克思恩格斯全集(第23卷). 北京:人民出版社,1972,第649页

③ 马克思恩格斯全集(第26卷). 北京:人民出版社,1978,第124页

重视自身的生产保护，只是一味地追求自身的经济增长，那么最终对该国家的经济发展产生严重的反噬作用，人们的生活质量将无法得到保障。从这个角度出发，人们更倾向于使用一种综合的角度对社会的进步和繁荣进行衡量。

因此，在确定对人类的进步进行评价的标准上，必须要坚持生产力这一客观尺度与人的全面发展的综合尺度的统一，不仅要用国民生产总值，并且还要用人文发展和生活质量等标准来对社会发展进行衡量，二者相互补充。

（三）社会进步的特点

1. 社会进步具有不平衡性

人类社会是一个系统，它是由各种复杂要素组成的。肯定社会发展的基本方向是前进的、上升的，并不等于断定构成社会系统的各种要素的具体变化都只有一个方向，否认具体要素变化方向的多样化。社会进步性观念，揭示的是社会各种要素具体变化中一种整体的、综合的、统一的趋势。事实上，社会生活各个领域的发展是很不平衡的。物质生产领域的进步和道德领域的进步就经常表现出不平衡性，在原始社会里，人与人之间是完全平等的，奴隶制的出现带来物质生产的巨大进步，但同时，它又把社会上的一大部分人变成了会说话的工具——奴隶。这就是物质生产与道德两领域发展的不平衡性。

2. 社会进步是社会形态由低级到高级发展的历史进程

当生命力旺盛的生产力冲破旧的生产关系的束缚，并且随之建立起与相适应的新的生产关系之后，新的社会形态也就会随时取代旧的社会形态，生产力就会得到解放，从而进一步促进整个社会的不断向前发展，人类社会的历史便进入一个新阶段。

社会进步还表现在同一社会形态的发展过程中。应当明确的是，一个新的社会形态的出现，只是标志着旧的社会形态的终结，而不是说明社会会停止发展。所有不同的社会形态都会按照辩证法和它的历史必然性不断向前发展，并且还会在一定的程度上进行改革，从而不断推动社会生活向前发展。对于一个国家历史中曾经出现过的社会形态，都应该对其尽心肯定，因为它们在一定程度上都促进了人们精神生活和物质生活的提高。

虽然社会进步是人类社会基本矛盾运动的必然结果，但人类社会的进步并不是一帆风顺的。首先，社会进步只是一种趋势，而社会前进的具体道路不是直线的，而是曲折的；并且前进的速度有快有慢，甚至会出现暂时的倒退。这种倒退大体有三种情形：

第一，发生在新旧社会形态的交替时期。在这个时期，各种社会矛盾错综复杂，阶级冲突日益激化，新兴阶级尚未取得政权，旧社会制度尚未被推翻。于是，社会就出现了停滞和倒退。这是新制度即将诞生的“阵痛时期”。

第二，社会发展中的曲折和倒退，主要表现在旧制度的暂时复辟，即刚刚被推翻的统治阶级不甘心他们的失败，在新的社会制度立足未稳时，内外勾结，使复辟活动一时得逞。

第三，在社会主义社会中，由于各种因素的影响，使社会出现停滞和倒退现象。列宁指出：“设想社会历史会一帆风顺、按部就班地向前发展，不会有时出现大幅度的跃退，那是不辩证的，不科学的，在理论上是不正确的。”①

从历史发展的长河来看，上述三种情形都只是暂时的。同任何事物的发展一样，社会进步的规律是不可抗拒的，它不会使停滞和倒退长期地存在下去。波浪式前进或螺旋式上升，是社会发展的总趋势。

3. 社会进步是历史的、具体的，而不是抽象的

在对人类社会进步的现象进行专门考察的过程中，就会发现很多复杂的现象。例如，现代人看待奴隶社会，通常都会对其予以否定，认为其是不人道的。但是如果单纯地认为这种不人

① 列宁选集(第2卷). 北京：人民出版社，1995，第694页

道的社会形态是一种社会退步，那么这种观点就是错误的。正如恩格斯所说："用一般性的词句痛骂奴隶制和其他类似的现象，对这些可耻的现象发泄高尚的义愤，这是最容易不过的做法。可惜，这样做仅说出了一件人所周知的事情，这就是：这种古代的制度已经不再适合我们目前的情况和由这种情况所决定的我们的感情。但是，这种制度是怎样产生的，它为什么存在，它在历史上起了什么作用，关于这些问题，我们并没有因此而得到任何说明。如果我们对这些问题深入地研究一下，那我们就一定会说——尽管听起来是多么矛盾和离奇——在当时的条件下，采用奴隶制是一个巨大的进步。"①奴隶制在牺牲族类大多数人的利益之后，使得社会物质文明和精神文明有了一定程度的发展，从这个角度上来说，奴隶社会实际上也是一种历史的进步。因此，对任何问题都必须提到一定的历史范围之内加以考察，对于社会进步也必须如此。

第三节　人在社会发展中的作用

人民群众是历史的创造者，是历史发展的主体。在人类社会发展中，人民群众会通过物质生产来为社会的发展创造物质基础，通过创造先进工具为生产力发展提供了动力，通过革新生产关系实现社会发展的质的变化。个人在历史中只是起着引导的作用。个人的发明创造给先进生产力发展实现创造了可能。个人在社会革命中的突出作用只是在一定程度上决定了历史发展的进程，但并没有改变历史发展的轨迹。

一、人民群众在社会发展中的作用

在马克思主义哲学产生之前，唯心主义的英雄史观长期占

① 马克思恩格斯全集(第3卷). 北京：人民出版社，1965，第220页

据支配地位。与此相反，马克思主义认为，人民群众是创造历史的主体。人民群众作为社会生产的直接承担者，始终是社会物质财富和精神财富的创造者，是社会变革的决定性力量。

（一）群众史观与英雄史观

历史是人的活动历史。围绕着人这一主体在历史上的作用，始终存在着两种根本对立的观点，即英雄史观和群众史观。英雄史观认为历史是少数英雄人物创造的，而后者则认为历史是人民群众创造的。

相对于少数叱咤风云人物，人民群众在人们的感观中似乎是默默无闻的。而少数英雄人物则在历史上声名显赫，甚至是某些历史时代也往往以某些英雄人物作为标志。是英雄创造了历史，还是广大人民群众创造了历史？对这一问题的不同回答成为历史唯物主义和历史唯心主义的一个原则区别。

英雄史观从社会意识出发，夸大了少数历史人物在历史发展中的作用。认为一定阶段的历史是在英雄的意志和思想主导下形成的。英雄史观主要有两种形式：主观唯心主义的唯意志论和客观唯心主义的历史宿命论。

主观唯心主义的英雄史观认为，英雄豪杰、帝王将相的思想、品格和意志，决定了社会发展的进程。而人民群众在历史中只不过是英雄的附庸，是英雄的追随者。客观唯心主义的英雄史观认为，历史是由“上帝” 和“天命”这种客观的而且神秘的力量所决定的。英雄人物秉承这种神秘力量现实主体，是现实世界的发展中这种力量的体现者。

唯物史观的创立，是对英雄史观的否定。马克思、恩格斯在《神圣家族》中批判了青年黑格尔派为的英雄史观，指出历史是追求着自己目的的人的活动。人民群众在这种活动中不是“消极”和“非历史的”因素，恰恰相反的是，“历史上的活动和思想都是‘群众’的思想和活动”，“历史活动是群众的事业”，决定历史的是“行动着的群众”。①

(二)人民群众是历史的创造者

人民群众是整个历史活动的主体。从量上来看,社会成员中的大多数都是人民群众。无论人类处于哪个时代,人民群众的主要成员都是劳动群众。从质上来看,人民群众通过生产力的创造和对生产关系的构想,逐渐从旧的社会制度之中积累新社会制度变革的质变,推动历史不断前进。“人民,只有人民,才是创造世界历史的动力。”②

人民群众是一个历史范畴。人民群众的具体内容因不同的历史、国家、社会发展形态而各不相同。即使是剥削阶级的成员在一定的历史条件下,也可以成为人民群众中的一部分。例如在中国统一战线的发展过程中,一切抗日的基层都可以成为人民群众的范畴。

人民群众对历史的创造作用,可以从三个方面来进行阐述。

1. 人民群众创造社会物质财富成为历史发展的物质基础

物质生产是人类历史发展的核心内容,是推动历史发展的决定力量。而人民群众则是物质生产的承担者,是社会物质生活资料的创造者。在生产过程中,劳动群众不断积累生产经验,改造生产工具,实现社会物质财富跨时代的增长。纵观人类文明的发展历史,可以说整个社会赖以生存的物质财富都是由人民群众创造的。

2. 人民群众创造精神财富成为历史发展的间接助力

在人类广泛的精神生活中,无论是处于哪个领域里杰出的学者,都会对人类科学文化的发展做出重要的贡献。从根本上来说,人类文明中获得的所有的精神财富都来自于人民群众的

① 马克思恩格斯全集(第2卷).北京:人民出版社,1957,第103—104页

② 毛泽东选集(第3卷).北京:人民出版社,1991,第1031页

生产和生活实践。各个领域的杰出学者的创造活动不是凭空而来的,都是在人民群众的实践之中寻找来的灵感。毛泽东在谈到文学艺术创作时说:“人民生活中本来存在着文学艺术原料的矿藏,这是自然形态的东西,是粗糙的东西,但也是最生动、最丰富、最基本的东西……它们是一切文学艺术的取之不尽、用之不竭的唯一的源泉。”①

人民群众对精神财富的创造,又突出地表现在他们对生活素材进行加工从而提供丰富的初成品,成为许多伟大的艺术作品的直接依据。正如马克思在谈到近代科技的发明时所说:“如果有一部考证性的工艺史,就会证明,18 世纪的任何发明,很少是属于某一个人的。”②

3. 人民群众还是社会变革的决定性力量

人民群众在社会变革之中显示出巨大的力量,直接推动了社会变革朝向人民群众所希望的方向发展。“革命是被压迫者和被剥削者的盛大节日。人民群众在任何时候都不能像在革命时期这样以新社会制度的积极创造者的身份出现。”③从人类发展的总趋势中可以看出,只有将人民群众组织起来,凝聚人民群众的力量,才能最终获得社会革命运动的成功,推翻腐朽的社会制度。无论是在革命中还是在改革中,人民群众都是最终的决定力量。人民群众作为生产力和生产关系的集合体,能够最深切地感受到历史发展的方向。

总之,社会的发展与变革,是生产力与生产关系、经济基础与上层建筑矛盾运动的结果,是人民群众创造性活动的结果。正是人民群众世世代代的实践活动创造着历史,推动着社会前进,并最终决定着社会发展的历史进程。

---

① 毛泽东选集(第 3 卷). 北京:人民出版社,1991,第 860 页

② 马克思恩格斯全集(第 44 卷). 北京:人民出版社,2001,第 428—429 页

③ 列宁选集(第 1 卷). 北京:人民出版社,1995,第 616 页

(三)人民群众创造历史的条件

人民群众的历史创造活动总是要受一定的社会条件制约。“我们自己创造着我们的历史,但是……我们是在十分确定的前提和条件下创造的。其中经济的前提和条件归根到底是决定性的。但是政治等等的前提和条件,甚至那些萦回于人们头脑中的传统,也起着一定的作用,虽然不是决定性的作用。”①因此,我们大致上可以将人民群众创造历史的条件区分为经济条件、政治条件和文化条件。

1. 经济条件

从马克思主义经济基础决定上层建筑的历史唯物主义原理出发,可以看出,人民群众参与社会历史活动的一项最基本的制约条件就是经济条件。经济条件主要包括生产力和生产关系。在社会生活中,生产力会对人们的活动产生一定的制约作用。由于社会生产力存在不同的状况,因此也就决定了物质生产的社会规模和内容。而社会物质生产的规模和内容则进一步决定了社会物质生活的方式,以及社会革命的形式。生产关系也是制约人们的历史活动的重要因素。不同性质的生产关系与人民群众积极主动性发挥有很大关系。在先进的适应生产力发展的生产关系之中,通常都会调动起人民群众的积极主动性;而在落后的生产关系之中,人民群众的积极主动性则被束缚。尤其是在阶级社会之中,生产关系对人民群众的调动作用就更为明显,人民群众囿于一定的阶级之中,其历史活动往往也要从本阶级的利益出发。

2. 政治条件

政治条件包括了广泛的内容,其中有政治制度、法律制度、阶级意识等等。特别是在阶级社会之中,国家制度通过各种不

---

① 马克思恩格斯选集(第 4 卷). 北京:人民出版社,1995,第 696 页

同的措施或是手段对人民群众积极性的发挥起着促进或是限制的作用。在不同的社会政治制度中,人民群众所起的作用也是不同的。例如,在剥削与被剥削的制度下,劳动群众的积极主动性被严重压制,他们的聪明才智不能得到充分的施展。

3. 文化条件

马克思所说的"一切已死的先辈们的传统"[①],恩格斯所说的"萦回于人们头脑中的传统"[②],其实就是指文化条件,它在人民群众创造历史活动中有不可忽视的作用。文化是一种思想上的历史形态,是社会的精神因素,其内容有进步的也有落后的。进步的文化能够对人民群众的历史创造活动起激励、鼓舞的作用,而落后的文化则对此起着压抑和束缚的作用。因此在人民群众创造历史的活动中,应该积极发挥进步文化的作用。文化战线应该创造民族的、科学的、大众的文化以推动社会的发展。

应当明确的是,虽然人民群众的历史活动会受到一定条件的限制,但并不是说他们在这样的条件下就无能为力。在实践中,人民群众会对这种条件不断进行认识和改造,从而最终推动历史向前发展。虽然在某一特定的历史时代下,人民群众创造历史的力量是有限的,但是从世代延续的角度来说,人民群众的历史创造力又是无限的。

二、个人在社会发展中的作用

历史唯物主义否定英雄史观,但是并不否定个人在历史活动中的积极作用。积极肯定历史上个人的贡献,并给予正确客观的评价是坚持历史唯物主义的核心原则。

---

① 马克思恩格斯选集(第1卷).北京:人民出版社,1995,第585页

② 马克思恩格斯选集(第4卷).北京:人民出版社,1995,第696页

(一)历史活动中的个体和群体

个体,相对于群体而言,指的是一个具有社会、精神和生理特性的个人。其中,社会的特性处于一种支配的地位,可以体现出个人的本质。单个的人“是一个特殊的个体,并且正是他的特殊性使他成为一个个体,成为一个现实的、单个的社会存在物”①。群体是指一定数量的社会个体通过一定的社会关系所组成的社会集合体。个体和群体是辩证统一的。个体是组成群体的“细胞”,没有个体也就没有群体。“人们的社会历史始终只是他们的个体发展的历史,而不管他们是否意识到这一点。”②一定群体的发展还必须依赖于个体主观能动性的发挥。社会群体的正常发展必须要有个体在一定条件下的积极支持,并以此为基础巩固更广范围的群体的发展。

个体也必须存在于群体之中。没有群体和社会的塑造作用,任何个体的生存都是不可能的。“人是最名副其实的政治动物,不仅是一种合群的动物,而且是只有在社会中才能独立的动物。”③群体并不是个体类似货物的堆积,而是个体主观意志能够得到表达的有一定社会联系的集合体。个体在群体之中获得了生活生产资料,学会了使用这些生活生产资料的方法,并通过这些生活生产资料发展自己。

个体和群体的关系是不断发展变化着的。在阶级社会之中,个体属于一定的阶级,以阶级利益为自己生活生产的准则,阶级内部的团结和阶级外部的独立是这个时期个体与群体关系的突出特征。“他们不是作为个人而是作为阶级的成员处于这种共同关系中的。”④在这种社会分裂的状态中,群体之间,特别

---

① 马克思恩格斯全集(第 3 卷). 北京:人民出版社,2002,第 302 页
② 马克思恩格斯选集(第 4 卷). 北京:人民出版社,1995,第 532 页
③ 马克思恩格斯选集(第 2 卷). 北京:人民出版社,1995,第 2 页
④ 马克思恩格斯选集(第 1 卷). 北京:人民出版社,1995,第 121 页

是统治阶级与被统治阶级之间，存在着全面的、激烈的对抗，由此而形成的社会共同体不过是一个阶级反对另一个阶级的联合。“对于被统治的阶级来说，它不仅是完全虚幻的共同体，而且是新的桎梏。”[①]在社会主义社会消灭了阶级以后，人与群体之间的关系将要朝向主体间性的方向发展。通过主体间性的作用。人与人之间的关系将是平等的和谐的。

（二）历史人物的作用

每个人都是历史的参与者，这是人在历史活动中的共性。然而每个人参与到历史的活动中所起到的作用也并不相同，这是人参与历史活动的特性。根据每个人所起的不同作用，我们可以把个人区分为普通个人和历史人物。

普通个人和历史人物的差距往往只在一线之间。普通个人就像一股涓涓细流，众多的力量汇集起来最终影响历史，而历史人物则是这诸多涓涓细流之中最为耀眼的那一股。任何人都能从不同的侧面看到这股细流的与众不同。

历史人物是指在历史上发生比较重大影响、给历史事件打上比较深刻的个人印记的人物，包括政治家、军事家、思想家、科学家、艺术家、发明家等。历史人物在社会发展中的作用主要表现在以下方面。

1. 推动或阻碍历史进程

历史人物在历史进程中，往往能够起到推动或阻碍的作用。据此，往往也可以将历史人物分为进步人物或反动人物、正面人物或反面人物。进步人物清楚地分析了历史前进的趋势，发挥自身的力量推动历史不断进步。而反动人物则往往固守旧的历史局面，阻碍新生事物走向历史舞台。例如在晚清时期的社会改革中，大学士倭仁等人在历史的发展中就扮

① 马克思恩格斯选集(第1卷). 北京：人民出版社，1995，第119页

演的是这一角色。反动人物虽然阻碍了历史的发展,但并不是一无是处。进步人物通过与他们的斗争,能够使自己的思想变得更加成熟,更加贴近历史实际,自己的思想也更容易为普通群众所熟知。可以说,没有反动人物这一磨刀石,历史的发展也同样不会顺畅。

2. 加速或延缓历史进程

无论是正面人物或者是反面人物,最终都不可能改变历史发展的规律。从影响的程度上来说,他们的特殊作用也仅限于加速或者延缓历史的发展。正面人物的积极作用能够加速历史的进程,而反面人物的消极反动作用则试图延缓历史发展进程。而历史本身则是在这种加速或延缓之中,曲折发展前进的。因此从整个历史进程来看,即使再伟大的历史人物也不可能完全的影响到整个历史进程发展的一般方向。"俾斯麦能不能把德国拉回到自然经济时代去呢?这是他在他威势最高的时候也做不到的。一般的历史条件,要比任何意志坚强的个人更为强大。"①或许某些杰出人物能够使历史打上一些自己的特性,但是却不能否定历史条件和人民群众在历史之中的需要。

3. 局部改变历史进程的面貌

从结果来看,历史人物通过号召和领导一定的历史活动,使得历史事件往往具有历史人物个人的色彩。人是具体的,这不仅体现在生活中,而且还表现在历史活动中。历史人物在直接参与历史的过程中,通过自身感性的和理性的因素,使一些历史事件掺杂一些自己的性格。这种作用的结果是每个历史事件都呈现自己所独有的面貌,以至于当人们提起某个历史事件时,往往首先想到某些主要历史人物的鲜明形象。"个人的性格只有

---

① 普列汉诺夫哲学著作选集(第 1 卷). 上海:生活·读书·新知三联书店,1959,第 348 页

在社会关系所容许的那个时候、地方和程度内，才能成为社会发展的‘因素’”。①

---

① 普列汉诺夫哲学著作选集(第 2 卷). 上海:生活 · 读书 · 新知三联书店，1959,第 359—360 页

第六章　马克思主义哲学的全面发展论

马克思非常注重对人的本性的探索，人的本质与发展问题是马克思哲学体系研究的基本问题之一。马克思对人的全面的发展的相关论述，对我们今天的研究仍然有重大指导意义。

第一节　人的本质和人的价值

马克思主义从来没有放松过对人的研究，人一直是马克思主要哲学研究的一个重要内容，明确人的本质与价值能够更好地帮助我们探究人的需求，把握人的行为。

一、人的本质

（一）人的本质是劳动

作为人的形成和发展的原因、根据，人的本质是什么，这个问题在马克思对其进行解释之前一直没有得到最为科学的解释。马克思在人的本质的阐述中，创造性地将人的本质与劳动联系了起来，至此人们对人的本质才有了一个科学全面的认识。在《1844年经济学哲学手稿》中，马克思从人与动物相区别的意义上或“类”的意义上将人的本质规定为自由自觉地活动。他说：“一个种的全部特性、种的类特性就在于生命活动的性质，而人的类特性恰恰就是自由的自觉的活动。”[①]这也是马克思首次

① 马克思恩格斯全集(第42卷). 北京：人民出版社，1979，第96页

对人的本质进行全面的解释与论述。

在这里马克思强调“劳动是人的类特性”,“类特性”术语带有费尔巴哈的痕迹。劳动是人之为人的类本质,是人区别于动物的本质特征,这点在《1844 年经济学哲学手稿》中很明确。在《德意志意识形态》中马克思也对劳动是人的本质这一命题再次进行了肯定。恩格斯在《劳动在从猿到人转变过程中的作用》中也强调:“劳动是于人和动物的族类差异的决定性因。”

人的劳动本质,这一思想最早是由著名的哲学家黑格尔提出的,但是黑格尔所说的劳动主要是指精神的劳动,我们可以通俗的理解为思考。出于这一点考虑,实质上黑格尔所说的劳动是人的本质并不是在说体力劳动,而是强调“思考是人的本质”。

需要注意的是,一般人们习惯于把马克思关于人的类本质是“自由自觉的活动”简称为“劳动”或“生产劳动”,这么说虽然不存在认识上的错误,但是这一说法并不严密,因为从这一角度出发很容易导致与动物的活动的混淆,从使自然发生某种改变的角度讲,动物也进行“生产”,只不过动物的生产和人的生产劳动性质上存在差异。动物的生产是“盲目”、“本能”的,而人的生产劳动的性质为“自由”、“自觉”的活动。

首先,人的活动是自由的。自由主要体现在人的活动的自主性和选择性。和人相比,动物的活动则是受肉体需要和本能的支配,如饿了就去觅食,冷了就去造窝,这就是说动物只能按照自然界给予的各种“信号”行事,它们的生产是没有自主选择的。而人的生产劳动可以不受肉体需要的支配而按照自己的种种目的有选择地进行生产。如马克思说的:“诚然,动物也生产。它也为自己营造巢穴或住所,如蜜蜂、海狸、蚂蚁等。但是动物只生产它自己或它的幼仔所直接需要的东西……动物只是在直接的肉体需要的支配下生产,而人甚至不受肉体需要的支配也进行生产,并且只有不受这种需要的支配时才进行真正的生产;动物只生产自身,而人再生产整个自然界;动物的产品直接同它的肉体相联系,而人则自由地对待自己的产品。动物只按照它所属的那个种的尺度和需要来进行生产，而人却懂得按照任何一个种的尺度来进行生产，并且懂得怎样处处都把内在的尺度运用到对象上去；因此，人也按照美的规律来建造。”①

其次，人的活动是自觉的。这主要体现在活动的目的性、计划性。马克思说：人在“劳动过程结束时得到的结果，在这个过程开始时就已经在劳动者的表象中存在着，即已经观念地存在着”②。而动物学研究表明，动物的活动是盲目自发的，它意识不到自己在生产，它的生产没有明确的目的或目标，并且是无计划的，而人的生产劳动是自觉的，他意识到自己在生产，而且知道生产什么、怎样生产和为什么而生产。

人的本质是劳动这一观点具有严密的科学性，我们可以从以下两个方面进行论证。

1. 劳动创造了人本身

劳动创造了人本身，这一论断科学地阐述了人类的产生与发展，纵观人类的发展的历史，我们可以发现“劳动”这个词基本可以完整地概括整个进程。正是劳动，将人类从动物世界中分离出来，将人类从茹毛饮血的原始文明带入到文明开化的现代文明。可以促进人不断发展的根源，就是人类为了认识自然、改造自然的劳动实践。

(1)劳动是人产生的根源

达尔文的《进化论》告诉我们，人是从动物当中分化出来的，而造成这种分化的根源就是劳动。恩格斯指出：“劳动对于人类形成的作用达到这样的程度，以致我们在某种意义上不得不说，劳动创造了人本身。劳动创造了双手，实现了手脚的分工；劳动促使语言的产生；劳动促使人脑的形成。从人与动物的重要区别看，有意识的生命活动把人同动物的生命活动直接区别开来，而人的意识是在劳动实践中生成、实现和确证的。正是在劳动

① 马克思恩格斯全集(第42卷). 北京：人民出版社，1979，第96—97页

② 马克思恩格斯全集(第44卷). 北京：人民出版社，2001，第208页

实践过程中,人的肉体组织发展出了意识和自我意识的能力,从而使人的生命活动成为有意识的生命活动。”

(2)劳动是人生存的基础

劳动是人类所具有的特殊的品质,这也是人在与自然的抗争中最终能够改变环境的基础。在人类的生存和发展中,人通过自己辛勤的劳动从自然界获取食物以及其他生存与生活的资料,从这一点来看正是劳动使得人能不断生存与繁衍下去。从人类的生存条件来看,吃穿自不必说,都是由人类的劳动获得的。从生活的角度来说,在基本的生存问题得到解决之后,人们的劳动为人类创造了丰富的物质文化生活与精神文化生活,这一点也符合马克思主义基本哲学中,物质决定意识的基本规律,即人类通过劳动创造的物质条件使得人能够有足够的物质条件去支撑自己的思考,去支持那些改造世界、认识世界的行动。

(3)劳动是人发展的动力

纵观人类历史,我们可以发现人类的发展史实际就是人用过自己的劳动不断认识世界、搞糟世界的过程,劳动是促进人类发展与文明进步的根源。人在劳动的过程中,不仅仅在改造世界同时也在改造自身的对客观世界的认识和理解。马克思曾经说过:“人在改变外部世界的同时,也改变着自己的本性。人类的五官感觉是以往全部世界历史的产物;人的思维的最本质和最切近的基础是人所引起自然界的变化;人的智力是按照人如何学会改变自然界而发展的。人就是自身劳动的产物,人类的历史就是人类劳动的历史;劳动的产生,就是人的产生;劳动的非人化,就是人的非人化;劳动的解放,就是人的解放。正是劳动不断改造和完善人和社会,推动着人和社会不断的发展,人类正是在劳动发展史中找到了真理。”

(4)劳动是人的自我表现、自我肯定的形式

劳动不仅仅是人类认识自然与改造自然的一种手段,同时也是人认识自身、改造自身,激发自身肉体潜力与精神潜力的一种手段。如果人不参与到劳动过程当中去,那么人作为人的主

体性根本无法得到有效的展现；如果离开了劳动产生的劳动产品，人会失去自己作为人的本质力量；如果人类不会劳动，只凭自己的本能行事，那么人与动物没有任何区别，人也失去了作为世界主体的资格。从这几点中，我们可以看出人劳动过程是人的本质力量的实现过程，人类的劳动果实是人类生存与发展的基础。

2. 人就是人的劳动

人的特性实际上就是人的劳动的特性。人固然有许多特性，但人的最根本的特性是劳动，人的自然、精神、社会属性是由劳动派生的，是受劳动的影响和制约的，也只有通过劳动，这些属性才可能被统一理解为一个有机的“属性集”。

第一，人有自然属性，但人的自然属性是在劳动过程中得到改造的自然属性。人在历史进化过程中，通过劳动不断培养和积累了某些对社会有益的品质和属性，这些社会品质和属性对人的自然性有一定的约束作用，如道德规范、价值观念等后天意识。

第二，人有社会属性，但人类改造社会及人的社会属性是劳动的产物。“以一定的方式进行生产活动的一定的个人，发生一定的社会关系和政治关系。”[①]正是在改造自然的实践活动中，人们之间结成了一定的社会关系。这种社会关系反过来又制约和规定人的本质。

第三，人有精神属性，它是一种能动的创造性的活动。物质的创造以观念的、精神的创造为前提，人的生产劳动要求人有动物所没有的创造性和目的性。人的意识既可以能动地反映世界，也可以通过劳动有目的地对世界施加影响。

（二）人的本质是社会关系的总和

劳动是人的本质，准确地说应该是：劳动是人类的本质或人

① 马克思恩格斯全集(第1卷). 北京：人民出版社，1995，第71页

的类本质。对一般事物或动物而言，揭示出类特性，找到了区别他类的根本属性也就足够了，因为，一般事物或动物，其类特性同时也就是个体的特性。比如蜜蜂：一窝蜜蜂实际上也就是一只蜜蜂，因为一窝蜜蜂就是一只只单个蜜蜂的简单机械组合，因此一只蜜蜂的特性也就是一窝蜜蜂的特性。

但人和其他事物不同，个体的人不同于作为整体的人类。劳动只是人类的本质，劳动不是人类个体固有的特性，人作为孤立的个体并不具有这样的特性，单个的个体并不能从事现实的劳动，一切劳动都离不开个人，但劳动并不是个人的劳动，劳动是集体性的活动。

所以说“人的劳动本质”只是揭示出人的“一般本质”，只揭示出人作为一个类与动物的不同；同时人的“劳动”本质没有考虑一定的社会形态、社会结构对人的影响，没有看到不同历史时期的经济关系、政治关系、思想关系对人的不同作用，即劳动没有揭示出单个人的本质。所以，在《关于费尔巴哈的提纲》（《提纲》发表于1845年，恩格斯称之为“包含新世界观的天才萌芽的第一个文件”。《提纲》之前马克思主要是批判唯心主义，在《提纲》中马克思突出批判以前的一切唯物主义）中，马克思指出：“费尔巴哈把宗教的本质归结于人的本质。但是，人的本质不是单个人所固有的抽象物，在其现实性上，它是一切社会关系的总和”。[①] 这个命题可以看做是马克思对个体的人的本质的揭示。

（三）马克思对“人的本质”的完整论述

劳动是人的本质，准确地说应该是：劳动是人类的本质或人的类本质。对一般事物或动物而言，揭示出类特性，找到了区别他类的根本属性也就足够了，因为，一般事物或动物，其类特性同时也就是个体的特性。比如蜜蜂：一窝蜜蜂实际上也就是一只蜜蜂，因为一窝蜜蜂就是一只只单个蜜蜂的简单机械组合，因

---

① 马克思恩格斯全集（第42卷）．北京：人民出版社，1979，第24页

此一只蜜蜂的特性也就是一窝蜜蜂的特性。

但人和其他事物不同，个体的人不同于作为整体的人类。劳动只是人类的本质，劳动不是人类个体固有的特性，人作为孤立的个体并不具有这样的特性，单个的个体并不能从事现实的劳动，一切劳动都离不开个人，但劳动并不是个人的劳动，劳动是集体性的活动。

所以说“人的劳动本质”只是揭示出人的“一般本质”，只揭示出人作为一个类与动物的不同；同时人的“劳动”本质没有考虑一定的社会形态、社会结构对人的影响，没有看到不同历史时期的经济关系、政治关系、思想关系对人的不同作用，即劳动没有揭示出单个人的本质。所以，在《关于费尔巴哈的提纲》（《提纲》发表于1845年，恩格斯称之为“包含新世界观的天才萌芽的第一个文件”。《提纲》之前马克思主要是批判唯心主义，在《提纲》中马克思突出批判以前的一切唯物主义）中，马克思指出：“费尔巴哈把宗教的本质归结于人的本质。但是，人的本质不是单个人所固有的抽象物，在其现实性上，它是一切社会关系的总和”。[①] 这个命题可以看做是马克思对个体的人的本质的揭示。

（四）马克思关于人的本质观点的特点

关于人的本质，马克思只是在不同的场合针对不同的情况作出了不同的说明，也就是说，马克思其实没有给人的本质下一个确切明确的定义，只不过是出于实践的需要，分别根据不同情况对人的本质特征作出了说明。但是这些观点显然都是正确的，且这些观点结合在一起，呈现出关于人的本质特征之间的有机联系。学术界对此有不同的归纳和论述，见仁见智。在这里参照杨金海的观点进行介绍。[②]

① 马克思恩格斯全集（第42卷）. 北京：人民出版社，1979，第24页

② 杨金海．人的存在论．南宁：广西人民出版社，1995

1. 从人的一般本质上升到具体本质

简单地说"人的一般本质"是指人与动物相比照而显现的本质,回答的是"人的本质是什么"这个问题。马克思关于人的本质是"自由自觉的活动"揭示的是人的一般本质。"人的具体本质":是指人与人相比照而显现的根本性质,要回答的是"张三的本质是什么"。马克思关于人的本质"在其现实性上,是一切社会关系的总和"揭示的是人的具体本质。

人的一般本质是指,人作为最一般的类存在物所具有的最一般的、最抽象的本质。人的本质当然首先指的是人的一般本质,在这一点上马克思和旧哲学关于人之本质论可以说有共同之处,但是马克思与旧哲学的人之本质论存在着本质区别。这种本质区别表现在:首先,虽然都讲人的一般本质问题,但在规定人的一般本质时有着本质的差别;其次马克思则从抽象的人的一般本质研究深入到具体的人的本质研究之中,得出人的本质在"其现实性上,是一切社会关系的总和"的结论。

2. 对人的理想本质和现实本质做了区分

马克思主义的方法论就是辩证法,"辩证法在对现存事物的肯定的理解中同时包含着对现存事物的否定的理解"①。马克思这句话充满了唯物辩证法的味道与智慧,他通过对客观事物的肯定与否定,在肯定与否定的基础之上阐述了一种朴素的辩证统一的关系,即事物存在现实本质与理论上的理想本质。大致地说,所谓的现实本质指的是事物在现实存在状态下的本质,现实本质与周围的环境以及社会背景有着紧密的联系,它并不是固定不变的而是随着社会环境以及时代背景的变化而不断变化的,通俗的说现实本质就是事物在不同的社会环境和时代背景下所能呈现出的一种相对稳定的存在状态。理想本质与现实本质是同一事物的两种状态,理想状态难以在现实中存在,但是

① 马克思恩格斯选集(第2卷). 北京:人民出版社,1972,第218页

如果条件合适理想本质的出现将是事物最本质面貌的呈现。从事物的发展过程来看，现实本质在发展的过程不断向理想本质靠近，二者不是对立的，相反理想本质是现实本质的最终归宿，当然并不是所有的现实本质最终都能发展到理想本质，但一定是向着理想本质的方向不断靠近。

马克思指出应当从现实的人和现实的社会状况出发去追求和实现人的理想本质。马克思对资本主义制度不合理性的批判就在于指出资本主义社会的异化劳动，导致了工人的“非人”本质。“非人”即不符合人的本质的人，即其现实本质的非人性化，而这正是由资本主义现实的社会关系所决定的。

（五）认识人的本质的方法论意义

马克思把对人的本质问题的研究看作是研究人、自然和社会历史等问题的出发点和前提，是为达到某种目的提供一种方法论。

1. 为揭示社会历史的本质提供方法论

在马克思看来，人是社会历史的主体或“剧作者”，因而整个历史也无非是人类本性的不断改变而已。既然如此，要想认识社会历史，就必须对人的本质有所认识。从揭示人的本质入手认识社会历史，是马克思人学研究中采用的一种方法。

马克思把自我意识看作人的类本质，因而他从此出发说明社会历史，认为社会历史是自我意识的表现和实现。在《黑格尔法哲学批判》中，他把理性和自由看作人的社会本质，从此出发，他把国家看作是理性和自由的产物和表现，进而又把家庭、市民社会和国家看作是人的本质的实现和客观化，并从此出发批判了封建王权和等级制，认为后二者是人的活动脱离人的本质的结果。《莱茵报》时期，他认为人的类本质是“理性和自由”，与此相应，他把理性和精神作为社会的本质。在《德法年鉴》中，马克思把人本身和人的存在看作人的本质，并从此出发说明宗教、国家和社会,认为它们都是人的本质异化。在《关于费尔巴哈的提纲》以及以后的著作中,马克思把有生命(有个性)的个人、物质生产实践活动和社会关系看作人的本质的规定,看作是社会历史的基本前提、出发点和本质内容(因素),并以此来说明社会历史发展:社会历史是“个人本身力量发展的历史”,是物质生产劳动的发展史,是生产力和社会交往形式(社会生产关系)矛盾运动的历史。

2. 为说明人的问题提供方法论

人的本质是人得以存在和发展的一个根据,马克思从有个性的个人、生产实践活动和社会关系三者的统一出发,分析说明人的全面而自由的发展、人的平等、人的权利和人的解放之内容和条件,来批判以往的人的学说。马克思把人置于社会关系中来说明人的解放,从人的社会生产实践活动来说明人的解放,并指出人的解放的目的是消灭异化劳动,从人的个性来理解人的解放,指出人的解放是自己支配自己。

他把人的全面发展的基本内容和条件归结为三个基本方面:一是人的社会关系充分达到全面、和谐一致的发展,消灭私有制;二是人的生产实践活动达到充分的丰富性、变动性和完整性,消灭旧式分工和发展社会生产力;三是个人本质力量、能力、潜能和个性的充分发挥,唤醒个人自我意识。

马克思他从有个性的个人、实践活动和社会关系三者的统一出发,来分析和说明人的自由的内容及实现条件。人的自由是从如下三个基本方面来分析的:一是人作为人类一员所享有的自由;二是人作为社会和社会关系中的一员的自由;三是人作为有个性的个人之自由。

他还从有个性的个人、实践活动和社会关系三者的统一出发批判以往的人的学说。在马克思看来,以往的人的学说抽象地谈论人和个人,其根本原因在于忽视了人的实践活动和社会关系。国民经济学只关心劳动的经济学意义,忽视了劳动的属人性质。

3. 为分析社会经济现象提供一把钥匙

作为社会经济现象的社会经济关系是人与人之间的经济关系，既然如此，对人的本质内容的揭示，无疑对分析社会经济现象具有重要的意义。

马克思就是从有生命的个人、实践活动和社会关系三者的统一出发，来分析说明社会经济现象，来阐明政治经济学原理的。他在《1844年经济学哲学手稿》中，第一次集中分析了“劳动者及其产品的异化”这一基本的社会经济现象（或事实）：一方面从社会关系出发分析这一现象，指出这一现象表明人与人之间存在着私有财产关系，存在着资本家对工人的占有关系，另一方面，从人的自由自觉的活动出发说明这一现象，认为这一现象表明人的劳动产生了异化。另外，他还从有个性的个人出发来考察这一现象，认为这一现象表明人的个人价值、尊严和幸福的丧失，表明个人需要和发展受到压抑。

在《资本论》中，马克思又指出，他对资本主义社会的经济现象的分析，首先是从人与人之间的社会关系的一种特殊表现形式即商品交换关系出发的，并且力图在物与物的关系中揭示出人与人的关系。同时又指出，他在分析社会经济现象时在某些方面陷入困境，其原因在于没有把人还看作是有个性的个人。另外，马克思还从实践活动的一种特殊社会形式——雇佣劳动出发，来分析社会经济现象，说明资本家对工人的经济剥削和压迫的秘密，说明资本和私有财产。从这里可以看出，通过对雇佣劳动的分析来说明社会经济现象，在马克思的理论中占有十分重要的地位。

4. 为说明“自然”提供方法论

“自然”是马克思学说中的一个重要概念，对这一概念的揭示和分析，马克思也是从有生命的个人、实践活动和社会关系三者的统一出发的。在他那里，关于“自然”的概念有三种基本含义：一是从有生命的个人出发来理解自然，指出自然是有生命的个人的无机身体;二是从社会关系出发来考察自然,认为自然是"历史的自然"或"社会中的自然",自然只有在社会和社会关系中才成为人和人联系的纽带,成为人生存的基础;三是从人的实践活动的对象性出发来说明自然,认为自然是"人化的自然"。

5. 为制定科学共产主义学说提供线索

科学共产主义学说是马克思理论体系的核心,从他对共产主义学说的阐释中可以看出,其中贯穿着一条基本线索,这就是始终对有个性的个人、实践和社会关系的深切关注。

首先是对有个性的个人的关注。这一点充分体现在《德意志意识形态》《共产党宣言》和《资本论》等著作中。其基本思想是:"共产主义所造成的存在状况,正是这样一种现实基础,它使一切不依赖于个人而存在的状况不可能发生,因为这种存在状况只不过是个人之间迄今为止的交往的产物";个人能力的全面发展是共产主义社会的最大财富,自由个性的实现是它的最高成果,在共产主义社会这一自由个人的联合体中,每个个人的自由而全面的发展将与人类社会的发展取得和谐一致。

其次是对实践的关注。马克思把实践的唯物主义看作他的共产主义学说的一个中心内容。这一内容包含两个方面:一是共产主义实质上是通过实践消灭现存状况的现实运动,是通过革命实践改造旧世界的运动过程,二是通过人的实践改造活动,实际地批判和改变事物的现状,使现存世界革命化。

再次是对社会关系的关注。马克思指出,共产主义是由消灭陈旧狭隘的社会关系产生的,是私有财产关系的积极扬弃,它的理论可概括为一点,这就是消灭私有制这一社会关系。

由此,我们不难看出,马克思对人的本质的揭示,是离不开他对实践、社会历史和社会经济关系的分析和认识的。实际上,他对人的本质的认识过程同他把这一认识作为方法加以运用的过程是一致的,即是同一过程的两个不同方面。

二、人的价值

（一）人生价值的含义

1. 价值与价值观

在社会生活中，价值与人们息息相关，联系密切。人们经常广泛地使用价值这个概念。就一般意义上说，价值是指某一事物或对象对人们所具有的作用和意义。在社会实践中，人们同周围的人与事始终发生着不同形式的价值关系，由于这种价值关系的存在，人们才得以生存和发展。比如，空气和水是人们维持生命的首要条件，于是它们就成了人们需要的价值对象，这是人们的物质需要。此外，人们还有精神需要，如亲情、爱情、友情等是人们健康成长的情感和欲望的需要，理想、道德等是协调人际关系的一种价值追求。总之，人们与周围的人和事物发生着各种不同的价值关系。马克思指出，“价值”这个普遍的概念是从人们对待满足他们需要的外界物的关系中产生的。因此，价值是指客体能够满足主体需要即客体对于主体需要的有用性。主体是指从事认识活动和实践活动的个人和社会组织；客体是相对于主体而言的，是指与主体相联系的被认识、被利用、被改造的对象，包括自然界、人类社会和人类文化。

2. 人生价值

人生价值也是一种具有存在意义的价值，只不过它不用于经济学上的价值能够用数字衡量。从含义上来看，人生价值是指一个人存在于社会上其所作所为对社发展与社会需求满足所具有的作用和意义。人生价值是人的价值观的重要组成部分，激励人们对自身价值的追求也是人生观塑造过程中最为重要的一环，是人生观教育的基础，如果一个人对自身的存在价值没有任何概念与认识，那么对其进行再高深的人生观教育都是没有任何意义的，因为他缺乏追求人生价值、树立科学价值观的内在动力。

在社会生活中，人的实践体现出两种价值，一种是人的自我价值，另一种是人的社会价值。所谓人的自我价值，指的是一个人对自己本身的肯定关系，即自己满足自己需要的关系，也就是一个人的实践自身发展的积极意义。但是，作为在社会关系中存在的个体，其个人的自我价值本质上就是社会价值在个人身上的体现，离开社会，个人无法存在，离开社会价值，个人价值也就不能实现。所谓社会价值，就是一个人的实践对于社会和他人的意义，主要是对社会发展进步的意义。主要表现为个人通过劳动、创造，对社会和人民所做的贡献。个人对社会贡献得越多，他的人生价值就越大。

（二）人生价值的内容

人生价值是自我价值和社会价值的统一，内在价值和外在价值的统一，物质价值和精神价值的统一。

1. 人生的自我价值与社会价值

人生的自我价值是针对人的行为和活动对自身生存与发展所能起到的作用以及具有的意义。自我价值的主要表现是自身的努力为自己生存与生活创造出的物质条件以及精神满足的程度。作为一个具有社会性的人，其存在必定与周围的社会环境和社会关系有着复杂的联系，因此人在社会中的存在并不是一个人的事情，无论是自己对别人的影响与帮助还是别人对自己的影响与帮助都是人存在于社会中必定会经历与完成的基本社会联系。人生的社会价值，是指个人的存在于发展对于社会发展和他人发展的意义与作用。社会价值更加强调的是人的社会性，是人在社会生活中与社会和他人的联系。社会价值的主要表现是，人自身的劳动对社会发展以及他人需求满足所做出的贡献。

人生的自我价值和社会价值是统一的。社会是由人所组成的，社会的发展需要个人的努力，个体生命的意义也必须通过他对社会的作用来体现和实现。一方面，人的自我价值是在社会关系中实现的，离开了社会关系，人的自我价值就不能得以实现；另一方面，社会的存在和发展依赖于个人存在及其努力，社会价值要通过个人的努力来实现。正是由于社会成员追求自我价值，才使得社会价值在客观上得以实现。

2. 人生的内在价值与外在价值

人生的内在价值，指的是个人所具有的潜在创造力和劳动能力，它是一个人知识、能力、素养的综合统一体。人生的外在价值，指的是个人通过社会实践活动，把潜在的创造力发挥出来，创造出物质财富和精神财富，以满足他人和社会的需要。

3. 人生的物质价值与精神价值

人生的物质价值，指的是个人的社会劳动所创造的满足社会和自身物质需要的物质财富。人生的精神价值，指的是个人社会劳动所创造的满足社会和自身精神需要的精神产品。

物质价值和精神价值是统一的。物质价值为精神价值的创造提供物质条件和实践经验，是创造精神价值的基础；精神产品为物质价值的实现提供了强大的动力和正确的方向。两者互为条件，互为目的，相互依赖，相互促进。

（三）人生价值的评价

1. 人生价值的评价标准

人生价值评价是指人们按照一定的价值标准，通过个人的心理活动、群体意识和社会舆论，对自己的、他人的与人生目的相关的社会行为进行衡量，分析其动机和效果，从质上判断其对社会是否具有积极意义，从量上判断其积极意义的大小，从而表明对这一行为肯定或否定的态度，并以此来引导自己的行为。

不同社会、不同阶级、不同的人对人生价值的评价有不同的标准。在阶级社会中,评价人生价值的标准是金钱、权势、地位和等级。在社会主义初级阶段,由于封建陈旧思想和资本主义腐朽思想依然以不同的形式影响着人们的思想观念,有些人以现阶段社会主义制度不成熟、不完善为借口,给"一切向钱看"的拜金主义、享乐主义、个人主义等披上合法的外衣,把金钱、地位、特权作为人生价值的评价标准,对社会改革发展产生了极大的消极影响。可见,价值评价是一种能动的意识活动,是主观的,必然会受到人们自身状况的制约,那么,在人生价值评价的问题上,有没有一个客观的标准呢?

伦理相对主义者认为,没有一个客观的标准,标准因人、事或社会情况而定,对某一个特定的社会行为,无所谓善恶或好坏标准。实际上,这种主张对于道德建设起一种破坏作用。而伦理绝对主义者则否认道德的历史性和相对性,他们的这种主张把道德绝对化,认为人的道德情感、观念和品质是绝对不变的,因此,道德评价标准也是绝对不变的。近现代以来,资产阶级宣扬维护资本主义制度的道德是永恒的、终极的道德。

马克思主义认为,人生价值应该以对社会贡献的大小来进行衡量。从原因上来看主要有以下几个方面。

首先,人区别于动物的一个重要特征,就是人有能动的创造力。社会的物质财富和精神财富都是人类劳动智慧的结晶。人的劳动是一种有目的、有意识、自觉的创造性活动。劳动者为社会创造物质财富和精神财富作出了自己的贡献,没有他们的创造,人类就失去了生存和发展的基础,更不会有社会文明的进步。因此,评价人生价值必须以创造和贡献为标准。

其次,个人价值最终取决于社会价值。个人价值是社会价值的前提和基础,社会价值又是个人价值的必然归宿。由于人们生存的历史条件、社会地位、体力、智力以及主观努力程度的不同,所以,个人拥有的潜在创造力大,他自身的人生价值当然也就大。潜在人生价值的大小虽然取决于主、客观条件,但个人努力的程度是主要的。

最后,社会对个人的满足,只有从个人对社会的贡献中去理解。个人对社会的贡献决不能只从社会对个人的满足来衡量人生价值。当然,人作为价值主体,有得到社会尊重、承认以及满足的一面,即从社会获得他所需要的物质生活资料和精神生活资料,得到应有的社会地位。不过,除了丧失劳动能力的人之外,都应懂得贡献同尊重、享受是呈正比的。此外,不同的人,其人生价值还是有差别的。这是由于社会经济文化发展的不平衡、不充分,个人努力程度不同等多种因素造成的。

2. 人生价值的评价原则

对人生价值的评价,不同的阶级有着不同的原则。资产阶级的评价原则是个人利己主义,他们强调自身价值以及个人的索取和享受。无产阶级的评价原则是集体主义,主张在社会、集体价值中体现个人价值,在社会整体利益中评价人生价值。人生价值是个人价值与社会、集体价值的统一。

社会主义主人翁的责任、为人民服务的做人宗旨、社会主义整体利益的社会意识构成了集体主义的人生价值评价原则。集体主义人生价值评价原则的基本思想有:

(1)个人价值受社会条件的制约

个人价值的形成和实现,离不开社会条件的制约。个人只有依赖社会才能生存,而不能脱离社会条件去随心所欲地创造。个人的创造总是在一定的生产方式条件下,在一定的社会物质和精神条件下创造,因此,个人价值的实现离不开社会历史的舞台,它总是受社会历史条件的制约。

(2)社会集体价值高于个人价值

如果说,在小生产条件下,人的力量和作用还不能充分发挥、表现出来,那么,随着时代的不断进步,在社会化大生产条件下,集体的力量和作用就明显地突出起来。一个大型的科研项目,往往需要不同行业、不同学科、不同层次、不同地区的人共同协作攻关才能完成。爱因斯坦曾说:“除了许多个人的无私合作,就得不到真正有价值的东西。”可见,聚集集体智慧,才能创造出集体的价值。

（3）对人类的贡献与自身的完美相统一

一般地说，责任和贡献、人格和贡献是一致的。一个人对社会、对人民作出自己的贡献，体现了他具有高度的责任心和高尚的人格，而高度的责任心和高尚的人格，又总是表现在其作贡献的实际活动中。如果一个人意识不到自己的责任，不能尽到自己应尽的义务并作出相应的贡献，也就不能实现自己应有的自尊和人格。因此，我们应该清醒地认识到自己对祖国、对人民所肩负的责任，为建设中国特色社会主义事业的历史使命作贡献，从而实现自己完美的人格追求。

3. 人生价值的评价尺度和方法

从本质上来看，人生价值评价的评判尺度，应该是人的行为与社会客观规律的契合程度。如果一个人的行为符合基本的社会发展规律，其所作所为对社会的发展与历史的进步具有促进作用。因此，我们看一个人是否实现了自己的人生价值，应该看其行为与社会规律的契合度，看其行为是否对发展有益，这种发展不是我们狭隘意义上的个人发展，而是社会的发展、人类文明的发展。

当我们以社会发展的视角对人生价值进行评价就会发现，社会利益与整体利益更能诠释人生价值的大小。在现实生活中，人们会根据自身的条件差异来选择适合自己的发展道路与人生规划，并以此为基础实现自己的人生目的。我们在这个过程中一定要注意一个问题，即任何人的人生规划和个人理想都必须与现实环境以及社会背景结合在一起，这是个人理想能够实现的基础，残酷的现实一遍遍告诉我们脱离社会实际的个人理想只能称之为“空想”，将在社会的发展中逐渐暗淡下来，最终被时代所淘汰。脱离社会实际的空想并不一定是落后，很多时候空想甚至在很多方面都要领先于当前的社会意识，但是由于没有可靠的实现环境我们只能称其为空想而不是理想。

从价值评判的角度来说，社会需求是决定价值大小的一个重要依据，有时候相同行为和做法在不同的社会条件下所起到的作用及其所具有的社会意义完全不同。因此我们在对一个人的人生价值进行评判的时候，一定也要结合当前的社会环境与时代背景进行综合评估。人生价值的评判中，我们还要仅仅抓住人生贡献这一核心，一般来说一个人对社会所做出的贡献越大其人生价值也就也越大，人生价值的实现度也就越高；相反，如果一个人对社会所做出的贡献越小其人生价值也就越小，人生价值的实现程度也就越低；如果一个人对社会发展没有做出贡献，甚至他的某些行为还违背客观规律对社会的发展造成了阻碍，那么也就谈不上人生价值了，因为他的人生观从根源上出了问题。

如果我们想客观、公正、准确地对自己的甚至是其他社会成员的人生价值进行评判，那么我们必须把握人生价值评判的方法和尺度，只有这样才能科学、客观得出结论。

(1)坚持能力有大小与贡献须尽力相统一

每个人都是一个独立完整的个体，每个人的个人经历与思维方式都有自己的特点，因此在实际生活中每个社会成员的能力、素质以及对待社会和他人的态度都有很大的区别，基于这些原因的考虑他们对社会发展以及满足他人需要方便所作的努力以及所取得结果也有很大的差异。基于这个考虑，我们在对他人的人生价值进行衡量的时候一定要根据他们所处的社会地位、个人能力等个人因素结合起来，只有这样才能算是对他们的人生贡献进行科学的衡量，对他们的人生价值进行客观的评判。通俗来说，任何人只有在自己的工作岗位上兢兢业业地完成自己的工作，在生活中乐观、乐于助人，总之一个人如果得到其他人的积极评价，那么我们就可以说这个人基本实现了自己的人生价值。

(2)坚持物质贡献与精神贡献相统一

个人对社会的贡献的构成十分之复杂，无论是社会个体对社会发展所做出的物质贡献还是意识精神方面的贡献，只要具有积极的价值与意义就是个人对社会的贡献。物质和意识是马克思主义哲学不变的两大主题，而人类社会的发展在这一规律的映照下，也显示出只有物质的发展不能算是真正意义上的文明进步，而只有意识发展也不能称之为社会的发展，因此我们应该从更广义的层面上对个人贡献进行界定。当然社会的发展需要物质文明与精神文明的协调发展，我们在对人生价值以及人生贡献的衡量中，也要以此为指导将个人对社会发展所做出的物质贡献与精神贡献全部纳入到人生价值的评判体系当中。

(3)坚持完善自身与贡献社会相统一

在人生价值的评判中，我们要学会科学的认识自我价值实现与社会价值实现之间的关系，既要尊重个人价值的实现又要保证个人价值的实现能够促进自身社会价值的实现。我们知道，整体利益高于个人利益，但这并不意味着人们应该放弃个人利益，不重视个人利益，因此在人生价值的实现过程中虽然我们要对实现个人的社会价值进行最大程度的努力，但是也要将自身的个人价值实现。实际上，二者并不是相互对立、相互矛盾的，而是相辅相成、相互促进的，在人生价值的实现过程中，我们应该将个人价值统一到社会价值之下，将二者的实现需求结合起来，这样既能保证人个人价值的实现又能保证社会价值的实现。

第二节　坚持以人为本和实现人的全面发展

以人为本是马克思主义中国化的理论成果之一，这一理论充分结合了我国社会主义初级阶段的基本国情，充分考虑了社会主义本质的要求以及马克思主义对人的发展的基本阐述。

一、坚持以人为本

(一)“以人为本”思想的提出

“以人为本”的原则最初出现在党的十六届三中全会文件上,此后阐明的理论内容和在马克思主义学说中的理论地位的著述大量涌现。在党的十七大报告中,胡锦涛在论述科学发展观时强调指出:“科学发展观,第一要义是发展,核心是以人为本,基本要求是全面协调和可持续,根本方法就是统筹兼顾。”[①]他进一步阐明,以人为本的根本内容就是全心全意为人民服务,把实现好、维护好、发展好广大人民群众的根本利益作为党和国家一切工作的出发点和落脚点。促进人的全面发展,做到发展是为了人民,发展依靠人民,发展成果由人民共享。胡锦涛的讲话使得我国理论界、人学界初露端倪的对“以人为本”问题的关切和讨论迅速掀起高潮。

科学发展观的基本前提是发展,发展是硬道理,是我党执政兴国第一要务,离开了经济发展,就谈不上什么发展和科学发展观。科学发展观与非科学发展观的不同在于它回答了为什么发展和怎样可持续发展的问题,而不是在于完全抛弃经济发展的观念和要求。所以,“以人为本”的提出并非要否定经济发展,而只是要明确经济发展的宗旨是为了人的发展,强调全面、协调和可持续发展的重要性就是正确认识经济发展、社会发展和人的发展三方面的关系。科学发展观在重视经济发展、生产力发展的同时,还认为发展的决定性因素是人而不是物,人力资源是第一资源,人是发展的根本目的,也是发展的根本手段,是实现人的自身利益的根本力量。人作为发展的主体是发展目的与发展

---

① 胡锦涛．高举中国特色社会主义伟大旗帜为夺取全面建设小康社会新胜利而奋斗．北京:人民出版社,2007,第15页

手段的统一。提高人的素质，促进人的全面发展是经济社会发展的根本目的。

（二）以人为本的内涵

马克思认为“人之为人，人区别于其他存在者，是因为人是一种具有自我超越意识、不断生成新的自我、具有生存本性的特殊存在者”。从中我们可以看出这个描述较之于人的本质理论的描述要更为深入，因为它不仅对本质这一共性认识进行了描述，还对人的生存性进行了解释。

1. 促进人的主体性的发展

在哲学上人具有特殊的含义，它既是天然存在于自然界之中的一种高等生物，又是超脱于自然界与动物范畴的超然存在，我们将人的这种性质称之为“超然性”。人类不断的认识自我，挖掘自身潜力的过程中，会通过不用的社会实践来不断的否定与生成自身这种超然存在的地位，即不断将人的超越性强化。这种超越性从本质上来看，是人的主体性不断觉醒并强大的表现。人的超越性发展实质上也就是人的主体性的发展。我们可以以教育为例来看一下人的主体性如何在社会实践中得到发展和强化。华南师范大学郭思乐教授在其一系列研究和实验中提出了“生本”教育的理念，强调教育必须告别知识本体、能力本体、工具本体、教师本体的偏差，而转向以学生为本位，真正认识和把握学生，充分尊重学生，依靠学生来进行教育，把教育的全部价值归结到学生身上。

2. 以人的方式把握和理解人

我们在认识和理解以人为本这一基本概念的时候，应该将其归纳统辖到一种形而上的认识，用哲学的眼光与角度对其进行审视。也就是说，我们应当用马克思主义哲学的人学思想对以人为本这一概念进行诠释与解读，充分尊重每个人作为一个独立的社会个体的地位和资格。其次，我们还应该认识到人是社会规则的制定者，人实际上是通过不断的自我克制、自我约束摆脱自身的原始本能，从而激发自身的潜力，实现自己在社会存在中的意义和价值。最后我们还要认识到思维的转变属于意识层面的变化，只有将这种变化转化为实际行动才能从根本上改变当前的环境，人的价值才能得到最大程度的发挥。

3.“理解”是人本思想的基础

理解是人本思想的基础，如果不能准确理解人本思想的含义以及自己和他人的精神价值与意义，那么人本思想根本不可能融入人们的思想之中，并化作人们的实际行动。人是一种“自由自觉的活动”的存在，每个人都具有自己独立的思想意识，意识的差异性与多样性是意识世界最丰富的色彩，任何人都没有权力强迫他人改变自己的意识思维，这是对人的最基本的尊重。只有能够独立思考、独立行动的人才能称得上是真正意义上的人，我们不能将自己的思维模式强加给他人，也不能将处世的态度与方式作为一种“知识”灌输给具有独立思维性的社会个体，这种行为实质上是一种思维上的绑架与犯罪。

（三）马克思主义人学思想与“以人为本”

以人为本既是一个政策也是一个实践问题，我们不能将以人为本寄托于政策的倡导也不能将其寄托于实践的号召，只有将二者结合起来才能最大程度地保证以人为本理念的推广和贯彻。

1. 以人为本的平等理念

1844 年，马克思在《〈黑格尔法哲学批判〉导言》中曾经提出过一个非常著名的命题，即“人是人的最高本质”，“人的根本就是人本身”。[①] 这两句话从字面上来看与我国古代的以人为本相似，但是其本质含义却有着本质的差异，马克思对人的本质的

① 马克思恩格斯选集(第 1 卷). 北京：人民出版社，1995，第 9 页

阐述更为深刻也更加符合客观规律，是对人的本质的深层次阐述与探索。

马克思所阐述的“人是人的最高本质”和“人的根本就是人本身”这两个基本观点已经突破了传统思维对人本的认识，也不再拘泥于从社会关系角度对人本思想进行破解。破除了传统等级观念对人的认识的束缚，将所有的人作为平等的个体来对待。实际上，人的最高本质与人的根本二者是相互对应的，换句话来说，就是人的根本就在于人的最高本质，人本思想正是从这一理论基础出发，从根源上对人的地位进行阐述。

2. 以人为本与公仆的服务意识

以人为本的第二层含义是要求在社会分工中处于领导者地位的人应该树立人人平等的思想，将自己的“高高在上”的为人处世态度收起来，将基层群众作为自己的衣食父母，努力为人民群众谋福利。这一层含义，实际上瞄准的是我国社会生活中一种不正常的人际交往现状，在人人平等的社会主义制度下，这种带有严重封建色彩的现实必须要纠正过来，并从更高境界完成人类本质的回归。

（四）“以人为本”的实践意义

近代中国一直处于半殖民地半封建社会，我国人民也从来没有真正的体验与感受过资本主义思想与文化。在几千年的封建社会中，王权至上、等级分明的封建社会等级制度对我国人民造成了严重的影响，即使新中国成立之后很多人仍然没有摆脱这种思想的限制与束缚，严重缺乏平等意识。在新中国成立后，党和国家领导人针对我国人民平等思想的缺陷，展开了民主与新文化教育，很多人从那种老旧的等级观念中摆脱了出来，认识到人民才是国家的主人，人人平等的观念开始深入人心，人们之间的关系和相处也变得越来越平等。但是几千年文化影响不可能在短短几十年间就完全失去存在的空间，在日常生活中人们还是会多多少少受到封建等级制度的影响，尤其是在文化教育比较落后的偏远地区，人们的思想意识还停留在20世纪。因此，在我国的社会生活、经济生活与政治生活中，难免会有些人将正常的领导与被领导、管理与被管理的关系看做是一种不平等的交往，而是在内心深处把这种关系看做区分人的主次地位、高低贵贱的标志，将社会分工所造成的个人职能不同看做是社会地位与社会等级的差异，造成在双方的交往中逐渐的迷失。

坚持以人为本应该树立公仆意识、为人民服务意识，并将科学发展观和“三个代表”重要思想作为实际行动的切入点和现实指导。马克思所说的“人是人的最高本质”和“人的根本就是人本身”本质上也是对平等观念的一种阐述，我们应该充分认识并肯定这种思想，并且是将其作为我们在日常工作与生活中为人处世、待人接物的基本依据。

二、坚持人的全面发展

(一)马克思的人的全面发展理论的主要观点

1. 人的发展

关于人的发展，马克思早期就已经进行了相关理论的论述，比如人的本质、人的特性、人的属性的问题。马克思说，人的本质就在于人的自由活动，人生来就是自由的，自由是人类的基本特质之一。例如，马克思曾说，“在野蛮时代的低级阶段，人类的较高的属性便已开始发展起来了。个人的尊严、口才、宗教感情、正直、刚毅和勇敢这时已成为性格的一般特点，但同时也表现出残忍、诡诈和狂热”[①]。因此，马克思认同人的本性是不断发展的，但是人的某些属性是固定的。

---

① 马克思恩格斯全集(第45卷). 北京：人民出版社，1985，第384页

关于人的发展，马克思对此十分重视，并且进行了深入研究。在马克思看来，人的发展的内容并不是随意选取的，而是因为人们的现实需要以及提升自己的渴望倾向决定的。有需求人们才会产生动力，人在具备了一定的需要后，才会获得发展的动力，才会使自身得到发展。

马克思指出，在人类发展的最初阶段物质是困扰人们生活的主要阻碍，由于生产力水平的限制，人们不得不将大部分的体力与精力花费在获取食物等物质资料上。随着生产力的发展，人类得到食物、生产食物的水平得到了提高，除去保证生存的基本需求外，还产生了规定的生育物品，这时人类其他方面的需求开始产生，尤其是精神需求的满足成为人追求的一个重要目标。马克思认为人只有在物质需要和精神需要都得到满足的时候，才算是得到了全面的发展，人才称得上是真正的人。

在社会主义社会形态下，我们向往和所追求的是这样一个社会（人类社会发展的第三种形态），人的需要实行“按需分配”原则，人的物质和精神方面得到充分发展，即最终实现共产主义。大学生个人素质的提升以及思想道德的培育，都应该紧紧围绕建设社会主义这个核心追求来进行，这样做符合历史发展的规律和时代的潮流。

2. 人的全面发展思想

在马克思看来，人的全面发展是所有属性与素质的综合进步，而不是某一项特长的进步，马克思曾经说：“人以一种全面的方式，就是说，作为一个总体的人，占有自己的全面的本质”。从人类的特点来看，有思想、有意识、有需求的人是一种各种复杂因素结合在一起的综合体，人性和人的需要具有多样性的特点，正是这种多样性使人的活动呈现出多样性，使人对自己的发展具有强烈的全面性的诉求。人要获得适应环境变化发展的能力，人的能力要不断提升。正如恩格斯在《反杜林论》以及《社会主义从空想到科学的发展》中提出的人的发展要“适应于不断变动的劳动需求”。

在马克思看来,人的全面发展包含了多个内容,比如人的个性自由,人的性格、智慧、情感等特质的发展等。人必须能自己自由地支配自己,有自己独立的思想意识和做人的理念,对于不同的认识,应该秉持敢于怀疑的态度。从人的特质来看,人的精神自由是人的全面发展的重要方面,精神属性不健全的人不能称之为一个全面发展的人。从马克思主义的相关理论来看,在资本主义条件下,人的个性实际上是被泯灭了。

生产力的发展推动了社会的发展,同时也为人的各种潜能和天赋的发挥提供了足够的物质条件和物质基础。从历史发展的角度来看,旧的分工体系对人类的全面发展有着严重的束缚和限制,想要获得全面、健康的发展,人类只有从原有的社会体制和分工模式下解放出来,才能突破束缚实现自身的全面发展。每个人在生来都不是尽善尽美的,后天的学习能不断的丰富自己知识结构,提高自己的个人认识,

3. 人的自由全面发展思想

马克思认为,在消灭资本主义生产关系的前提下,最终实现人的发展,要实现这样的发展状态,“代替那存在着阶级和阶级对立的资产阶级旧社会的,将是这样一个联合体,在那里,每个人的自由发展是一切人的自由发展的条件。”关于马克思的这句话,我们可以从三个方面来理解。

第一,只有人的潜能和自身特质都得到了全面自由的发展,我们才能说其潜能被最大程度地挖掘了,从这个意义上来说,促进人的全面自由发展对其能够取得成就及其所能达到的人生上限具有重要的意义。在资本主义社会,金钱作为主要的价值衡量标准,是对公平的一种亵渎,如果没有足够的财力作为保障,那么只能在不平等的社会规则下沦为牺牲品。

第二,每个人都是有自己独立思想与人格的个体。我们知道,人性无论是在其内容上还是在每个人身上都有着不同的体现和差异。正是这些丰富多彩的个体,构成了丰富多彩的人类社会,人类社会的丰富多彩取决于每个个体能否得到全面自由

的发展，彰显自己的个性。由此，我们得出这样的结论：个人的发展是以自身为主体的自觉、自愿、自主的发展。

第三，人的本质和人的特征是人真正获得发展的重要方面。人的最基本的生存需要首先要得到发展，人的生存需要发展并不是人的自由发展，人只有充分发扬自己的个性，享受自己的生活，才能自由发展。

人的自由和解放的最高境界是人的自由的充分实现和人类天性的彻底解放，它是全面的最基本表现，同时这也标志着人类社会形态的进步。从人的发展的角度来看，社会发展的最终目的和最终归宿必然是每个社会成员都能按照自己的意愿自由、全面发展自己的能力。从原始社会开始人就是一种集体性很强的物种，毫不夸张地说任何人离开群体后都难以维持自己的生存和发展，群体是每个成员最基本的生存和发展依靠。

每个社会都有其社会关系和社会制度，不同的社会制度对社会成员以及社会的进步具有不同的影响和作用，并且先进的社会制度和生产关系必将随着时间的发展而逐渐取代旧的、落后的社会制度，比如资本主义取代封建主义。从历史上来看，只有社会获得解放，人的潜能才能得到最好的开发与利用。

（二）马克思关于人的全面发展的科学内涵

人的全面发展理论是马克思主义学说的重要组成部分，是学说的核心理论，马克思主义所有的学说和理论，归结到一点就是实现人的自由和解放，促进人的自由全面发展。马克思主义人的全面发展理论有着十分丰富的内涵。正确认识和梳理人的全面发展的科学内涵，是我们推动实现当代大学生全面发展的基本前提。

1. 人的全面发展是指劳动能力的全面发展

马克思在《1844 年经济学哲学手稿》中指出：“劳动这种生命活动、这种生产生活本身对人来说不过是满足他的需要即维持肉体生存的需要的手段。而生产生活就是类生活。这是产生生命的生活。一个种的全部特性、种的类特性就在于生命活动的性质,而人的类特性恰恰就是自由的有意识的活动。生活本身仅仅成为生活的手段。”从马克思的描述中我们可看出,人的类特性大多数来自于自身的自觉性和悟性,这种自觉性与悟性并不是天生就有的,而是后天意识作用的结果。劳动从某种意义上来说,是一件神圣而光荣的任务,人类的各种实践活动就是通过劳动最终实现的。因此,我们可以说如果人的劳动能力被削弱,那么其社会实践活动就进行不下去,自由发展自身素质的愿望就会落空,人发展也会受到束缚以致很难达到其应有的高度。

2. 人的全面发展是人的需要的全面发展和极大满足

在马克思看来,正是人的需要的发展和需要的不断满足推动着人类和人类社会的文明进步。人的需要是人的意识活动及其他行为活动的内在动力。人的需要是多样的和多层次的,不仅有物质需要,还有精神需要,精神需要中又有发展需要、自我实现的需要等。人们总是在旧的需要得以满足的基础上产生新的需要,从而推动各项事业的发展。

马克思指出,人的需要的发展证明了人的本质力量和人的本质的充实。人的需要具有层次性,需要形式的日渐多样,以及需要的不断得以满足,推动着人的全面发展,进而推动人类社会的全面进步。

3. 人的全面发展是指人的社会关系的全面发展

人的本质属性是社会性。人是处于社会关系中的人。人的发展与其社会关系紧密相连。马克思在《关于费尔巴哈的提纲》中指出:“人的本质不是单个人所固有的抽象物,在其现实性上,它是一切社会关系的总和。”人总是社会的人,总是在一定的社会关系中生存和发展。任何一个人的能力的形成、发展和完善,都离不开特定的社会关系。

马克思指出:“社会关系实际上决定着一个人能够发展到什么程度。”人的社会关系的发展,是个人形成的社会关系日益普遍化、全面化的过程。每个人都有自己的社会圈,每个人每天都在同他人交往着,只有在同他人交往的过程中,人才能发展,所以说,个人的发展通常取决于与他发生交往的人。一个人的社会交往程度越高,社会关系越丰富,他的视野就会越开阔,获取的信息、知识、技能、经验就越多,能力的发展就越快,进步就越全面、越迅速。

4. 人的全面发展是人的个性的自由发展

马克思关于人的发展阶段的认识独具特色,从阶段的划分来看,主要可以分为三个阶段。第一个阶段,是人对人的依赖,人的个性被淹没在依赖性的畸形人际关系之中。在第二个阶段,在对物的依赖的基础上人的独立性有所发展,人的个性有所表现。第三个阶段,即自由个性的阶段,生产力高度发展,社会财富极大丰富,人们才注重追求个性的自由发展,该阶段被称为“自由人的联合体”阶段。

人的个性的自由发展程度,说明人得到了全面的发展,国家对新技术、新手段应用是人的全面发展的综合表现。人的全面发展,以人的个性的自由全面发展为基点,而人的个性的自由全面发展的程度,代表了人的全面发展的优劣。

第七章 推进马克思主义哲学中国化

从中国共产党的成立到现在的壮大成熟，一路走来，是一部充满艰辛的奋斗史，这部奋斗史同时也是马克思主义的基本原理与中国革命和建设的实际相结合的具体运用。马克思主义命题的提出有着历史的必然性，具有丰富而独特的科学内涵，在马克思主义发展史上具有里程碑式的意义。马克思主义中国化是中国共产党理论创新的光辉典范，对于全面建设小康社会，实现中华民族的伟大复兴具有十分重要的意义。

第一节 马克思主义哲学中国化的内涵解读

马克思主义中国化不是从来就有的，而是近代以来中国社会和中国革命运动发展的客观需要和必然结果。中国共产党人在领导中国人民追求民族独立、人民解放、国家富强、人民富裕的过程中，从中国的特殊国情和具体实际出发，运用马克思主义的基本原理和立场、观点、方法，借鉴吸收中国传统文化，在两者之间取其精华去其糟粕，并将两者的精华相糅合，在此基础上总结中国革命、建设和改革的独创性经验，概括出符合中国实际的马克思主义理论原则，使马克思主义中国化积淀了丰富的内涵，体现出时代性、实践性、民族性、创新性四个显著特征。

一、马克思主义中国化的历史必然性

马克思主义中国化是马克思主义的固有属性和特点所要求的，也是由中国的特殊国情所决定的。用马克思主义来指导中国革命，使马克思主义成为中国人民争取民族独立和人民解放

的强大理论武器，必须运用中国化了的马克思主义。毛泽东在对中国革命和建设的经验基础上，率先向全党明确提出了马克思主义中国化的历史任务，首次明确阐述了“马克思主义中国化”，对其具体的含义作了解释，创立了毛泽东思想，它为马克思主义中国化指明了方向。毛泽东思想的创立，标志着中国共产党的思想体系进入了成熟阶段。从这个意义上讲，马克思主义中国化具有历史的必然性。

(一)马克思主义理论的内在要求

马克思主义产生于西方资本主义国家，但它没有成为资本主义的政治附庸，而是为无产阶级服务，指导着全世界无产阶级和被压迫民族的解放斗争。从理论本身来讲，它的基本特点是理论与实践相结合。它的产生离不开实践，而大量具体的实践活动又大大丰富了它的科学内涵，更为重要的是它的最终目的是改变现实世界。实践性是马克思主义最主要、最根本的特性，这一特点同时决定了马克思主义不是一成不变的教条主义，它是鲜活的理论和灵魂，不是固定的，而是随着客观实际不断变化发展的，因此，必须在已有理论的基础上，结合实际适时充实修正已有的理论，充实进新的理论内容，因此，在不同的历史发展阶段，在不同的国家，马克思主义会展现给世人不同的面孔。也就是说，马克思主义的最大特征，就在于它与变化发展的实际紧密相连。因此，在不同的历史时期，分析具体的历史问题，马克思主义理论的绝对要求，就是要把问题提到一定的历史范围之内，并在斗争中不断丰富与发展。马克思主义的本质不是单纯的解释世界的物质统一性，它的最终目的在于改造世界，而这个最终目的的实现必然离不开马克思主义具体化，也就是马克思主义与各国实际相结合。

(二)解决中国问题的客观要求

中国的共产主义运动的发生有着其特有的时代局限，它既与西方发达的资本主义国家不同，也与资本主义并不发达的沙俄不同，当时的中国正处在半殖民地半封建社会，中国共产主义的运动就是发生在以农业为主体，工业相当落后同时受帝国主义欺压的中国。马克思主义所设想的资本主义高度发达并最终被社会主义的新形态所取代。关于处在半殖民地半封建社会的中国如何实现社会主义这种具体的状况，在马克思主义著作中根本没有明确现成的答案可循。因此，在没有任何经验和参照实例的前提下，实现社会主义只能靠中国人自己的摸索。中国共产党人经过艰苦的探索和实践总结出，只有将马克思主义基本原理同中国革命和建设的具体实际相结合，才能找到一条适合中国国情的革命和建设道路，才能取得中国革命和建设事业的伟大胜利。

（三）中国革命的经验总结

前途是光明的，道路是曲折的，中国革命和建设的实际情况同样符合这个原理。它经历了失败、胜利、再失败、再胜利的艰难曲折道路。这个艰难的实践过程终于使产生于西方的马克思列宁主义成为中国共产党领导中国各族人民进行革命、建设和改革的强大思想武器。马克思主义中国化是马克思主义理论与中国实际的紧密结合。

中国共产党所走过的路程不是一帆风顺的，有成功也有失败。这两方面的历史经验都表明，必须用中国化了的马克思主义指导中国革命、建设和改革事业。党建立之初，对马克思主义知之不多，甚至知之甚少，对中国国情的研究和了解也是非常有限的，对于马克思主义的理解和运用有着不妥之处。因此，在民主革命时期，党内普遍存在着把马克思主义教条化，把共产国际决议和苏联经验神圣化的严重错误，使革命事业遭受了难以弥补的损失。与此同时，以毛泽东为代表的中国共产党人坚持把马克思主义基本原理植根于中国大地，与中国的具体实际相结合，创造性地走出了一条农村包围城市的革命新道路，保证了新民主主义革命的最后胜利。社会主义建设时期,以毛泽东为首的中国共产党人提出以苏联经验为借鉴,走自己的路,但我们党缺乏社会主义建设的经验,对社会主义的本质缺乏正确的认识,在指导思想上急于求成,实践中继续照搬马克思主义理论以及苏联社会主义模式,致使党又接连犯了“大跃进”和人民公社化的错误,尤其是长达十年的“文化大革命”,使党和国家的事业几乎濒临破产的边缘。正反两方面的经验教训,唤醒了中国共产党人,使我们党逐步认识到,只有将马克思主义植根于中国大地,以中国化的马克思主义为指导,才能科学地运用马克思主义指导中国革命和建设。

中国共产党的发展历史证明了,每一次重大的思想解放和事业进步,都离不开马克思主义中国化的具体指导,都是将马克思主义植根于中国大地,同中国具体实际相结合、不断进行理论创新的基础上取得的。

二、“马克思主义中国化”的基本含义

1938 年,我党召开了中共六届六中全会,毛泽东在会上比较系统的提出了“马克思主义中国化”。不难理解,马克思主义中国化,就是指马克思主义基本原理同中国具体实际相结合,其中包含一项重要的内容是要与中国传统文化相融合,形成具有中国作风和中国气派的中国化的马克思主义理论。其基本含义包括以下四个方面。

(一)马克思主义的民族化

马克思主义产生的背景是欧洲正处于资本主义社会,时代背景决定了马克思主义著作无论是外在的语言文字以及形式上还是内在的思想内容,都带上浓郁的欧洲色彩,打上欧洲民族的烙印。马克思主义由于其特定的时代地域局限使得其在创作时期并没有想到为中国所用,因此,要使具有欧洲色彩的马克思主

义为中国无产阶级、中国共产党和中国人民所接受和把握,并在此基础上灵活运用来指导中国革命、建设与改革事业,就必须根据中国的具体实际,实现世界的马克思主义与民族化的马克思主义的有机统一。

(二)马克思主义的具体化

根据马克思主义著作的创作背景,我们可以得出马克思主义著作是马克思根据西方资本主义国家的情况得出来的,它们与中国的具体实际有着很大的差距,如果照搬这些理论就会陷入经验主义和教条主义的陷阱。马克思主义中国化的起点就是一切从中国的实际出发,反对本本主义、教条主义。马克思主义的创始人不可能对各国的具体情况都有一定的具体的了解,因而,要运用马克思主义指导中国革命、建设和改革事业,就必须具体问题具体分析。

(三)立场、观点和方法的统一化

任何事物都不可能是十全十美的,马克思主义也是,因而,坚持马克思主义,不是针对它的个别结论或个别词句,而是它整体的科学思想体系,它的基本立场。理论的得出往往离不开实践经验,同时,理论对实践有一定的指导意义。理论和实践往往是密不可分的。马克思主义与中国相结合的这种“结合”不是凭空就有的,它不是空洞的理论,也不是盲目的实践,是在具体的社会实践中实现的。其具体地表现就是中国共产党根据革命和建设的实践制定的各项政策,就是解决“怎么办”的问题。

(四)实践和认识有机结合与辩证统一

马克思主义中国化的过程既是一个实践过程,又是一个认识过程,是实践过程和认识过程的有机结合、辩证统一。中国共产党认识世界的目的是为了改造世界。以往出现的理论学说往往会犯与实践相脱离的错误。实践性和理论性的有机统一是马克思主义区别于其他任何一种学说最显著的特点。马克思主义中国化理论性和实践性的统一，一方面体现在中国历任领导集体在正确把握中国国情的基础上，对中国革命、建设和改革中对马克思主义的掌握运用；另一方面，由于人民群众是实践的主体，是历史的创造者，因此体现在人民群众创造性地运用马克思主义基本原理解决中国革命、建设和改革的实践中。

任何事物都是不断变化发展的，历史更是如此。在这个大背景下，马克思主义中国化也具有了新的内涵。正如习近平所指出的："马克思主义中国化，就是把马克思主义基本原理同中国具体实际和时代特征结合起来，运用马克思主义的立场、观点、方法研究和解决中国革命、建设、改革中的实际问题，坚持和发展马克思主义；就是运用中国人民喜闻乐见的民族语言来阐述马克思主义理论，揭示中国革命、建设、改革的规律，使之成为具有中国风格、中国气派的马克思主义。"①

三、马克思主义中国化的基本特征

马克思主义中国化的基本特征是其内涵的外在表现，只有在研究马克思主义中国化的内涵上更加深入研究其特征，才能对其有更深刻、更具体的了解。马克思主义中国化的历史进程中所体现出来的时代性、批判性、实践性、民族性和创新性五个显著特征，是继承和发展相统一的光辉典范。

（一）时代性

马克思主义哲学中国化的历程表明它是一个与时俱进的过程，与时俱进就是它固有的本质属性，在与时俱进中展现着其生

① 习近平．中央党校春季学期第二批入学学员开学典礼上的讲话．北京：中央文献出版社，2011，第2页

命力和创造力。这种与时俱进，一方面体现在时代变迁中，如从毛泽东思想的中国革命理论到邓小平的中国建设理论；另一方面，在同时代的不同发展阶段，也会因形势的变化和历史任务的不同，出现理论形态的变化，如从“三个代表”重要思想到科学发展观，就具有这样的性质。在不同的历史时期，马克思主义哲学中国化都有合乎时代发展的新的理论成果产生。民主革命时期，战争与革命是时代的主题，主要特征是战争引起革命，革命制止战争，以江泽民、胡锦涛和习近平为核心的党中央，根据变化了的形势，与时俱进，以中国现时的时代特征为依据，提出了“三个代表”重要思想、科学发展观等重要理论成果，特别是党的十八大的顺利召开，进一步推进了中国特色社会主义事业的更大发展。

（二）批判性

在马克思主义理论体系中，辩证法的本质被规定为批判性和革命性，这是整个马克思主义理论体系的基本特征。马克思主义是属于无产阶级的，无产阶级一无所有，他们要去掉的只是锁链，得到的将是自由，将是整个是世界。马克思认为，这种批判性和革命性，既包含了对客观世界的改造，也包含了对主观世界的改造。

批判性和革命性不仅是社会变革的动力，更是社会变革的目的。批判性和革命性也适用于马克思主义自身。比如，在学习和实践马克思主义时，可能会产生教条主义错误，这就需要通过批评和自我批评，克服教条主义，还马克思主义所固有的生动活泼的革命本性。又如，革命的发展是分阶段的，当革命实践已经跨入新阶段时，有些人的头脑还停留在旧地方，发生了思想僵化现象，这就需要通过批评和自我批评，帮助他们跟上时代的步伐；再如，马克思主义是在同各种非马克思主义思潮的斗争中获得发展的，一些错误观点就可能附在马克思主义身上，假马克思主义之名而行，这就需要拿起批评和自我批评的武器，清除附在马克思主义身上的"脏性",保持马克思主义的纯洁性,可见,批评和自我批评是马克思主义理论批判性和革命性应用的最好形式。反对教条主义和反对经验主义的斗争就是在马克思主义哲学中国化的历史上这种批判性和革命性的典型体现。

(三)实践性

不同于其他的社会学理论,马克思主义对实践的重视程度很高,实践成为整个马克思理论体系先进性和科学性的动力源泉。马克思主义从实践中产生,在实践中发展,以在实践中改变社会最终实现共产主义为最高目标,从某种意义上来说,实践性是马克思主义区别于其他社会学论的最鲜明的特性,同时也早其强大生命的最鲜活的体现。马克思主义理论在不同的时代、不同的国家、不同的社会和经济环境下的实践中会有不同的存在形式和应用手段,因此在运用马克思主义理论时要结合社会成员的认识水平、经济发展水平以及社会政治条件等因素灵活地确定采用何种方式、通过何种手段进行实施。

马克思主义以实践性作为自己的本质特征,这一特质从根本上决定了它不可能是一成不变的,而必然会随着时代、实践和科学的发展而改变自已的存在状态,因此对马克思主义基本原理的运用必须考虑个国家和地区当时当地的历史条件、社会环境以及经济特点等基本要素。正是这个原因,如果我们想要让发源于欧洲的马克思主义能够为我国无产阶级认识和改造世界的科学指导,就应该在尊重我国国情的基础上对其进行必要的调整和改变,使其能够更加完美的适应中国国情。

马克思主义在社会形态理论上的研究与建树在所有的社会理论中独树一帜,它通过对资本主义的产生、发展到成熟的整个过程的研究,结合资本主义社会的周期性经济危机对资本主义的本质以及未来社会发展的形态进行了深刻的挖掘与研究,从而揭示了人类社会发展和进化的完整形态,对人类的发展做出了突出的贡献,但是,马克思主义作为一种理论,只是对事实的深层次揭示和挖掘,因此,马克思主义理论必须与革命精神和革命斗志最彻底的无产阶级相结合,通过无产阶级的社会革命和建设来实现其最终目标,可以说马克思主义与工人运动的结合是历史的必然选择。

(四)民族性

马克思、恩格斯对资本主义规律的考察都是以西欧为蓝本的,可以说,马克思主义产生和形成的社会条件与实践基础是西欧资本主义的形成和发展。同时,马克思是德国人,以他的名字命名的马克思主义产生于德国,带有德国的民族性。相对于中国与中华民族的传统文化而言,马克思主义是一种外来文化。所以,马克思主义要发挥对中国革命、建设和改革的指导作用,必须要经历与中国实际相结合的中国化过程,正如古语所言,这里中国化的“化”者,彻头彻尾、彻里彻外之谓也。

(五)创新性

马克思主义之所以强大,之所以经久不衰,之所以适用于全世界任何国家,就在于它的与时俱进性。任何科学的理论都不是一成不变的,任何科学的理论都是要与特定的时代背景相联系的。僵死的理论是没有出路的。马克思主义的理论自然不是自我封闭的,它是在不断变化的社会实践中进而不断发展的鲜活的思想体系。因为马克思主义学说就是用来指导认识世界并改造世界的。

马克思主义诞生于19世纪中叶的欧洲,经过一个多世纪的发展仍然充满活力而长盛不衰,并且对全世界的共产主义运动产生了重大意义,这正是体现了马克思主义与时俱进、开拓创新的鲜明特征。马克思主义具有普遍性的指导意义,这并不是说马克思主义能够为马克思之后年代所产生的一切问题提供现成的答案,要想解决新的实际问题,必须以待解决问题所处时代的具体实际为基础，在坚持马克思主义基本原理的基础上，创造出新的经验，使马克思主义能够解决特殊的问题。

马克思主义哲学中国化本身就具有创新性：其一，马克思主义哲学中国化随着中国革命、建设和改革的实践发展而不断产生着新成果，不断发展着马克思主义；其二，马克思主义哲学中国化，都是在吸取前人有益的经验基础上发展而来的，都是对已经不适用于现时的部分扬弃，都是对不合理的过时的某些论断大胆突破。

中国近现代的发展历史是一部名副其实的马克思主义中国化史，正是有了马克思主义的科学指导以及在实践过程中与基本国情的有机结合，中国民族才能在中国共产党的领导下不断冲破各种阻力，战胜各种困难，克服各种错误倾向，最终实现中华民族的伟大崛起。

第二节　马克思主义哲学中国化的理论成果

马克思主义最显著的特点是时代性、发展性、实践性、创新性的有机统一。它不仅说明世界，更重要的是改造世界。这就要求在学习和运用中，把它的基本原理同各个国家、各个民族的实际情况、具体特点、历史文化传统结合起来。对于这个问题，马克思曾经指出：“正确的理论必须结合具体情况并根据现存条件加以阐明和发挥。”[①]马克思这里所说的一具体情况，现存条件，对于一个国家而言，指的就是一国的具体国情。

① 马克思恩格斯全集(第42卷). 北京：人民出版社，1975，第530页

一、毛泽东思想

(一)毛泽东思想的科学内涵

毛泽东思想是马克思列宁主义在中国的运用和发展。只有将马克思主义作为理论指导,中国革命才会取得胜利。但由于马克思主义产生在欧洲资本主义条件下,要把它运用于中国这样一个经济文化十分落后、人口众多又是以农民为主要群众、情况复杂的半殖民地半封建的东方大国,必然会遇到许多特殊的复杂问题。这既不可能从马克思、列宁的著作中找到现成的答案,也决不是靠熟读、背诵马列主义的一般原理和照搬外国经验就能成功的,按图索骥,容易犯本本主义和教条主义的错误。因此,要正确发挥马克思主义的指导作用,必须坚持从实际中来到实际中去的原则。

毛泽东思想是马克思主义中国化的一个分支,是马克思主义中国化智慧的结晶,其中既有对中华民族的传统优秀思想的继承和发扬,又有中国共产党人的实践经验,经过中国革命和建设的实践证明,它被证明是正确的理论原则和经验总结。社会主义的中国从无到有,从弱小到逐渐富强,在各个重要时期,都为马克思主义注入新鲜的血液,都有对马克思主义新的历史阐述,从而形成了具有中国特色的完整的科学的思想体系,即毛泽东思想。

(二)毛泽东思想的历史地位

(1)毛泽东哲学思想是中国共产党人的根本指导思想,是指导中国革命和社会主义建设的科学指南

毛泽东哲学思想是指导中国革命胜利的科学指南,大革命时期中国共产党的事业就因为缺乏经验而遭受失败。大革

命失败后，正是靠着毛泽东哲学思想开创的农村包围城市道路，创建了井冈山革命根据地，点燃了革命的星星之火，并在毛泽东哲学思想的正确领导下形成燎原之势，第五次“反围剿”的失败把革命推向生死存亡之境，又是在毛泽东哲学思想的指导下使中国革命转危为安。抗日战争以及解放战争的胜利也是如此。毛泽东哲学思想是社会主义革命和建设的科学指南，对旧中国进行社会主义改造，是一项开天辟地的事业。毛泽东提出了许多具有重要理论价值和实践意义的理论观点，制定了一系列正确的方针、政策，为社会主义现代化建设奠定了重要的物质基础，而且在思想文化等方面都取得了伟大的成就。它是中华民族宝贵的精神财富。毛泽东哲学思想不仅揭示了中国革命和社会主义建设的规律，也揭示了社会发展的一般规律。其中的一些基本理论、基本观点并不会随着历史的发展而过时，它们是指导我们社会主义建设事业的永恒指导。可以说，毛泽东哲学思想已经渗透到社会生活的各个方面，成为维系中华民族的精神支柱和推动中国社会前进的强大精神动力。

(2)毛泽东哲学思想推动了中国思想文化的发展，为中国思想文化提供了理论导向

毛泽东哲学思想是马克思主义与中国优秀文化传统相撞击融合而形成的。毛泽东等早期的共产党人深受中国传统文化的熏陶，他们往往是立足于中国文化传统来解释和接受马克思主义的。因此，从思想文化的角度讲，马克思主义中国化实际上是中西文化相融合的一种特殊形态，是20世纪中国思想文化史划阶段的重大标志。

毛泽东哲学思想本身就是运用马克思主义对从孔夫子到孙中山的中国传统文化进行批判和继承的优秀范例。从鸦片战争前后的龚自珍、魏源等到戊戌变法时期的康有为、梁启超等；从太平天国时期的洪秀全、洪仁干等到辛亥革命时期的孙中山和新文化运动时期的陈独秀、鲁迅、胡适等，为了振兴中华，无一不

对以孔孟儒家思想为核心的封建主义进行了不同程度的改良、改造或革命，并经历了向世界，特别是向西方寻求真理的艰苦历程。那个时期，各种主张充斥其中，莫衷一是，或曰“君主立宪”；或曰“师夷之长技以制夷”；或曰“打倒孔家店”；或曰“中学为体，西学为用”；或曰“全盘西化”，一言以蔽之，其中心都是围绕如何解决中国与西方、传统与现代这两对矛盾而展开的。也即谁解决了这个问题，谁的思想就会成为中国思想文化和中国社会发展的精神旗帜，毛泽东继承了马克思列宁主义关于无产阶级要批判地继承人类文化遗产的思想，提出了要批判地吸收古今中外的一切优秀文化成果，为中国社会主义建设服务的思想。1964 年 9 月，毛泽东将这一思想明确概括为古为今用，洋为中用一的方针，从纵、横两个方面阐明了如何对待古今中外人类文化遗产的态度。毛泽东哲学思想提出的这些创造性观念，使中国思想文化发展到一个新的阶段。中华民族历经数千年形成的爱国主义传统和自强不息的民族精神，“民贵君轻”的民本思想，富有辩证法的军事思想，实事求是的学风和朴素的唯物论辩证法思想，公而忘私的献身精神和注重道德修养的传统等，都在毛泽东哲学思想中得到继承和发扬。毛泽东哲学思想把中华民族的思想文化提升到了前所未有的历史高度，代表了中国先进文化发展的方向。

新中国成立后，“全心全意为人民服务”，“实事求是”，“一分为二”，“独立自主”，“群众路线”，“自力更生”等思想和语言已为广大人民群众所熟知。毛泽东哲学思想浸透到了人们社会生活和精神生活的方方面面，成为维系中华民族精神支柱和推动中国社会前进的强大精神动力，在很大程度上重塑着新中国的社会精神风貌。

二、邓小平理论

(一)邓小平理论的科学内涵

1978年,我党召开了的十一届三中全会,在新的历史条件下,邓小平展望改革开放的美好蓝图,紧跟毛泽东思想的步伐,为马克思主义中国化打开了一扇新的大门,照亮了马克思主义中国化以后道路的方向。以邓小平为核心的中共党人,把坚持马克思主义基本原理同推进马克思主义中国化结合起来,开创了改革开放的伟大事业,这为以后中国社会主义怎样继续发展指明了方向。邓小平理论的创立在马克思主义中国化的历史进程中做出了突出贡献,其科学内涵主要表现在:

1. 提出实践是检验真理的唯一标准

在社会主义发展道路问题上,强调走自己的路,不能照搬马克思主义著作,让书本教条捆绑住视眼,同时不能照搬已有的外国模式,让经验主义成为绊脚石。以马克思主义为指导,必须坚持将实践作为检验真理的唯一标准,解放思想,实事求是,同时要按照从实际中来到实际中去的思想,尊重群众的首创精神,建设有中国本土特色的社会主义。

2. 提出推动社会主义发展的动力

社会需要不断的发展,而发展的动力就是需要不断的改革,改革是一个社会不断进步的表现。从目前的中国现状来看,要实现人民共同富裕,就需要不断的改革,邓小平同志在不断的总结历史发展的经验中得出的结论就是社会要进步,就需要进行改革开放。改革开放早我国能够解决社会主义初级阶段矛盾的重要方法。邓小平同志提出改革开放的重点就是从本质上进行改革,对影响生产力发展的经济体制和政治体制进行改革。在经济体制上,需要打破以前的计划经济,从计划经济转型为市场经济，不断地建立适应社会发展的市场经济。在政治体制上，要不断的完善我国的政治制度，不断的实现民主政治，从以前的一党执政到多党执政，在党中央的领导中不仅包括中国共产党，而且也包括其他党派，他们共同领导把中国建设的更加的美好。

3. 提出了社会主义市场经济理论

一种社会制度优越于另一种社会制度，从根本上来说是由于它相比而言更能够解放生产力、发展生产力。社会主义制度优越于资本主义制度是因为，它具有资本主义无法达到的与生产力发展要求的完美融合，然而当时中国的生产力发展状况却与中国的社会主义社会性质极不相符，不能再继续之前僵化的计划经济体制。邓小平总结历史经验教训，纠正了以往意识形态中将计划经济等同于社会主义，把市场经济等同于资本主义的错误的经济理论和发展方向，关于姓“资”还是姓“社”的问题作了首要的探讨。在此基础上，提出了“计划经济不等于社会主义，资本主义也有计划；市场经济不等于资本主义，社会主义也有市场，计划和市场都是经济手段”[①]的论断，使人们摆脱姓“资”姓“社”问题的争论。

4. 提出社会主义建设政治保证

社会主义建设的最基本的保证就是需要服从党的领导和坚决拥护党的领导地位。对于中国共产党制定的一些政策方针和指导思想，要坚决的服从，要坚决服从中国共产党对军队的监管，要坚决服从中国共产党的实行的多党合作的制度，对于党做出的决议要坚决的服从，要坚持党对社会意识的影响和管理。

5. 社会主义建设的战略

以农业为国民经济发展基础，实行废除人民公社，实行家庭联产承包为主的责任制，长期不变及适应科学种田和生产社会化的需要，发展适度规模经营，发展集体经济两个飞跃，以能源

---

① 邓小平文选(第3卷). 北京：人民出版社，1993，第373页

和交通为薄弱环节，建设一批重点骨干工程，“高度重视节约能源和原材料，提高资源利用效率”。以教育和科学为社会主义现代化建设的关键，教育要面向现代化、面向世界、面向未来，创造有利于培养人才、发现人才、使用人才的环境和机制，提高国民的整体素质。实现台阶式发展，允许和鼓励一部分地区、一部分人先富起来，逐步达到共同富裕。

6. 提出了“一国两制”的中国国家统一理论

实现祖国的统一是我党的三大历史任务之一，这个任务能否完成不仅关益能否得到维护。对于这样一个重大的历史课题，邓小平在党的十一届三中全会以后，针对祖国统一的问题，大胆地提出了“一国两制”的方式，即一个国家，两种制度来实现祖国和平统一的科学构想，这为我国和平统一展现出新的场景。在此之前，无论是资本主义国家还是社会主义国家，没有任何一个国家会有这样的魄力。“一国两制”是全新的构想，是实事求是的产物。这一构想的提出有着历史和现实的根源，它是结合当时我国大陆与港、澳、台的历史现状之间的区别现状提出来的。在整个国际世界，“一国两制”的构想是从来没有的，这个大胆的构象体现了邓小平的伟大魄力，它给解决某些国际争端和历史遗留问题提供了一种新思路、新办法、新范例，对人类的和平进步事业有着非凡的现实意义。

（二）邓小平理论的历史地位

“邓小平理论”作为一个简明扼要的基本概念正式提出，是党的十五大的重大理论成果和巨大历史性贡献。邓小平理论是当代中国的马克思主义，是马克思主义在中国发展的新阶段。这是党的十五大对邓小平理论在马克思主义发展史上的历史地位的科学论述。

1. 开拓了马克思主义的新境界

邓小平带领中国共产党实现了历史上的承前启后，推动了当代中国在社会主义道路上不断前进，它与马克思主义是一脉相承，密不可分的。

实事求是，理论联系实际，这是马克思、恩格斯、列宁、毛泽东一贯坚持的唯物主义原则。邓小平揭示并发展了毛泽东思想的精髓——实事求是，进而通过提出解放思想并阐明解放思想与实事求是的关系，在新时期发展了毛泽东思想，中国共产党十一届三中全会贯彻邓小平的这一思想，确立了解放思想，实事求是为党的思想路线，使中国社会主义现代化建设有了坚实的思想保障。

在走向新世纪的形势下，面对许多新情况新问题，邓小平理论要求我们增强和提高解放思想，实事求是的坚定性和自觉性，邓小平从新时期中国社会的实际出发，研究新情况、新问题，提出了一系列独创性的新思想。例如关于社会主义的本质和根本任务；关于“三个有利于”的判断标准；关于“三步走”的发展战略；关于科学技术是第一生产力；关于“一国两制”的构想等等，都是创新思维结出的丰硕成果。

2. 揭示了社会主义的本质

1992 年，邓小平在南方谈话中，在全面总结我国社会主义实践和改革开放经验的基础上，对社会主义本质问题作了全面而深刻的概括：“社会主义的本质，是解放生产力，发展生产力，消灭剥削，消除两极分化，最终达到共同富裕。”[①]同年，邓小平关于社会主义本质的论述被写进了党的十四大报告，表明中国共产党对社会主义本质已形成共识。

邓小平的社会主义本质理论，可谓是斟酌字句，字字含金，虽只有几句话几行字，字句之间有着密不可分的联系，它们共同构成了邓小平理论，对社会主义的生产力问题和生产关系问题做了一个精简的概括，构建起了完善的社会主义本质论理论体系。一方面强调必须集中力量解放和发展生产力，提出了“是什

① 邓小平文选(第 3 卷). 北京：人民出版，1993，第 364 页

么”的问题;另一方面指出了解放和发展生产力的手段和目的,解决了“怎么做”的问题。

邓小平理论坚持科学社会主义理论科学地回答了这个带根本性质的重大理论问题和实践问题。邓小平探讨和揭示了社会主义本质概念的基本内涵,作出了科学论断,使人们对社会主义的认识实现了一个新飞跃,达到了一个前所未有的新的科学水平,为更好的知道建设新中国做了理论准备。

3. 对世界形势的科学判断

当今世界,和平与发展成为时代主题,科学技术革命不断涌起,整个世界正经历着划时代的变革,在这种情况下,邓小平理论主张,马克思主义中国化不仅仅是要将马克思主义与中华民族传统的优秀思想和思维方式相结合,也不仅仅是要与当下的中国范围内的具体实际相结合,而是要将中国的社会主义建设事业置于整个时代、整个世界的背景下进行研究,应对新形势、新技术和新思想给马克思主义和社会主义带来的新挑战。邓小平理论正是根据这种形势,确定了我们党的路线和国际战略。

4. 保证了马克思主义中国化的正确方向

马克思主义中国化的问题最早是由毛泽东这一代革命的先驱者得出来的,他们为马克思主义在中国的生存和发展找到了方向,即与中国革命和建设的具体实际相结合,创造性地继承和发展马克思主义,但从 20 世纪 50 年代末到 70 年代后期,这一方向逐渐偏离,导致中国的马克思主义逐渐步入歧途。从 20 世纪 70 年代末开始,邓小平开始重新研究并找到了马克思主义中国化的发展方向。

正是在中国这样一个相对落后的国家建设社会主义的具体实践中,邓小平为马克思主义的中国化进程重新找到了正确的发展方向,而邓小平理论本身就是马克思主义中国化新的理论成果。

三、"三个代表"重要思想

江泽民提出"三个代表"重要思想过程中的"长时期思考"和"深思熟虑",既是基于对世情、国情和党情时刻变化的把握,又是基于对中国共产党80年基本经验特别是对1989年十三届四中全会以来基本经验的总结。正如他在2001年"七一"讲话中所说:"总结八十年的奋斗历程和基本经验,展望新世纪的艰巨任务和光明前途,我们党要继续站在时代前列,带领人民胜利前进,归结起来,就是必须始终代表中国先进生产力的发展要求,代表中国先进文化的前进方向,代表中国最广大人民的根本利益。"①

(一)"三个代表"重要思想的科学内涵

1. 代表先进生产力的发展要求

江泽民在2001年"七一"讲话中,对何谓"始终代表中国先进生产力的发展要求"的内涵,作了系统阐述,其要旨是:"党的理论、路线、纲领、方针、政策和各项工作,必须努力符合生产力发展的规律,体现不断推动社会生产力的解放和发展的要求,尤其要体现推动先进生产力发展的要求,通过发展生产力不断提高人民群众的生活水平。"②这一要旨,坚持了马克思主义基本原理,继承、丰富和发展了毛泽东和邓小平关于解放和发展生产力的思想,解决了在新的历史条件下关于发展生产力的地位、发展生产力的依靠力量,以及发展生产力的途径这三大问题。关于发展生产力的地位,提出了发展是党执政兴国的第一要务;关于发展生产力的依靠力量,提出了充分发挥全体人民的积极性

① 江泽民文选(第3卷).北京:人民出版社,2006,第272页

② 江择民文选(第3卷).北京:人民出版社,2006,第273页

主动性创造性；关于发展生产力的现实途径，提出了大力推动科技进步和制度创新。

2. 代表先进文化的前进方向

江泽民在2001年的“七一”讲话中，对何谓“始终代表中国先进文化的前进方向”的内涵，作了系统阐述，其要旨是：“党的理论、路线、纲领、方针、政策和各项工作，必须努力体现发展面向现代化、面向世界、面向未来的，民族的科学的大众的社会主义文化的要求，促进全民族思想道德素质和科学文化素质的不断提高，为我国经济发展和社会进步提高精神动力和智力支持。”[①]这一要旨，以及江泽民对发展先进文化的必要性、内容和途径的论述，坚持了马克思主义基本原理，继承、丰富和发展了毛泽东新民主主义文化和邓小平社会主义精神文明建设的思想。具体而言：

第一，关于文化在社会主义发展和人类社会进步中的地位，强调了文化不仅是一个政党在思想上精神上的旗帜，更是综合国力的重要标志，从而进一步突出了建设社会主义文化的必要性。

第二，关于社会主义先进文化建设的内容，制定了社会主义初级阶段文化建设的纲领，概括了发展社会主义文化的根本任务，从而对全民族的思想道德素质和科学文化素质建设提出了更高的要求。

第三，关于发展社会主义先进文化的途径，明确繁荣先进文化、改造落后文化、抵制腐朽文化的要求，强调立足中国实际，着眼世界前沿，加强文化创新，从而使“重在建设”方针的实施，有了切实的途径。

3. 代表最广大人民的根本利益

“三个代表”重要思想强调中国共产党是中国工人阶级的先

① 江泽民文选(第3卷). 北京：人民出版社，2006，第276页

锋队，同时是中国人民和中华民族的先锋队，是中国特色社会主义事业的领导核心。这是我们党适应自身历史地位和执政条件的发展变化，适应我国人民利益要求和社会结构的发展变化所提出的新的科学论断，它把巩固党的阶级基础和扩大党群众基础统一了起来，为党所领导的中国特色社会主义的伟业赢得了更广泛的群众基础。代表最广大人民的根本利益，实现人民的愿望、满足人民的需要、维护人民的利益，这是"三个代表"重要思想的出发点和归宿。

（二）"三个代表"重要思想的历史地位

"三个代表"重要思想是在毛泽东思想、邓小平理论的基础上对马克思主义中国化的最新阐述，它丰富和发展了马克思主义的中国化建党学说和中国特色社会主义理论，科学地回答了"建设什么样的党，怎样建设党"的问题，并对人类社会发展规律，社会主义建设规律和共产党执政规律做了进一步的深化，开创了马克思主义的新境界，无论是在理论上，还是在指导实践上，都有重要的历史地位和指导意义。

1. 它是我党建设的根本要求

推进党的思想、组织和作风建设我们党之所以坚强有力，就是坚持以马克思主义作为自己的世界观和行动指南。党内民主是党的生命，对人民民主具有重要的示范和带动作用。加强领导班子建设，是顺应时代、顺应民意的客观要求。要想达到这个要求，必须重视党的基层组织建设，深入推进廉政建设和反腐败斗争。

2. 它是对毛泽东思想、邓小平理论的直接继承

始终代表中国先进生产力的发展要求，是对毛泽东和邓小平发展先进生产力思想的直接继承，毛泽东非常重视生产力的发展，强调一切工作都要围绕生产建设这个中心并为这个中心服务，社会主义革命的目的是为了解放生产力，邓小平从历史经验中深刻认识到发展生产力的极端重要性，明确了处于社会主义初级阶段的中国，最根本的任务就是解放生产力，发展生产力。江泽民正是在邓小平理论的基础上，详细提出党的历史使命，深刻揭示了党的先进性的最深刻的本质。

始终代表中国先进文化的前进方向，是对毛泽东和邓小平发展先进文化思想的直接继承，毛泽东认为，一定的文化是一定社会的政治和经济在观念形态上的反映，是为一定的政治和经济服务的。邓小平继承和发展了毛泽东的文化思想，提出了建设高度的社会主义精神文明的任务，从我国社会主义现代化建设总体布局的高度，确定了社会主义精神文明建设的重要战略地位，江泽民关于始终代表中国先讲文化前进方向的重要思想，就是对这些理论和实践的继承和发展，树起了党在思想上、精神上保持先进性的旗帜。

始终代表中国最广大人民的根本利益，是对毛泽东和邓小平以中国最广大人民根本利益为出发点的原理的直接继承。毛泽东思想反复强调共产党人一切言论行动，必须以合乎最广大人民群众的最大利益，为最广大人民群众所拥护为最高标准。邓小平坚持和发展了毛泽东的这个思想，强调社会主义现代化建设是我们当前最大的政治，因为它代表着人民的最大利益、最根本的利益。江泽民关于始终代表中国最广大人民的根本利益的思想，是党的基本经验的升华，竖起了党在坚持根本宗旨上保持先进性的标尺。

3. 它是面向21世纪的中国化的马克思主义

对于马克思主义政党来说，“三个代表”重要思想中关于保持党的先进性的论述是由党的性质、宗旨和指导思想决定的。“三个代表”的核心是要永葆党的先进性。“三个代表”重要思想的提出，既凝聚着中国共产党人对共产主义运动史上从未有过的大灾难的深刻反思，也包括对世界上一些执政几十年的政党或下台或衰亡等历史教训的高度警觉。

“三个代表”重要思想是总结过去、立足现实、面向未来提出来的富有时代气息的新论断，更重要的是，它在理论创新的意义上给人以新的马克思主义教育。

四、科学发展观

科学发展观是以胡锦涛为中心的第四代领导集体从新时期党和国家事业发展全局出发，提出的重大战略指导思想。

（一）科学发展观的内涵

科学发展观将发展作为第一要义，强调发展是硬道理，由此，可以看出，发展在科学发展观中的重要地位，发展是当代世界的主体，同时也是中国的主题，是我党执政兴国的首要任务；科学发展观将以人为本作为核心，强调人的主观能动性的重要作用；科学发展观将全面协调可持续作为基本要求，揭示了经济、政治、文化、社会以及生态文明建设的内在联系；科学发展观将统筹兼顾作为根本方法，深化了对社会主义现代化建设的规律性认识。科学发展观的哲学内涵，充分体现了马克思主义哲学的精神实质，是与时俱进的马克思主义发展观。深刻并准确地把握科学发展观的哲学内涵，对于更好地树立和落实这一科学发展观具有极其重要的意义。

1. 科学发展观是以人为本的发展观

“以人为本”是科学发展观的本质和核心。所谓“以人为本”，就是以人为核心，以实现人的利益和价值为取向，以促进人的自由全面发展为目的，尊重人，关心人，高度重视并充分发挥人的能动作用。

（1）以人为本是科学发展观的核心目标

以人为本体现了马克思主义的基本观点，马克思曾经说过，未来的社会形势将是以每个人的全面发展为基本原则的。我们从事的是建设中国特色的社会主义伟大事业，当然要坚持以人为本的思想，贯彻落实科学发展观，促进国家经济全面增长的核心和最终目标就是要推进人民生活水平的提高、满足人民群众日益增长的物质和文化需求，从而促进人的全面发展，要实现人的全面发展要经历漫长的过程，在这个过程中我们要始终坚持贯彻落实科学发展观，不断为实现促进人的全面发展的核心目标创造基础和条件。

(2)以人为本是科学发展观的核心内容

科学发展观的内涵丰富，涵盖领域全面，但是其核心内容还是以人为本，具体来说，就是要将实现、维护、发展最广大人民的根本利益作为科学发展观的出发点和最终目的。全面理解以人为本，要将其同五个统筹联系起来；同全面、协调、可持续联系起来，不能将其看做一个孤立于全面、协调、可持续以及“五个统筹”之外存在的独立个体。“以人为本”作为科学发展观的核心内容，在很大程度上影响着科学发展观中的其他内容，其他内容都是围绕“以人为本”来展开的。

(3)以人为本是科学发展观的核心价值

以人为本的发展观中的“人”，其主体是广大人民群众，即中国各族人民，以人为本就是以民为本，它要求我们要纠正长期以来形成的在社会主义建设过程中片面追求产值速度、追求 GDP 增长总量的以物为本的发展观，克服由于几千年封建专制传统所形成的官本位意识，牢固树立民本意识，树立正确的群众观、权力观、政绩观和人才观，切实贯彻“三个代表”重要思想，始终把群众利益放在第一位，自觉增强为人民服务的意识，无论做任何事情，都要把出发点、着眼点、落脚点放在实现好、维护好、发展好最广大人民群众的根本利益上，不断满足人的多方面需求和促进人的全面发展。以人为本就是坚持各项工作为了人民，做到发展为了人民、发展依靠人民、劳动成果属于人民，也就是要让党全心全意为人民服务的宗旨在发展中得以体现。在发展的目的上，首先要坚持人民群众的根本利益不动摇，只有实现了最广大人民的根本利益，才能证明发展是以人为本的，离开以人为本的发展不是科学的发展，不是我们需要的发展。我们从事的是建设中国特色社会主义的伟大事业，理所当然地必须坚持以人为本，一切为了人民，一切依靠人民，坚持立党为公、执政为民。

2. 科学发展观是全面的发展观

科学发展观的基本内涵是全面、协调、可持续发展，这一重要思想的提出，不仅是对科学发展观科学内涵的解释，同时也给当代中国的发展提出了本质要求。我们可以从三个方面要理解科学发展观的该项基本要求，即全面、协调、可持续。

全面协调可持续发展的第一个要求是全面，所谓全面，就是指一个国家或地区在分展现代化的进程中所实现的政治、经济、文化、社会等方面的进步是统一步伐的，它能促进国家发展目标向整体性、统一性发展。全面发展是贯彻落实我国科学发展观、促进经济社会发展的重要方向，同时也是人类社会发展规律、社会主义建设规律以及我党执政规律的具体表现。

全面发展是完善中国特色社会主义事业总体布局的时代要求。目前我国的现代化建设决定了我国的发展必须要遵循整体性、协同性的全面发展方针，但同时不能忽略的是，我国发展的历史阶段性决定了我们不能完全脱离历史和现实国情，凭空想象出推进社会进步的方法，我国的现代化建设必须要以我国的社会生产力水平为基本依据，在社会生产力发展的基础上促进其他项目的整体进步。

可以看出，将全面发展作为科学发展观的基本要求之一，不仅体现了我党立足于现实和时代背景，并且反映了我党在发展这一问题上的探索和实践。

全面发展的科学内涵在于推进全面建设小康社会以促进人的全面发展的双进步。

全面建设小康社会，作为我国新阶段经济社会发展的重要环节，不仅要追求实现经济社会内部各因素的协调和全面发展，并且为人的全面发展提供了环境、奠定了基础。同时，促进人的全面发展也是全面建设小康社会的核心目标。因此,全面发展作为一项科学发展观的基本要求,不仅标志着我国已经形成了更加科学合理的发展的实践标准,同时已经成为我国促进人的全面发展的历史性建构过程。

全面推进政治、经济、文化、社会的关键在于要政治、经济、文化、社会“四大建设”一把抓。

(1)政治建设

抓好政治建设,在深化政治体制改革的同时,不断促进我国社会主义民主政治的发展,始终是我党的奋斗目标。进入21世纪以来,随着我国政治体制改革的不断深入,新的社会阶层的不断分化,导致阶层之间存在的分歧乃至冲突越来越严重,阶层之间开始使用法律方式来进行矛盾的处理和协调。因此,在这样的环境中抓好政治建设,必须注意沿着正确的政治体制改革方向,保障人民的根本利益不受侵害,保证人民在我国的当家做主的地位不受危害,建设社会主义法治国家,发展社会主义政治文明,为人民群众创造更多的民主权利。同时,壮大爱国统一战线,团结所有力量,贯彻依法治国的战略方针,加快建设社会主义法治国家。

(2)经济建设

抓好经济建设,促进我国国民经济更好更快发展,尽快实现经济发展目标,关键在于要同时推动社会主义经济后发展方式的转变和社会主义市场经济体制的完善和健全。要实现这两项目标,首先要加大力度对我国经济结构进行战略调整;其次要重视创新在经济发展中的重要作用,提倡环保节能,降低生产成本,在提高经济效率的同时保证环境不受到损害。同时,要更加注重农业在经济发展中的基础地位,大力推进农村社会主义建设,形成城乡发展一体化格局,实现城乡差距的缩小。此外,要优化国土开发格局,深化对社会主义市场经济的认识和了解,合理发展宏观经济体系。

(3)文化建设

随着世界经济的不断发展,文化越来越成为衡量一国综合实力的重要指标,在日益激烈的国际竞争中起到越来越重要的作用。抓好文化建设就是要通过建设精神文明,促进中华民族凝聚力的提升和改造力的增强,使文化成为支撑我国参与国际竞争的重要基础和满足人们日益增长的精神文化需求的具体手段。除此之外,提高人民群众参与文化建设的热情,提高人民群众的文化素质和品德素养,就必须要努力建设社会主义核心价值体系,建设社会主义和谐文化,增强人民的社会责任感和诚信意识,提倡科学精神,帮助更多的群众掌握和学习科学知识。

当然,随着科学技术的发展,网络文化也成为文化建设中不可忽视的力量,针对网络和信息文化,要营造良好、健康的网络环境,在给人民群众带来信息的同时不对社会主义文化建设的环境造成污染。同时,面对新阶段文化建设的新趋势,应当在继承和发扬我国优秀传统文化的同时,努力推动传统文化和现代文化相适应,在继承的基础上注重创新,解放和发展文化生产力,推动我国文化发展向更高的层次迈进。

(4)社会建设

抓好社会建设不仅是建设社会主义和谐社会的重要内容,而且还是实现全面发展目标的基本要求。这不仅凸显了社会建设在现代化建设中的重要性,而且也要求我们必须在注重经济建设的同时更加注重推动我国社会体制改革的进程,完善社会管理,实现社会公平,实现人们生活水平的提高以及教育质量的增强。

(二)科学发展观的历史地位

1. 创造性地回答了中国特色社会主义的基本问题

党的十一届三中全会以来,我国的改革面临着三大问题分别是:什么是社会主义、怎样建设社会主义;建设什么样的党、怎样建设党以及实现什么样的发展、如何实现发展,科学发展观对中国特色社会主义的基本问题做出了回答。

(1)为什么发展、实现什么样的发展

科学发展观对我国经济建设中为什么要发展,实现怎样的发展这两个问题进行了详细的回答。胡锦涛同志指出,科学发展观是用来指导发展的,没有发展,科学发展观也就失去了意义。当前我国的发展还是要以经济建设为中心,虽然我党目前正面临国内外各种矛盾和问题,但是经济基础决定上层建筑,只有推动了经济建设,才能为解决出现的问题提供物质基础,同时,我国的发展并不仅是经济发展,而是全面的发展,包括政治、经济、文化、社会等各个方面。

(2)发展依靠谁、发展为了谁

对于发展依靠谁、发展为了谁的问题,科学发展观给出了答案:在改革开放的进程以及现代化建设的过程中,发展要依靠人民群众,同时发展的成果也是为了造福于人民群众。因此,社会主义现代化建设必须坚持以人为本,坚持以人民群众为建设的主力军,加大力度调动人民群众的积极性,促进现代化建设的发展,并将发展成果造福于人民。

(3)怎样发展

科学发展观还回答了怎样发展的问题,也就是科学发展观的基本要求和根本方法。统筹兼顾是科学发展观的根本方法,我国当前的经济和社会发展虽然取得了长足的进步,但是从区域、城乡等方面来看还是存在不平衡现象的,因此要将全面协调可持续作为基本要求,而随着我国社会经济的全面发展,我国的利益格局已经发生了变化,只有运用统筹兼顾的方法,对各个方面、各个阶层的利益进行全面考虑和分析,才能真正处理好利益之间的协调问题,才能促进我国改革更加稳定的进行。

2. 明确了建设中国特色社会主义的根本目的

对发展目的的研究是科学发展观的根本和核心问题,是对发展中其他问题起到决定性作用的首要问题。科学发展观以人为本为核心，这一核心思想从更深的角度对发展的目的进行了剖析，它告诉我们，在改革开放和现代化建设的进程中，发展问题的出发点和最终目的是能否为人民带来利益；能否提高人民的生活水平和生活质量；能否使人民的根本权益得到保障。也就是说，我国的现代化建设和中国特色社会主义的发展的目标都是为了人民，如果离开了人民，离开了以人为本，那么发展也就失去了意义。可以说，科学发展观这一思想理论从更高的战略高度对我国发展的目的进行了深入探讨。

五、“十八大”精神

（一）“三个自信”

党的十八大报告鲜明地提出全党要坚定中国特色社会主义的道路自信、理论自信和制度自信，深刻地揭示了当代中国应当举什么旗、走什么路、保持什么样的精神状态、朝着什么样的目标继续前进的重大问题；也体现了一种既不妄自尊大大，也不妄自菲薄，走好自己的路，办好自己的事，不为任何风险所阻，不为任何干扰所惑的精神。

自信是自尊、自立、自强之本。一个政党如果没有自信，就会被人民群众抛弃；一个国家没有自信，就会被世界所遗忘；一个民族没有自信，就会是一盘散沙。只有树立强大的自信，才能振作精神，奋发图强，从容面对前进道路上的一切艰难险阻，成就一番伟大事业。

1. 坚持道路自信

道路的选择往往决定着什么样的历程。中国共产党自成立以来经过艰辛的探索，终于为中国的发展谋求了一条前所未有的康庄大道。坚定道路自信，就要深刻认识和把握中国特色社会主义道路的实质，这就是坚持一切从中国实际出发，深刻认识和把握中国特色社会主义道路的科学内涵，这就是经济、政治、文化、社会、生态文明全面发展。

2. 坚持理论自信

"十八大"关于关于理论自信的提出和阐述是个首创。坚定理论自信，就要深刻认识和把握中国特色社会主义理论体系与改革开放的关系，理论自信是总结毛泽东思想，邓小平理论和"三个代表"重要思想的基础上的继承、创新和发展。它是在原有基础上结合实际不断丰富和完善的理论体系，是一个与时俱进的理论创新过程。

3. 坚持制度自信

坚定制度自信，就要深刻认识和把握中国特色社会主义制度的原则，就要深刻认识和把握中国特色社会主义制度的本质，就要深刻认识和把握中国特色社会主义制度的特征。

这三个自信来源于对探索历程与成功经验的科学评价。中国的社会主义建设取得了举世瞩目的伟大成就。当然，在建设过程中我们也曾遭受过挫折，中国特色社会主义道路的探索也不是一帆风顺。但是，无论是成功的经验还是失误的教训，都是我们的宝贵财富。

（二）"八个必须坚持"

我们党在坚持和发展中国特色社会主义实践中，先后形成了党的基本理论、基本路线、基本纲领、基本经验。"十八"大又提出了在新的历史条件下夺取中国特色社会主义新胜利，必须牢牢把握的"八个必须坚持"基本要求，并使之成为全党全国各族人民的共同信念。

"八个必须坚持"将人民放在前所未有的高度，重新明确了人民是实践的主体，是历史的创造者，将人民放到了主体地位。系统阐述了社会生产力、改革开放、社会公平正义、共同富裕道路、社会和谐、和平发展以及党的领导之间的关系①。这个基本要求在以往的社会经济学的基础上，根据我国发展的显示重新审视了经济基础和上层建筑之间的联系，进一步回答了在当代条件下，怎样更好地继续走社会主义以的道路，并且恰当地回答了怎样走的更加辉煌，是马克思主义中国化重大的理论成果。

第三节　马克思主义哲学中国化的重要启示

马克思主义哲学的科学性和真理性，在于它的世界观和方法论是科学的，中国共产党在领导中国革命、建设和改革的实践中，把马克思主义基本原理与中国具体实际结合起来，并将实践经验上升到理论层次。我党的光荣传统之一就是善于并不断地总结和学习历史经验与教训。我党在推进马克思主义中国化的历史进程中，积累了丰富的经验，同时也吸取了教训，在这一探索过程中，中国共产党积累了丰富的经验，为在新的历史条件下进一步开创马克思主义中国化的新境界提出了重要启示。

一、同中国实际相联系

坚持以马克思主义为指导来分析解决中国革命与建设中的具体问题，既能充分发挥马克思主义的指导功能，深入透彻理解马克思主义，对社会主义社会抱有必胜的信念，又能在中国人民的伟大事业中取得成功。马克思主义的生命力和价值就在于它能够指导实践，能够解决革命和建设中遇到的各种问题，如果不被运用，它的价值就不可能实现，它的生命也就停止了。在运用中坚持马克思主义，就是要坚持理论与实际相结合。

坚持理论与实际相结合，需要具备三个基本条件：一是要真正懂得，深入理解马克思主义，二是要切实了解实际情况，三是

① 习近平．中央党校春季学期第二批入学学员开学典礼上的讲话．北京：中央文献出版社，2011，第4页

要实现二者的有机结合，要想真正做到理论联系实际，其根本前提就是要切实把中国的实际搞清楚，能够明白。要深入实际，深入群众，广泛开展调查研究，了解真实情况，切实摸清世情、国情、党情、军情，以此作为研究问题的出发点，并用马克思主义的观点去分析它、研究它，区分本质与现象、必然与偶然，制定出解决问题的政策、办法和措施。

二、防止教条主义和经验主义

教条主义是不管我国实际情况，适用的不适用的，一起搬来，唯本本是从，以为上了书的就是对的，把马克思主义的个别词句、个别结论到处生搬硬套，常常用理论去框实践，而不是用实践去检验理论。经验主义者则相反，他们看不到马克思主义理论的重大指导作用，拒绝论指导，以为只有具体经验才是可靠的，拘泥于狭隘的个人经验，甚至把局部经验当做普遍真理。教条主义和经验主义都是主观主义，它们是以主观与客观相脱离、理论与实际相分裂为特征的。在我们的队伍中，一些人不能很好地运用马克思主义，要么只会搬来书本上的知识来指导实践，要么只相信前人的经验，他们正是教条主义的经验主义的代表人物，因而都不能很好地坚持马克思主义。因此，真正的马克思主义者绝不是只会搬书本知识的人，也绝不是只依赖前人经验的人，真正的马克思主义者将马克思主义普遍真理运用于具体的实践中，在吸取前人有益经验的基础上来进行社会实践活动。懂理论的人，要向实践方面学习，要勇于参加实践，在革命和建设的工作实践中，在接近工农群众中，在将马克思主义运用于具体的社会实践中，不断发现马克思主义的魅力光辉。

三、解放思想，实事求是

解放思想，实事求是，是马克思主义中国化必须坚持的基本原则。任何真理都是相对的而不是绝对的，马克思主义也不例外。我们党在90年的历史进程中，多次出现过把马克思主义教条化的错误，给党的思想造成极大混乱，但我们党始终能够坚持解放思想、实事求是、与时俱进的思想路线，善于用马克思主义中国化的最新成果统一全党的思想，因而取得了社会主义革命和建设事业的伟大胜利。

四、坚持与时俱进

马克思主义的生命力就在于与时俱进，这是马克思主义经典作家对他们的科学理论确定的逻辑起点和本质要求。马克思曾明确指出："正确的理论必须结合具体情况并根据现存条件加以阐明和发挥。"[①]坚持马克思主义中国化要在巩固和加强马克思主义指导地位的同时，还必须在实践中不断丰富和发展马克思主义。每一个时代的共产党人都肩负着发展科学理论的神圣使命，要努力在马克思主义科学体系中不断注入新的时代气息和新的理论成果。否则，马克思主义就会失去源头活水，变成死水一潭。

五、不断推进马克思主义中国化

回顾中同共产党自成立以来的历史，几代中国共产党人坚持真理，修正错误，在这一过程中创立的马克思主义中国化两大理论成果，既坚持了科学社会主义基本原则，尤其有鲜明的实践特色、民族特色、时代特色；既破除了对马克思主义的教条式理解，又抵制了撇弃社会主义基本制度的错误主张；既继承了前人，又创新了内容，开拓了马克思主义新境界，是深深扎根于中国大地、符合中国实际的当代中国马克思主义。也正因如此，作

① 马克思思格斯选集(第4卷). 北京：人民出版社，1995，第669页

为中国共产党和中国特色社会主义事业指导思想的马克思主义，就不仅包括由马克思恩格斯创立的马克思主义基本理论，基本观点、基本方法，以及经列宁等人继承和发展并将其推进到新的阶段的列宁主义，还包括由毛泽东、邓小平、江泽民、胡锦涛等为主要代表的中国共产党人将其与中国具体实际相结合并进一步丰富和发展了的中国化的马克思主义，从而成为在实践中不断发展着的马克思主义。

六、发挥党和人民的创造力

作为中国最广大人民利益忠实代表的中国共产党，及其所代表的人民群众的实践活动是马克思主义中国化的深厚源泉和基础。马克思主义传入中国后，先进的知识分子就努力使它与工农群众相结合，既让群众掌握马克思主义，使人民群众创造历史的活动由自发上升为自觉的行动，又让马克思主义掌握群众，使科学理论转变为人民群众改造世界的巨大物质力量。人民群众的丰富实践和伟大创造，是马克思主义中国化理论成果发展创新的不竭源泉。实现中华民族伟大复兴和建设中国特色社会主义，是全国各族人民创造关好幸福生活的共同事业。在这一伟大历史进程中，中国共产党牢固树立人民群众是历史的创造者的观点，坚定地相信群众，紧紧地依靠群众，尊重人民群众的主体创造地位和首创精神，热情支持、鼓励、保护、引导人民群众的伟大创造，最大限度地调动人民群众的积极性、主动性、创造性，并在此基础上深刻总结人民群众丰富的实践经验，从中凝聚力量，汲取智慧，不断推进中国化马克思主义创新发展，为实现中华民族伟大复兴和建设中国特色社会主义注入了不竭动力。

参考文献

[1]马克思恩格斯选集(1～4卷).北京:人民出版社,1995.

[2]马克思恩格斯全集(1、42、46卷).北京:人民出版社,1956、1979.

[3]列宁选集(1～4卷).北京:人民出版社,1995.

[4]毛泽东选集(1～4卷).北京:人民出版社,1991.

[5]邓小平文选(1～3卷).北京:人民出版社,1993、1994.

[6]江泽民文选(1～3卷).北京:人民出版社,2006.

[7]建国以来毛泽东文稿(第10册).北京:中央文献出版社,1996.

[8]中国共产党历次党章汇编(1921—2002).北京:中国方正出版社,2006.

[9]十四大以来重要文献选编(上).北京:人民出版社,1996.

[10]十七大以来重要文献选编(中册).北京:中央文献出版社,2011.

[11]胡锦涛.胡锦涛出席“2008经济全球化与工会”国际论坛开幕式并致辞.人民日报,2008－01－08.

[12]十八大报告学习辅导百问.北京:党建读物出版社,学习出版社,2012.

[13]中共中央关于加强和改进新形势下党的建设若干重大问题的决定.北京:人民日报社,2009.

[14]刘勇.马克思主义大众化的实践研究.北京:中国矿业大学出版社,2012.

[15]张一兵.当代马克思主义哲学史.北京:北京师范大学出版社,2011.

[16]陶德麟,汪信砚.马克思主义哲学原理.北京:人民出版社,2010.

[17]毕国明,许鲁洲.中国哲学与马克思主义哲学中国化.北京:人民出版社,2010.

[18]董振华.马克思主义哲学十五讲.北京:中共中央党校出版社,2014.

[19]肖前.马克思主义哲学原理.北京:中国人民大学出版社,2012.

[20]潘佳铭,郭勇.马克思主义哲学原理.重庆:西南师范大学出版社,2013.

[21]徐素华.马克思主义哲学在中国传播、应用、形态、前景.北京:北京出版社,2002.

[22]黄楠森.马克思主义哲学史.北京:高等教育出版社,2011.

[23]张宁.科学发展观与十六大以来的理论创新.北京:中央文献出版社,2012.

[24]田克勤.中国化马克思主义概论.北京:中国人民大学出版社,2010.

[25]雷清.马克思主义中国化简明读本.北京:中共中央党校出版社,2011.

[26]包心鉴.马克思主义中国化的基本规律与当代走向.北京:人民出版社,2011.

[27]侯树栋,辛国安.马克思主义中国化的基本经验.北京:人民出版社,2009.

[28]林志友.马克思主义中国化的进程及其规律研究.北京:中国社会科学出版社,2010.

[29]胡潇,张其学.马克思主义哲学教程.北京:中国人民大学出版社,2009.

[30]郭湛,安启念.马克思主义中国化教程.北京:人民出版社,2008.

[31]陶德麟,何萍.马克思主义哲学中国化.北京:北京师范大学出版社,2007.

[32]黄楠森,王东.邓小平理论与当代中国哲学.北京:北京大学出版社,2005.

[33]郭建宁.马克思主义哲学中国化的当代视野.北京:人民出版社,2009.

[34]丁祯彦.哲学的变革—马克思主义哲学中国化问题初探.上海:上海人民出版社,1999.

[35]何萍,李维武.马克思主义中国化探讨.北京:人民出版社,2002.

[36]段治文.中国化的马克思主义理论概论:毛泽东思想、邓小平理论和“三个代表”重要思想概论.杭州:浙江大学出版社,2005.

[37]宋士昌,衣芳.马克思主义中国化通论.济南:山东人民出版社,2009.

[38]郭建宁.当代中国马克思主义行学新探,北京:高等教育出版社,2002.

[39]刘仁荣,方小年.毛泽东思想的理论创新研究.北京:人民出版社,2004.

[40]杨耕.为马克思辩护.北京:北京师范大学出版社,2004.

[41]黄楠森,庄福龄.马克思主义哲学史(8卷本).北京:北京出版社,1996.

[42]王建辉.马克思主义生态思想研究.武汉:湖北人民出版社,2007.